U0500452

新时代中国特色社会主义
理论与实践研究丛书

王焕斌◎主编 杜永明◎副主编

新时代坚定文化自信
理论与实践

郭德静◎著

知识产权出版社

全国百佳图书出版单位

——北京——

图书在版编目（CIP）数据

新时代坚定文化自信理论与实践/郭德静著. —北京：知识产权出版社，2022.12
ISBN 978 - 7 - 5130 - 8512 - 0

Ⅰ.①新…　Ⅱ.①郭…　Ⅲ.①中国特色社会主义—文化事业—研究　Ⅳ.①G12

中国版本图书馆 CIP 数据核字（2022）第 240066 号

策划编辑：蔡　虹　　　　　　　　　　责任校对：王　岩
责任编辑：王海霞　　　　　　　　　　责任印制：孙婷婷
封面设计：回归线（北京）文化传媒有限公司

新时代坚定文化自信理论与实践

郭德静　著

出版发行：知识产权出版社 有限责任公司	网　　址：http：//www.ipph.cn
社　　址：北京市海淀区气象路 50 号院	邮　　编：100081
责编电话：010 - 82000860 转 8790	责编邮箱：93760636@ qq.com
发行电话：010 - 82000860 转 8101/8102	发行传真：010 - 82000893/82005070/82000270
印　　刷：北京九州迅驰传媒文化有限公司	经　　销：新华书店、各大网上书店及相关专业书店
开　　本：787mm×1092mm　1/16	印　　张：15.5
版　　次：2022 年 12 月第 1 版	印　　次：2022 年 12 月第 1 次印刷
字　　数：220 千字	定　　价：68.00 元

ISBN 978 - 7 - 5130 - 8512 - 0

丛书前言

长期以来，为不断深入推进马克思主义理论中国化，提高运用马克思主义立场、观点、方法研究解决各种重大理论和实践问题的能力，同时更好地服务经济社会发展，党和国家领导人一直非常重视马克思主义理论与实践研究工作。党的十八大以后，中国特色社会主义进入新时代，在党中央的坚强领导和科学指引下，马克思主义研究工作紧紧围绕学习、研究、宣传习近平新时代中国特色社会主义思想这一根本任务，在著作编译、理论阐释、问题研究、学科建设、教材编写、队伍建设等方面取得了丰硕成果，为建设具有中国特色、中国风格、中国气派的哲学社会科学体系，不断开创新时代中国特色社会主义思想理论建设新局面发挥着重要作用。

山东交通学院为了更好地服务于国家和区域经济社会发展，实现全面建成高水平应用型交通大学这一重大目标，在学校《"十四五"发展规划纲要》和《"十四五"学科建设规划》中，提出要主动应对挑战，抢抓机遇，实现特色发展、创新发展、高质量发展，优化学科布局，加强内涵建设，形成高峰突起、重点突出、特色鲜明、交叉融合的学科体系，按照"强化引领＋打造高峰＋做强支撑＋夯实基础"的学科建设思路，打造"1153"型学科布局，而起思想引领作用的马克思主义理论学科在此学科布局中占据突出位置。学校坚决贯彻落实党在教育领域的各项路线、方针、政策，坚持党对高校的全面领导，高度重视马克思主义学院建设和马克思主义理论研究。近年来，学校在思政课教师队伍建设、思政课教学质量提升和马克思主义理论学科建设等方面，主动加大了支持力度，亦取得了显著成效。

2021年5月8日，我校马克思主义学院邀请国家马克思主义理论研究和建设工程首席专家、兰州大学教授刘先春先生来校讲学。在学术活动期间，我向其颁发了山东交通学院"客座教授"聘书并与之进行了深入交流。刘教授了解到我校马克思主义学院近几年引进了一批青年博士才俊。他们有学术热情，有理论研究基础，但需要学校为他们未来的发展创设一个更好的学术发展平台。因此，刘教授向我们建议，不妨以这些青年博士教师的学位论文和前期研究成果为基础出版一套关于马克思主义理论研究的丛书。我深感这是一个好建议，便立即着手开始了这套丛书的论证策划工作。

2021年7月7日，学校马克思主义学院承办组织了我校首届习近平新时代中国特色社会主义思想理论与实践学术研讨会暨丛书出版工作选题论证会，会议邀请了山东大学周向军教授、山东省委党校谭建教授、山东财经大学沈大光教授和我校范书林教授担任选题论证专家。根据选题的科学性、整体学术水平、核心观点的创新性、框架结构的合理性等几个方面从报名的10部书目中选取了几部作为丛书规划书目。

丛书各位作者根据专家意见对专著内容进行了多次修改，补苴罅漏，字斟句酌，及时吸纳最新研究成果，使专著达到了出版要求。经调研论证，选定了知识产权出版社作为协议出版单位，丛书名称也确定为"新时代中国特色社会主义理论与实践研究丛书"。几部专著分别从国家制度、文化自信、大学生思想道德修养和社会主义核心价值观等诸方面，阐释了中国特色社会主义理论与实践在新时代的发展与创新。它们虽然不是面面俱到的论述，但直面的都是中国特色社会主义发展中的重大课题。作者们从较新的理论视角，以较新颖的研究方法，对相关领域的研究成果进行了较为全面的梳理归纳，折衷各家观点，提出自己的见解，展现出了一定的学术功底和理论水平，一定程度上代表了我校马克思主义理论学科的研究水平，令人欣慰。

　　当然，这套丛书虽命名为"新时代中国特色社会主义理论与实践研究丛书"，但我们深知这些成果并非是对中国特色社会主义理论与实践的全面系统研究，而是从诸多方面中的几个侧面出发而做，更多是一种基础性、局部性甚至是准备性的研究。诸位作者初入学界，研究眼界、基础、能力都还有待提升，再加上学术研究背景各不相同，肯定还存在不少需要完善的地方。雏凤新声，希望得到读者和学界的宽容与接纳，也欢迎各位专家批评指正，以使我们后续的研究能够更加深入并渐趋完善。

　　经过一年多的努力，这套丛书终于要和大家见面了。在此，我要向帮助学校马克思主义理论学科发展献计献策的刘先春教授等各位专家学者表示衷心的感谢，向承担丛书出版任务的知识产权出版社表示感谢。在丛书策划出版过程中，马克思主义学院牵头做了大量工作，也得到了学校党委宣传部、科研处、发展规划与学科建设处的鼎力支持，在此一并表示感谢。同时，也要向丛书的各位作者表示祝贺，专著的出版只是阶段性成果，希望他们以此为契机，在未来的教学和学术研究中取得更大的教科研成果。

　　在丛书出版之际，马克思主义学院希望我写几句话介绍出版缘起，故不揣谫陋，写下了上面的话，是为前言。

王焕斌
2022 年 8 月

总　　序

　　党的十八大以来，中国特色社会主义进入新时代。以习近平同志为主要代表的中国共产党人，坚持把马克思主义基本原理同中国具体实际相结合、同中华优秀传统文化相结合，坚持毛泽东思想、邓小平理论、"三个代表"重要思想、科学发展观，深刻总结并充分运用党成立以来的历史经验，从新的实际出发，创立了习近平新时代中国特色社会主义思想。习近平同志对关系新时代党和国家事业发展的一系列重大理论和实践问题进行了深邃思考和科学判断，就新时代坚持和发展什么样的中国特色社会主义、怎样坚持和发展中国特色社会主义，建设什么样的社会主义现代化强国、怎样建设社会主义现代化强国，建设什么样的长期执政的马克思主义政党、怎样建设长期执政的马克思主义政党等重大时代课题，提出一系列原创性的治国理政新理念新思想新战略，是习近平新时代中国特色社会主义思想的主要创立者。习近平新时代中国特色社会主义思想是当代中国马克思主义、二十一世纪马克思主义，是中华文化和中国精神的时代精华，实现了马克思主义中国化新的飞跃。党确立习近平同志党中央的核心、全党的核心地位，确立习近平新时代中国特色社会主义思想的指导地位，反映了全党全军全国各族人民共同心愿，对新时代党和国家事业发展、对推进中华民族伟大复兴历史进程具有决定性意义。

　　如何继续深化对习近平新时代中国特色社会主义思想的学习和研究，不断夯实新时代中国特色社会主义理论与实践的基础，不断丰富马克思主义中国化最新理论成果，就成为我们理论工作者重要的政治任务。这就要求我们，一方面，把马克思主义的基本原理与中国实际相结合、与中国优秀传统文化相结合，以马克思主义的立场、观点和方法推进习近平新时代中国特色社会主义理论与实践的研究；另一方面，鉴于中国快速经济社会发展带来的一系列问题，如何总结出新时代中国特色社会主义的独特意蕴，发掘传统与现代的各种资源，发挥对全面建设社会主义现代化的积极作用，深入关注中国现实，同时回应新时代中国特色社会主义实践中的重要理论问题与现实问题，从而为马克思主义的学科发展与中国的经济社会发展提供有益的思想资源，就需要我们进行有意的探索。2021年5月8日，承蒙邀请，本人非常荣幸来到山东交通学院讲学并受聘为学校客座教授。"天下马院是一家"。报告结束后，又受山东交通学院马克思主义学院林源书记和杜永明院长的盛情之约，与马克思主义学院教师进行了座谈。让我惊喜地了解到山东交通学院马克思主义学院近几年获得快速发展，师资力量不断增强，特别是近年来新招聘一批青年博士教师，他们学养深厚、基础扎实、科研积极性高、学术潜力大，是马克思主义学院的新生力量和未来的学术骨干。有鉴于此，我向林源书记、杜永明院长及学校有关部门领导提出建议，以部分青年教师现有的或原有前期成果为基础，出版一套关于新时代马克思主义基本理论、马克思主义中国化及相关内容的丛书。既可以为本院的学科发展做一些基础性的工作，激发教师们的工作与科研热情，促进"教研相长"，又可以为学校的整体发展做些有益的工作。可喜的是，去年的这个建议变成了这套"新时代中国特色社会主义理论与实践研究丛书"的面世，我感到由衷的高兴和祝贺！

关于这套"新时代中国特色社会主义理论与实践研究丛书"的编写工作，有必要向读者做一些解释与简要说明。

第一，这套丛书虽然命名为"新时代中国特色社会主义理论与实践研究丛书"，但就目前的研究成果而言，距离全面、系统、详尽的新时代马克思主义理论与实践研究还有一定的差距。随着中国特色社会主义实践的不断深化拓展，这一研究成果还需要不断充实和完善。这套丛书主要以某个问题或主题为研究主线，以此为中国特色社会主义理论与实践的研究框架，为将来编纂更加全面、系统、详尽的新时代中国特色社会主义理论与实践的研究著作做一些基础性的准备工作。

第二，这套"新时代中国特色社会主义理论与实践研究丛书"的编写模式是，以著者的博士论文或者以其原有的科研积淀为基础，依托于国家治理体系与治理能力现代化的学术背景，既研究新时代中国特色社会主义的理论与实践发展的传统历史根基、优秀文化涵养、理论渊源，又尝试性探究、梳理新时代中国特色社会主义理论与实践基础的转向、微观领域中存在的问题等。当作者们围绕各自主题进行阐述时，关于新时代中国特色社会主义理论与实践的历史背景、问题演变与发展脉络就呈现在其中。

第三，这套"新时代中国特色社会主义理论与实践研究丛书"的撰写，主要是基于作者们自身的学术研究背景和已有的研究成果。也正是因为如此，他们的研究领域和关注的焦点不尽相同，而且囿于自身条件和社会历史发展的局限性，对重要理论的挖掘和实践的理论总结尚存在诸多欠缺之处，暂时付诸阙如，以待将来条件成熟时再做补充。

第四，这套"新时代中国特色社会主义理论与实践研究丛书"，主要尝试述及诸多研究中的几个侧面，涵盖国家制度体系的延续与价值探究、大学生思想道德修养策略探讨、新时代文化自信展示等较为完整的研究逻辑主线，而马克思主义价值论的新时代发展更是贯穿其间。这套丛书对于推动新时代中国特色社会主义理论与实践研究具有重要的理论意义与学术价值。党的十九届六中全会通过的《中共中央关于党的百年奋斗重大成就和历史经验的决议》提出了马克思主义中国化的三次历史性飞跃，为新时代中国特色社会主义理论与实践创新提供了新的研究方向。希望关于新时代中国特色社会主义理论与实践的相关研究以及其他内容会有更多的研究成果面世。

综上所述，由山东交通学院马克思主义学院教师尝试撰写的这套"新时代中国特色社会主义理论与实践研究丛书",是他们努力奋斗不懈追求的阶段性成果,尽管还有许多需要完善和改进之处,但瑕不掩玉,也恳求学界同仁不吝赐教,共同努力推动新时代中国特色社会主义理论与实践研究不断走向深入。

刘先春

2022 年 8 月

前 言

中国特色社会主义事业是全面发展的事业，不仅需要强大的物质力量，更需要强大的精神力量。特别是在我国经济社会发展已经取得巨大成就的转型时期，进入"船到中流浪更急"的关键时刻，中国共产党、中国人民、中华民族都迫切需要坚定文化自信来构筑一幢精神大厦，形成一种高品质的民族文化。树立高度的文化自信来推动文化的发展和社会的全面进步具有迫切性：从国家和社会发展的战略角度出发，持续推动"五位一体"和"四个全面"的协调发展呼唤文化自信来推动文化的繁荣发展作为动力支撑；从人民的角度来看，经济的发展使人民已经不再满足于基本的温饱状态，人民日益增长的美好生活需要呼唤更高品质的精神文化；从中华民族的角度来看，维护国家安全和保持精神独立性需要文化自信来推动和扩大文化影响，以期形成更强大的传播力和吸引力。习近平总书记立足时代潮头，倾听群众呼声，关注社会全面发展进步，构建了完整的文化自信理论，这一理论包括基本概念的提出和阐释、在发展演进中的理论逻辑和历史逻辑，推动文化发展的中国价值和世界意义等。

习近平总书记从中华民族伟大复兴的战略高度，提出了文化自信的时代命题，强调指出在新时代，文化自信作为深厚软实力的重要性。文化与国运相通，与文脉相连。文化自信是更基础、更广泛、更深厚的自信，是一个国家、一个民族发展中更基本、更深沉、更持久的力量。把文化自信与道路自信、理论自信、制度自信作为中国特色社会主义必须坚持的"四个自信"，是习近平总书记在庆祝中国共产党成立 95 周年大会上正式提出的：中国共产党人要坚持不忘初心、继续前行，就要坚持中国特色社会主义道路自信、理论自信、制度自信、文化自信❶。在党的十九大报告中，习近平总书记进一步强调，"文化是一个国家、一个民族的灵魂。文化兴国运兴，文化强民族强。没有高度的文化自信，没有文化的繁荣兴盛，就没有中华民族伟大复兴"❷。习近平总书记将我国文化建设的地位提到前所未有的新高度，这充分表明文化自信在国家、民族发展道路上的重要价值，在追求中华民族伟大复兴过程中的深远意义。因此，在新时代中国特色社会主义的语境下系统地认识文化自信的丰富内涵与建构逻辑，对于进一步明晰建设中国特色社会主义文化的路径，有效提升国家的文化软实力，以及实现中华民族伟大复兴的中国梦具有重要的理论与实践意义。

---

❶ 习近平. 在庆祝中国共产党成立 95 周年大会上的讲话［N］. 人民日报，2016 – 07 – 01（1）.

❷ 习近平. 决胜全面建成小康社会　夺取新时代中国特色社会主义伟大胜利：在中国共产党第十九次代表大会上的报告［M］. 北京：人民出版社，2017：41.

CONTENTS

目　录

第一章　文化自信相关基本概念阐释

第一节　文　化

（一）文化的定义

中外学者关于文化的定义多种多样，统计到目前为止，国内外专家和学者从不同的角度给文化下了数百种定义。关于文化的概念众说纷纭，《现代汉语词典》给出的定义：物质财富和精神财富的总和。❶ 这种内涵丰富、包罗万象的"文化"概念也被广泛使用。这种广义的文化概念，把漫长历史进程中的所有产品都囊括其中，对于物质和精神没有进行界定与区分，并不是真正意义上的文化；文化更接近精神财富，如文学、艺术、教育、科学等。探究文化的起源和发展，便于确定其真正的内涵。"文化"一词来源于西方，是西方文明的产物，虽然中华文明源远流长、博大精深，对文化的探究由来已久，也出现过百家争鸣的文化发展和繁盛时期，但并未提出"文化"的概念，这一概念来源于拉丁文的"Cultura"，与当时的生产力水平密切相关，它的最初意义主要是"耕作、栽培、种植"。文化是政治经济的反映，与当时的劳作和精神生活联系在一起，对于自然生产力来说，文化并不能真实地反映客观存在，而是对自然界

---

❶ 中国社会科学院语言研究所词典编辑室. 现代汉语词典［M］. 7 版. 北京：商务印书馆，2016：1371－1372.

保持着神秘莫测的初步探知。因此，文化在不同历史时期的发展受到各方面因素的影响和制约，人们对文化概念的理解也表现出很大的局限性，比如文化在不同阶段便时常和各种宗教派系联系在一起，并且在发展中逐步为宗教所影响和同化。在文艺复兴时期，随着生产力水平和人类认知水平的提高，对文化中人的价值和自我实现的探索达到一个新阶段，文化的内涵也在实践中得到丰富，不只是耕作劳动，所有的社会劳动都被囊括到文化的大范围中。随着时间推进到启蒙运动时期，著名启蒙思想家把文化凝炼为精神来进行理性的表达，这种概括突出了文化的本质属性，将物质世界的生产活动从精神中剥离出来，从而出现了真正意义上的文化内涵，标志着文化的发展进入精神的高度，赋予了启蒙时期文化的重要价值内涵，表达了文化概念的本质和来源属于纯粹精神范畴。可见，文化概念的内涵不是静止不变的，其内涵的发展变化与社会的发展紧密地联系在一起，在一定程度上是对社会发展变革内容的提炼，而文化的发展又促进了经济和社会发生改变。德国的古典哲学家非常认同文化的纯精神内涵，如康德在《判断力批判》中写道，文化是"有理性的实体为了一定的目的而进行的能力创造"[1]，这种创造使人摆脱了动物性，达到"纯粹精神"的绝对自由。该书还对文化的这一属性给予提高强化，指出文化是有目的的创造，借此摆脱了动物本能的文化要旨，使文化的内涵和定义被广泛传播而推动了社会的发展，在当时的历史条件下，具有非常明显的推动社会产生重要变革的作用。

中国是一个历史悠久、文化灿烂的文化大国，虽然没有最早提出"文化"这一概念，但在我国重要的历史文献资料中，对于文化早有记载，最早的记载见于《周礼》，其中的"文化"和"文化人"接近，但也有不同；而在《论语·述而》中讲道："子以四教：文、行、忠、信。"孔子在教育其弟子时注重"文、行、忠、信"的教

---

❶ 康德：判断力批判：上卷［M］. 宗白华，译. 北京：商务印书馆，1964：53.

育，并把"文"放在第一位，可见那个时代对"文"的重视程度颇高，此处的"文"比较接近今天的文化知识。随着社会的发展，文化的内涵和表达方式发生了深刻的变化，但都具时代特点，刘向在《说苑·指武》中将"文化"与"武功"一起提出，颇有现代意义的味道。"文化"在我国的古籍中应用十分广泛，遗憾的是我们没有对"文化"这一概念进行研究和阐释。近代意义上的"文化"是伴随着西学东渐引入的，梁启超和严复在翻译与学习西方书籍时也不自觉地将这一概念引入，伴随着新文化运动的开展，一大批先进的知识分子都自觉地使用起"文化"这一概念，他们所使用的文化概念与在中国重要古典历史文献中所呈现出的文化概念非常接近，在内涵和外延上没有本质上的区别，但是，其在表达上的确吸收和借鉴了不同的文化内容，使文化的内涵逐渐多元化，既具有本土特色，也有来自异域的内容，特别是随着西方科技的发展，文化的内涵具有了现代意义。马克思主义经典作家也对"文化"的概念进行了阐述。列宁指出："无产阶级文化具有新的认识和内涵。"❶列宁的这段论述强调了无产阶级文化不仅具有实践性特点，而且是在对全人类文化的批判、继承和发展中逐渐形成的，无产阶级文化是在实践中产生并发展的，是在尊重历史发展规律的基础上产生，并在无产阶级实践中反抗压迫的必然结果。

文化不是孤立于生活之外的存在，它反映社会实践，而且与具体的政治生活和经济生活紧密相连，政治生活和经济生活都是文化创造的基础和源泉，在不同的历史阶段，文化必然是发展变化的。毛泽东同志对文化有深刻的理解，特别是在抗战时期结合具体的战争实践，毛泽东同志形成了比较成熟的文化思想，提出了新民主主义文化理论，强调文化是政治、经济在观念上的反映，强调帝国主

义文化和半封建文化的内在紧密联系就像"非常亲热的两兄弟"❶，两者纠结在一起构成反动文化同盟的本质，深刻揭示出文化的阶级性。可见，列宁和毛泽东是在无产阶级革命的实践下论述文化，既反映了观念层面精神意义上的文化，也站在新的实践需要角度揭示了文化的阶级属性。

（二）文化的内涵

"文化"是一个与时俱进的概念，因此其内涵也随着时代的发展、社会的进步发生着深刻的变化。在生产力水平比较低下的时候，文化的内涵十分简单：只和简单的生产劳动联系在一起。但是，随着社会生产力的提高，特别是随着生产工具的不断优化和物质财富的不断积累，文化的内涵也逐渐变得丰富起来。文化内涵的现代意义始于英国著名文化人类学家泰勒对文化整体概念的理解。他认为，"文化是包括知识、信仰、艺术、道德、法律、习俗和任何人作为一名社会成员而获得的能力和习惯在内的复杂整体"❷。泰勒对于文化概念的这一突破性解释对于当时的文化发展起到了非常重要的促进作用，产生了非常重要的影响，这一整体性概念也被越来越多的人所认同和接受。因此，从一定意义上说，泰勒是文化概念现代意义的奠基者。在后来的文化发展中，人们始终没有超越泰勒提出的文化概念的界限。不过，许多相关研究对泰勒的文化定义进行了进一步的充实和完善。例如，人们将器物、货品和技术也纳入文化的范畴之中，克鲁伯和克拉克洪认为，"文化包括各种外显或内隐的行为模式"❸。其对文化的认识变得更加抽象，把文化的内涵扩展到外显或内隐的行为模式，但是他们也不否认文化的核心是传统思想观念

---

❶ 中共中央文献研究室. 建党以来重要文献选编（1921—1949）：第 17 册［M］. 北京：中央文献出版社，2011：41.

❷ 泰勒. 原始文化［M］. 蔡江浓，译. 杭州：浙江人民出版社，1988：1.

❸ KROEBER A L, KLUCKHOHN C. Culture：A Critical Review of Concepts and Definitions［M］. Cambridge：Harvard University Publishing Office，1952.

和价值，并构成了人类社会的特殊成就。综上所述，西方"文化"概念的产生和发展大致经历了两个重要的历史时期：第一个时期是对精神文化的提炼，第二个时期是对文化整体概念的提出，它们都对社会发展产生了重要的推动作用。

文化内涵是一个动态的有机结构，它是在长期的历史发展过程中形成的，钱穆在《文化学大义》中对文化的内涵做出了概括，他提出文化即人生，"文化是指集体的、大群的人类生活而言"❶，并根据地域和生活习惯的不同，把文化分为三大类型：游牧文化、农耕文化和商业文化。游牧文化是指特定的人群在特定的历史阶段形成的具有鲜明地域特征和民族特色的一种文化。农耕文化指的是在生产力水平比较低下的历史阶段形成的劳作文化，它是一种基本的文化状态，其内涵仍处于单向化状态。商业文化则是随着资产阶级文明的产生而出现的一种在世界上广为流传的文化，当今社会依然具有商业文化的特点；商业文化的内涵非常丰富，这一特点与社会发展的多面性密切相关。因为文化是社会经济、政治的反映，反映了人民的生活水平和经济水平的提高程度。文化虽然是作为精神世界中的概念被提出的，但它却具有物质领域的内涵，它反映了人与人、人与社会、人与自然的复杂社会关系。文化虽然在形式上属于独立的精神概念，但其与经济、政治和社会各方面都有着密切的联系。

文化是一个复杂的整体，有人把文化概括为三个中心：一是以物为中心，二是以精神为中心，三是以人为中心的立体多面的文化层次。❷文化的内涵是丰富多彩的，而且从不同方面反映了社会生产力的发展水平。身处不同的时代或站在不同的立场上，对文化内涵的理解会有很大的不同。人与人的关系问题是文化关注的焦点，文化具有涵养社会、协调人际关系、滋养人民心灵的重要功能。另外，

---

❶ 钱穆.文化学大义［M］.北京：九州出版社，2012：17.
❷ 钱穆.文化学大义［M］.北京：九州出版社，2012：17.

立场问题也是文化的重要关注对象。资产阶级文化和无产阶级文化具有本质上的不同，它们各自代表本阶级的利益和诉求，资产阶级文化是以追求个人利益为目标；而无产阶级文化则反映了最广大人民的利益和诉求，着眼于整个社会的共同价值追求。因此，文化的内涵也随着社会形态的变化和阶级力量的此消彼长产生着深刻的变化，特别是随着中国特色社会主义实践的推进，文化的内涵更多地转向了对人的关注，"文化关注的是能动的、全面的人，而不是僵化的、单向度的人"❶。由于人类不只满足于对物质的追求，才产生了更高维度的文化，曾有哲学家指出，文化是"人化"，并对文化与政治、经济的关系做了生动的比喻：政治是骨骼，经济是血肉，文化是灵魂，是人们在现实世界中所创造的一切物质和精神产品。随着社会的不断发展，文化的内涵变得越来越丰富；随着科技的进步，文化实践和文化内涵也在不断演进的过程中互相推动提升。文化自信的内涵随着社会实践的发展在不断演进，多位学者从不同方面对其进行了分析说明，下面列举几种比较有代表性的看法。有学者认为，我国的文化自信来源于三个方面：一是在物质文明方面取得的突出成就，二是 5000 多年的文化传承，三是世界其他优秀文明成果。也有学者从历史向度、现实向度和未来向度三个层面阐述我国文化自信的依据：在历史向度层面，强调我国在 5000 多年的"长时段历史"中形成的独特历史传统和文化资源；从现实意义的视角看待文化及其功能，并从更高的维度看待发展预期和文化认可的作用。❷ 有学者从理论依据、价值依据、历史依据、现实依据和心理依据方面阐述文化自信的来源，其理论依据是马克思主义，价值依据为社会主义核心价值观，历史依据为中华民族优秀传统文化，现实

---

❶ 习近平. 之江新语 [M]. 北京：人民出版社，2018：150.
❷ 秦志龙，王岩. 关于文化自信的三个基本问题 [J]. 科学社会主义，2017（1）：61 – 66.

依据为国家经济实力，而心理依据为文化自觉。❶ 有学者则是从中华文化的生态文明的独特性和连续性上强调了文化自信的民族性以及马克思主义中国化带来的自信，并对中国共产党的政治文化和价值观自信给予了充分肯定。❷ 也有观点赞同文化认同在一定意义上奠定了文化自信的理论基础。❸ 根据这些分析概括得出的结论，笔者认为，可以结合新时代的具体文化发展实际对文化自信的理论来源和现实基础进行深入研究，从而可以通过更加立体、全面地考察文化自信的生成逻辑来探究新时代文化自信理论。文化自信具有深厚的历史渊源和现实基础，与此同时，它又是一个具有现代特色的概念，因此研究文化自信不能只看一个国家和民族的现实状况，深入到这个国家或民族产生和发展的历史中更能揭示其本质。文化是民族的血脉和灵魂，是一个需要不断积累和沉淀的发展性概念，其一旦形成将发挥巨大的影响力，是维持一个国家或民族长治久安的重要思想根基。文化自信会促进文化发展、助力国家全面进步，使国家和民族具有旺盛的发展活力和创造，增强本民族文化的辐射力、影响力和吸引力。文化自信的反面是文化自卑，文化自卑则会导致失去民族自尊和自信，甚至危及国家安全。

对文化的正确理解需要区分文化和文明这两个密切联系却又有所不同的概念。文明最初是与野蛮相比较的一种状态，文明需要文化的支撑，文化越发达，文明越进步，二者同向发展、共同进步。但是，文化的内涵要比文明宽泛得多，内容和广度均有所不同。广义的文化概念覆盖一切人类产品，既包含物质的也包含精神的，不同历史发展时期和不同区域的国家及民族都有自己的特色文化，虽然人们对文化有不同的理解，但文化的概念都来源于生产实践，都是对生产实践经验的总结和提炼。本书所研究的新时代文化自信理

---

❶ 石文卓. 文化自信：基本内涵、依据来源与提升路径 [J]. 思想教育研究，2017 (5)：44－45.

❷ 汤恒. 文化自信的来源及价值 [J]. 红旗文稿，2017 (18)：4－5.

❸ 李月明. 文化自信的意义、来源及表征 [J]. 实事求是，2015 (5)：106－107.

论中所指的文化，不是广义的文化，而是指与政治、经济相对应的一定意义上的狭义的文化，这个意义上的文化包括将知识成果涵盖在内的精神世界。正如梁启超先生所言，狭义文化仅指"语言、文字、宗教、文学、美术、科学、史学、哲学等"。●

第二节　文化自信

（一）自信的定义

中华民族是一个历史悠久的伟大民族，自古以来就以其辉煌的文明深刻地影响着人类社会的发展。虽然"自信"这一概念源自西方，但其在我国的古典文献中早已存在，在我国的诸子百家经典著作中可以找到它的源头。"自信"作为一个完整的词，在我国最早出现于《墨子·亲士第一》中："君子进不败其志，内究其情；虽杂庸民，终无怨心。彼有自信者也。"这里的自信是指君子之自信，即在面对挫折时不失去方向，在庸碌无为时也不怨天尤人，能够积极面对，这是真正自信之人。这里的自信还不具有现代意义上的自信内涵。现代意义上的自信是一个心理学概念，是指人在面对复杂的情况和危险的境地时，能够坦然面对且相信自己。自信的主体可以是个人，也可以是国家和民族。对于个人来说，自信的人是一个乐观的人，一个敢于面对挑战的人，一个不怕失败的人；对于国家和民族来说，自信的国家和民族在面对挫折和失败时依然能够对自身的价值与能力深信不疑，具有强大的自我修复能力。自信是一种积极的心理体验，是一个心理学概念。美国著名心理学家马斯洛在他的需求层次理论中提出了五大需求，其中生理需求是最基本的需求，安全需求也属于五大需求中的基础需求，在基础需求被满足的前提下，才能出现更高层次的需求，如社交和尊重的需求以及自我实现

● 陈先达. 文化自信与中华民族伟大复兴［M］. 北京：人民出版社，2017：27.

的需求，这五大需求的顺序是在广泛的实践基础上形成的。❶ 从心理学角度对自信概念的揭示可见，其出发点是基于人的生存需要和发展需要。

中华民族传统文化中有许多与"自信"相关的故事和哲理，例如，夸父追日、精卫填海、女娲补天、愚公移山等都表明中华民族历来是一个自信的民族。这种自信是我们的国家和民族在漫长的历史发展中积淀的一种文化基因。自信不是与生俱来的，它由历史的传承和后天的培养而成，自信的定义简单来说就是自己相信自己，它的主体可以是国家，可以是个人，也可以是民族，从这个意义上来说，自信是国家和民族以及社会发展的重要心理机制，是更根本、更广泛、更深厚的心理基础。对自信概念的产生、发展、影响及意义进行梳理和分析，能够帮助我们更好地理解新时代文化自信的内涵和价值。哲学意义上的自信则是强调自信主体（国家、民族、个人）在复杂的实践中，与客体良好互动的必然结果，是自信主体的价值力量在社会实践中被认可的一种积极心理状态。正如有学者提出："自信作为心理积淀的机制就是以能力为标志的关于自身整体的、积极肯定的基本观念。"❷ 这一心理积淀概念可以说和对自信概念的哲学表述非常接近，其强调的心理积淀本质上就是在认识世界的实践中积极认可的心理状态的累加。综上所述，对于自信的心理学概念的正确认识可以帮助我们更好地理解文化自信的概念以及确立实现文化自信的途径。

（二）文化自信的定义

什么是文化自信？对这一概念需要进行认真甄别，找到其内在的本质表达。文化自信具有深刻的内涵和价值，不是文化自觉后的简单认同，而是作为文化主体在充分认识其文化价值后对自身文化

---

❶ 霍瑟萨尔，郭本禹. 心理学史［M］. 4 版. 郭本禹，魏宏波，朱兴国，等译. 北京：人民邮电出版社，2011：508.
❷ 陈新汉. 自信的哲学意蕴［J］. 江西社会科学，2010（3），49.

生命力的强烈认同和自豪的稳定心态。目前学术界大致有如下代表性观点：一是对文化自信的心理学定义。例如，沈壮海认为，文化自信是一种积极的心理状态，其主体为一个民族，表现为文化主体对已有优秀文化的礼敬、当下的从容和对未来开创的坚毅。❶ 礼敬、从容和坚毅表达的是文化主体即一个民族对待不同历史时期的积极心理状态，只有自信的民族，才能在面对社会发展的不确定性时做出正确的判断和选择；只有真正具有文化自信的民族，才能在历史的洪流中坚持文化创新。著名学者王蒙在《王蒙谈文化自信》中的相关定义强调的是文化主体对优秀传统文化的自信，并从发展模式和能力自信的角度表达出一种文化心理自信，他强调的文化能力自信是："我们对自己文化的这种汲取、分析等各种能力的自信。"❷ 这种对自身文化的各种能力的自信反映出了内心上的自我认同。秦志龙和王岩对文化自信的定义为：文化主体基于对自身文化历史有清醒认知、对自身文化价值有充分肯定、对自身文化未来有坚定信念所呈现出来的一种积极稳定的文化心理状态；并在横向、纵向，宏观、微观中确认自己的文化认同，形成身份认同、情感寄托和积极态度。❸ 刘林涛也强调了文化自信的心理学特征。❹ 邴正则强调文化主体对客体的自豪感和自我肯定，他认为，"文化自信是指人们对自身文化的自我肯定与自豪感"❺。二是从把文化自信与错误的文化认知做比较的意义上理解文化自信。例如，王泽应列举了多个文化自信的误区：强权不是自信，盲从和自大也不是自信，真正的文化自信本质上是一种文化上的自觉。❻ 还有一个被广泛认可的定义，即

---

❶ 沈壮海. 论文化自信 ［M］. 武汉：湖北人民出版社，2019：3.

❷ 王蒙. 王蒙谈文化自信 ［M］. 北京：人民出版社，2017：58.

❸ 秦志龙，王岩. 坚定文化自信的三个基本问题 ［J］. 科学社会主义，2017（1）：61–66.

❹ 刘林涛. 文化自信的概念、本质特征及其当代价值 ［J］. 思想教育研究，2016（4）：21–24.

❺ 邴正. 加强文化自觉提升文化自信 ［J］. 吉林大学社会科学学报，2011（6）：5–11.

❻ 王泽应. 伦理精神自信是文化自信的核心和根本 ［J］. 道德与文明，2011（5）：16–21.

云杉在《红旗文稿》中对文化自信的定义。❶ 很多学者认为这一定义能表达出文化自信的特点——文化主体不仅对其客体极其认可，而且达到了一种信仰的程度。

想真正明确什么是文化自信，必须对其主体进行界定。文化自信的主体分为三个方面：从国家方面呈现出的是国家自信；从民族方面呈现为民族自信；从个人方面来讲，则是人民主体自信或者说个人自信。不管文化自信的主体是国家、民族或个人，其反映的都是文化主体对文化客体的积极肯定和充分信任以及积极的践行心态。文化自信主体对自身文化的自信程度也会随着时间和实践的变化而表现出不同层次：初级阶段的文化自信和高级阶段的文化自信。初级阶段的文化自信，在形式上表现为文化认同和文化自觉；高级阶段的文化自信则表现为文化创造。文化自信作为文化的一个重要内容，具有文化的固有属性，即伴随着社会实践的发展，文化自信的内涵也在与时俱进地发展变化，在新的历史条件下，随着社会物质文明水平的提高，人们将对精神文明有更高层次的追求，文化自信也必然因时而变地向前推进。文化自信和自信同属于心理学范畴，因此也兼具自信的心理学特征，所以文化自信在现实环境下展现出的心理状态特点为稳定性和抗压性，具有不怕面对挫折的乐观和稳定的心理状态。所以文化自信表现为无论文化主体遭遇何种危机，其均能保持对自身文化的充分信任，因此能够从容地面对危机和挑战，即使面对重大挑战，也能够在坚定的文化理想的支撑下勇往直前。文化自信还表现在对外交流中的淡定和坚守，面对国家、政党和国际民族间的文化交流、交融乃至碰撞，在敢于保持自己民族特色的同时，不墨守成规，愿意以博大的胸怀吸收来自不同文化的营养，从而丰富和提高自身文化，这是一种充分的文化自信。文化自信需要以坚实的经济基础和丰厚的历史资源为支撑，一个没有悠久

---

❶ 云杉. 文化自觉　文化自信　文化自强　对繁荣发展中国特色社会主义文化的思考：中 [J]. 红旗文稿，2010（16）：4 - 8.

历史和丰富文化的民族，很难产生真正的文化自信。因此，陈先达在其著作中特别强调了文化自信与中华民族传统文化和中华文明历史的密切联系，他认为，只有读懂了中国历史，才能真正理解文化自信的概念；只有从历史的纵深中全方位地看待中国文化和中国历史，才能真正理解文化自信的内涵。❶ 面对世界发生的巨大变化，文化自信是一个国家保持自身特色和生命活力的定力所在，当然不可缺少历史所创造的优秀文化资源，在伟大的革命和建设实践中锻造出的革命文化精神也是其中的重要内容，而最具吸引力和凝聚力的社会主义核心价值观则是其核心内容。悠久灿烂的历史滋养了文化自信，也为其提供了发展的依据和动力。

文化自信是一个动态的过程，不会一成不变，随着时代的发展和社会的进步，只有做到与时俱进，才能真正保持持续的文化自信，虽然文化自信是在历史的传承和发展中形成的，作为大历史视野下的文化自信，其既是历史的也是现实的，更是对未来文化发展和创造的自信；只有从中华民族发展的历史动态中去考察这一概念，才能更加深刻、全面地理解其内涵与发展过程。文化自信表达的是一种自信的文化，这种文化是充满生命力和富有创造力的，是对中华民族传统文化中独特价值和精神的传承与弘扬，是对人民参与的伟大实践和未来文化发展的信心，这种信心能够凝聚民族力量，从而实现民族复兴。文化自信理论的提出不仅指引了文化方向，也提高了民族精神的凝聚力，提振了中国共产党、中华民族和中国人民的文化创造信心与决心，这是新时代的冲锋号，对中华民族伟大复兴的中国梦的实现具有强大的引领和助推作用。

综合如上几种观点，文化自信是对中华文化的自信，是在理性审视、反思判断之后，对自身文化持有坚定认同感和自豪感的稳定心理状态。首先，文化主体必须是在理性地对各种文化进行比较、审视和反思之后做出判断，对自身文化进行积极评价和充分肯定，

---

❶ 陈先达. 文化自信与中华民族伟大复兴 [M]. 北京：人民出版社，2017：213-214.

这是一种稳定的心理状态。其次，正是由于文化主体对自身文化的坚定认同和自豪，因此这种文化才会保有生命力、创造力和吸引力。进入新时代以来，习近平总书记立足国家发展全局，深刻阐述了文化在经济和社会发展中不可替代的重要性，向世界传递着他的文化观和价值理念。截稿之前，笔者在习近平系列重要讲话数据库的"标题"栏中输入关键词"文化"，点击搜索，出现了90多条结果信息；在"内容"栏中输入关键词"文化"，点击搜索，出现了3000多条结果信息，可见习近平总书记在近年来对文化问题的重视程度。党的十八大报告提出，要树立高度的文化自觉和文化自信，但未将文化自信与其他三个自信并列提出；习近平总书记在庆祝中国共产党成立95周年大会上提出"四个自信"，即中国特色社会主义道路自信、理论自信、制度自信、文化自信。他还强调指出，文化自信，是更基础、更广泛、更深厚的自信。其后，习近平总书记在多个场合强调文化自信的重要意义和价值，截稿前，在习近平系列重要讲话数据库中按"标题"搜索"文化自信"，共出现18条结果，包括习近平总书记关于文化自信的专题论述，其中最早的见于2016年7月13日的《人民日报海外版》："习近平谈文化自信"，这篇文章引起了学术界和理论界对新时代文化自信理论的研究热潮。按"内容"搜索"文化自信"词条，出现了326条结果。习近平总书记关于文化自信的深刻论述，在世界范围内产生了积极、深刻的影响，使新时代文化自信理论研究达到了一个新阶段。在文化自信的基础上，我们的国家能够跳出"历史周期率"、避免掉进"塔西佗陷阱"，最终得出一个与"历史终结论"完全不同的结论，为人类的发展进步带来一种新的方案、新的路径和新的探索。

当前，众多学者对有关文化自信的学术问题做了大量研究，取得了丰富的研究成果，根据中国知网的发文统计，关于文化自信的文章在2010年以前较少，2010—2011年发文量是349篇，2012—2015年每年的发文量一直在500篇上下浮动，从2016年开始，关于文化自信的研究出现大幅增长，仅 2016 年一年就发表了 1496 篇学术论文，2019 年的论文数量则达到 6768 篇。

第三节　新时代文化自信理论的内涵

新时代的文化发展和文化繁荣更加重要，面对复杂的国际、国内环境，只有坚定文化自信，才能在社会改革发展实践中保持文化发展的积极推动力。中国特色社会主义事业的推进不仅需要强大的物质力量，更需要强大的精神力量。特别是在我国经济社会发展已经取得巨大成就的转型时期，进入"船到中流浪更急"的关键时刻，中国共产党、中国人民、中华民族都迫切需要通过坚定文化自信来构筑一幢精神大厦，形成一种高品质的民族文化。通过树立高度的文化自信来推动文化的发展和社会的全面进步具有迫切性，从中国共产党对国家和社会发展的战略角度出发，持续推动"五位一体"和"四个全面"的协调发展呼唤文化自信来推动文化的繁荣发展作为动力支撑；从人民的角度出发，经济的发展使人民已经不再满足于基本的温饱状态，人民日益增长的美好生活需要呼唤更高品质的精神文化；从中华民族的角度出发，维护国家安全和保持精神独立性需要文化自信来推动和扩大文化影响，以期形成更强大的传播力和吸引力。习近平总书记从中华民族伟大复兴的战略高度，立足时代潮头，倾听群众呼声，关注社会全面发展进步，提出和构建了文化自信理论。文化自信理论是一个内涵丰富的理论体系，这一体系首先是对马克思主义的真理性和科学性的自信，我们在任何时候都必须坚守马克思主义的指导地位来确保中国特色社会主义文化的方向。在此基础上构筑文化自信的精神大厦，这一整体包含对中华文化的历史基因的认可和自豪，这是自信的基础，只有在这样的基础之上建立的自信才能起到稳定的支撑作用。

（一）对指导思想的自信是建立文化自信的根本和前提

对指导思想的自信是建立文化自信的首要根本和前提，马克思主义是被实践证明的科学真理。1840 年鸦片战争以后，面对西方的坚船利炮，一直抱持强烈自信的中华民族不得不进行深刻反思：从器物选择、制度选择到文化选择，历经了多次艰难探索和抉择，从"师夷长技以制夷"到"中体西用"，从辛亥革命失败到新文化运动的兴起，从抛弃传统文化到出现"全盘西化"的思潮，直到最终坚定地选择了马克思主义；马克思主义作为一面精神旗帜，指导中国人民取得了新民主主义革命的胜利以及社会主义建设和改革的巨大成功。中国共产党成立 100 多年来取得了非凡的成就，从积贫积弱到走向独立富强，归根结底是由于马克思主义的正确指引，正是由于其指导思想的科学性，才使中国人民在坚持马克思主义的前提下，完成了民族独立和人民解放的历史任务，在探索社会主义建设的道路上，虽然经历过严重的曲折，暂时脱离过实事求是的原则，使社会主义事业受到影响，但是只要坚持把马克思主义作为检验真理的标准，就能够在坚持真理中及时做出调整，重新回到坚持马克思主义的道路上；只要真正坚持马克思主义，就能在实践中与时俱进地推动马克思主义发展，反对以任何形式照搬照抄马克思主义。党的十一届三中全会以后，我们继续坚持马克思主义，把马克思主义基本原理应用于社会主义实践中，同时马克思主义也在实践中得到了发展和进步，不仅带领中华民族从站起来走向富起来和强起来，而且指引中华民族创造了奇迹：经济快速发展和社会长期稳定，这些巨大的成功无可辩驳地证明了马克思主义的正确性，其真理性和科学性在中国得到了印证，并展现出前所未有的蓬勃生机，有力地回击了"马克思主义过时论"❶，说明马克思主义永不过时，而是在实

---

❶ 胡建华. 增强"四个意识"六讲［M］. 北京：人民出版社，2016：44.

践中不断地开辟认识真理的道路❶。在未来的实践中，马克思主义依然会继续展现其思想引领作用以及理论和实践魅力。持续推进马克思主义中国化，这是马克思主义的科学性与真理性的实践表达。正是基于对马克思主义指导思想的自信，中国共产党高举马克思主义的伟大旗帜，不仅带领中国人民取得了新民主主义革命的胜利，也在社会主义现代化建设中取得了巨大成就，实现了从站起来、富起来到强起来的一次次令世人瞩目的伟大历史性跨越，同时为世界社会主义事业发展做出了巨大贡献，为推动构建"人类命运共同体"提供了思想基础和科学指引。

文化自信是马克思主义在中国大地上践行其真理性和科学性的胜利，也是中国共产党领导中国人民将马克思主义中国化和时代化的胜利，中国特色社会主义文化自信首先是对马克思主义的自信，只有坚定对马克思主义的信仰，才能开辟出中国特色社会主义道路，带领中国人民走向繁荣富强，实现站起来的历史飞跃，以及从富起来到强起来的伟大跨越。在马克思主义的指引下，中华民族走向了全面发展，实现了经济发展和社会全面进步，拥有 5000 多年历史的中华文化在现代化进程中焕发出新的蓬勃生机，中华民族在经历困顿彷徨后如"凤凰涅槃"走向新生。

中国共产党和中国人民坚定对马克思主义的科学性与真理性的自信还体现在超越西方个人中心观的崇高价值追求上。马克思主义从诞生起就以实现共产主义和解放全人类为最高价值追求，这种崇高无私的价值追求远远超越了西方以实用主义为主导的价值取向。而中国优秀传统文化的价值追求与马克思主义的价值追求具有内在的一致性，如"大道之行也，天下为公""穷则独善其身，达则兼济天下"等价值追求都包含着以天下为己任的积极进取的救世救民情怀，这种内在价值的同一性是马克思主义能够在中国被广泛接受和宣传的重要原因之一。

---

❶ 习近平. 在哲学社会科学工作座谈会上的讲话［M］. 北京：人民出版社，2016：13.

（二）文化的历史基因、创新发展和实践的整体自信是依据与底气

文化自信不是无源之水、无本之木，它源自 5000 多年文明滋养的优秀传统文化，中华民族博大精深的优秀传统文化是建立文化自信的根脉和灵魂，其中蕴含的丰富哲学思想、道德资源和人文精神是不可或缺的宝贵资源，因此任何时候都要保持民族自豪感。在文化自信的整体结构中，优秀传统文化是强大的根基，也是中华民族精神的最大公约数，革命文化和社会主义先进文化都是在此根基之上产生的，其反映的是国家认同、民族认同和中国共产党对自己的历史认同、文化自觉和自信。文化自信对于中华民族来说具有重要作用，既是理论之源，也是力量之源，更是凝聚力之源，没有文化自信，其他就是昙花一现，随时有凋零的可能。"抛弃传统、丢掉根本，就等于割断了自己的精神命脉"❶，习近平总书记多次强调，一个国家是否拥有优秀的传统文化，决定了这个国家是否能够长久发展，决定了这个民族是否能够与时俱进，能否拥有长久延续的精神命脉。每个国家、每个民族都应该重视和尊重自己的传统文化，背弃自己的传统文化就会走向文化自卑，结果将是仰人鼻息、亦步亦趋，甚至失掉文化根基，这是一个国家和民族的悲哀，这样的国家和民族不可能走向真正的独立与强大。

中华文化有 5000 多年的历史积淀，早在春秋战国时期就有儒家、道家、法家、墨家、兵家、农家等学派出现，在不同思想的交流激荡中，中华文化思想纷呈、各美其美、美美与共。"在每一个历史时期，中华民族都留下了无数不朽作品。从诗经、楚辞、汉赋，到唐诗、宋词、元曲、明清小说等"❷，中华优秀传统文化是中华民族在漫长的文明历史中积累的宝贵精神财富，也是中华民族能够在

---

❶ 习近平．习近平谈治国理政：第一卷［M］．北京：外文出版社，2014：164.
❷ 习近平．习近平谈治国理政：第二卷［M］．北京：外文出版社，2017：350.

纷繁复杂的世界文化交流激荡中站稳脚跟的根本原因。中华优秀传统文化在数千年历史流变中繁衍生息，在历史上发挥了重要功能，在今天依然是建设中国特色社会主义文化的重要基因和底色。但是，我们要避免走入复古主义的泥潭，因此传承、转化、创新中华优秀传统文化是新时代文化自信理论的题中应有之义。科学技术的发展进步推动了人类物质生活和精神生活水平的提高，特别是互联网技术的推广应用和人工智能的发展深刻地改变了人类社会的交流渠道和表达方式，新兴科技使得即使来自遥远国度和不同区域、拥有不同肤色和语言的人们也能在互联网世界里进行思想文化的顺畅交流，为了在不同民族、不同文化的交流碰撞中站稳脚跟，保持民族精神独立性，中华民族更要坚持传统文化的发展路径，以"扬弃"的精神继承与发展，坚守属于中华民族的精神内涵并屹立于世界民族之林。

中华民族的历史悠久绵长，在今天依旧熠熠生辉，这些优秀传统文化是中华民族的瑰宝，不仅属于中国，也属于世界。中国特色社会主义建设想要发展，必须植根于中华文化沃土，这样才能贴近人民，才能在世界文化发展的洪流中扬帆起航。我们必须确立中华优秀传统文化的主体地位，坚定文化自信，推动中华文化走向世界，"在世界文化激荡中站稳脚跟"❶。世界文化不是一成不变的一潭死水，而是生机勃勃地交流融合、互动发展，世界文化的发展需要各个国家和民族的文化互鉴发展。人们对未来历史潮流发展的认知，源自对过往历史的记忆，依赖于一个民族强劲的创新能力。中华优秀传统文化是整个民族发展的精神源泉，在新时代中国特色社会主义文化发展中，没有优秀传统文化作为根基，社会主义先进文化就会成为空中楼阁，社会主义核心价值观将会变得空洞；没有优秀传统文化的支撑，就会变成没有民族基因和民族之魂的文化，也会在世界文化的交流碰撞中失去话语权和自信心，这样来看，将中华优

---

❶ 习近平．习近平谈治国理政：第二卷［M］．北京：外文出版社，2017：352．

秀文化传承好和发展好至关重要。"增强文化自觉和文化自信，是坚定道路自信、理论自信、制度自信的题中应有之义。"❶ 习近平总书记在多个场合强调了重视优秀传统文化及其创新转化的问题，他不仅关注中华优秀传统文化的传承和发展，而且以宏大的视野希望建立和谐共生、美丽多彩的世界，让中华民族的文化更好地造福世界。

在世界各国文化的交流、交融、交锋中，只有坚定文化自信才能保持民族性和开放性，才能坚守中华文化特色和中华民族一以贯之的精神追求，展现出取之不尽的精神源泉，使文化成为进一步坚定自信的基础。与此同时，中华文化的一些重要内容对于解决世界难题和促进世界文化发展也具有重要的启迪与借鉴作用。英国哲学家罗素对中华文化极为推崇，他认为如果全世界能够采纳中华传统美德，会有更多的欢乐祥和，他说："中国至高无上的伦理品质中的一些东西，现代世界极为需要。"❷ 中华优秀传统文化中"和而不同"的智慧、"天下为公"的理想社会……在今天依然散发着时代光芒，对解决中国发展和世界变化难题与困局都具有一定的现代价值，也是新时代推进社会主义文化繁荣发展的巨大精神力量。不可否认的是，传统文化中的确还存在一些需要抛弃的内容，对待传统文化，我们要进行批判性的梳理以及系统性的深入挖掘和创新转化。优秀传统文化历经5000多年的历史洗礼，其具备深厚文化积淀的精华理应是中华民族的骄傲和自豪。习近平总书记对源远流长的中华优秀传统文化怀有高度的自信和自豪，立足中华大地之上，展望未来时更是充满了坚定的信心，只有把文化自信与其他三个自信联系起来，才能更好地发挥文化自信的重要功能。文化自信不是一蹴而就的，中国今天的辉煌文化是在历史中积淀出来的，我们的历史应以大视野全面、科学地对深厚的文化积淀、丰富的文化内容进行系

---

❶ 习近平. 习近平在文艺工作座谈会上的讲话［N］. 人民日报，2014－10－16（1）.

❷ 中共中央文献研究室. 习近平关于社会主义文化建设论述摘编［M］. 北京：中央文献出版社，2017：140.

统梳理和深入挖掘，去粗取精，细致研究，做到古为今用、推陈出新，不断创造中国特色社会主义文化的新辉煌。

（三）文化自信的本质

文化自信的提出是中国共产党人立足时代潮头，倾听群众呼声，关注社会全面发展进步的必然要求，具有推动文化繁荣发展的中国价值和推动构建人类命运共同体的世界意义。文化自信不仅是对中华文化的辉煌历史和现实的自信与自豪，其在本质上是中国道路、理论、制度的根本支撑，不能孤立地就文化本身论证其价值和影响，文化对政治、经济和社会总体发展的影响广泛而深远，具有基础性地位和统领性作用。文化自信体现的不仅是对中华优秀传统文化的自信，同时也表达了一种自信的文化，这种文化自信不仅来源于5000多年的文化传承、转化和创新，更来源于不断创造奇迹的伟大实践，在实践中包含了文化内涵，反映了文化精神，体现了人民力量；也在中国特色社会主义实践中激活了中华文化的生命力、创造力和吸引力，使其蕴含的独特价值理念、精神标识能够穿越时空在今天依旧闪耀光芒。中华优秀革命文化虽然源自特定的时期，但蕴含其中的精神却具有历久弥新的意义，它是在马克思主义指导下，在革命战争中形成的、具有独特精神标识的文化；是在中国共产党的领导下，最广大人民群众在实践中创造的文化；是对中华传统文化的继承，是马克思主义文化的发展。革命文化是由一系列红色精神组成的，以爱国主义精神和革命精神为精神特质，也体现在文物、革命遗存等革命实践方面，体现了特定历史时期的革命历史和革命实践对未来现实的影响。中国特色社会主义文化具有独特的精神气质和时代特征，是一种开放、包容而又与时俱进的文化，具有强大的感召力和凝聚力，在实现中华民族伟大复兴中国梦的新长征路上，这种文化自信将成为我们续写实践辉煌取得新胜利的强大精神动力。

"文化兴国运兴，文化强民族强。没有高度的文化自信，没有文化的繁荣兴盛，就没有中华民族的伟大复兴。"❶ 习近平总书记强调文化自信是重中之重的大问题，没有文化自信就会在文化激荡中迷失方向，没有文化自信就会在文化发展中失去根基，没有文化自信就会在文化选择中失去民族性和发展性，成为其他国家的文化附庸和应声虫。没有文化自信的支撑，其他"三个自信"就没有立足的基础，"四个自信"的大厦就很难真正建立起来，已经建立的社会主义大厦也可能轰然倒塌。因此，文化自信不是可有可无、无关紧要的小问题，它与中华民族伟大复兴密切相关，与实现第二个百年奋斗目标密切相关，必须全面、客观地看待文化自信，从而揭示文化本质。

从文化主体来看，新时代文化自信理论本质上是国家自信、政党自信和民族自信。国家自信体现在对中华民族伟大复兴中国梦的实现充满自信。在鸦片战争以后，实现中华民族伟大复兴成为中华民族最伟大的梦想。近代中国有两大历史任务，无数爱国人士为了完成这两大历史任务而进行探索、抗争、奋斗甚至牺牲，在新民主主义革命胜利以后完成了第一大历史任务，让中国人民扬眉吐气，也为中国人民增添了自信的底气。历史不断演进发展，今天我们依然在为第二大历史任务努力奋斗，并取得了一系列历史性成就，在国际社会获得了广泛认可，越来越多的国家和政党开始关注中国，思考中国发展奇迹的根本原因所在。究其原因，中华文化的核心价值观具有重要的影响，其具有国家层面的文化自信和丰富的内涵，不拘一格的形式对其内容也产生了深刻的影响，正是由于其表达形式多种多样，因此展现出多层次的、立体的内核，而价值观自信是文化自信的内核和灵魂。

文化自信关系到一个国家、一个民族、一个人如何确定"我是谁"的问题，这个问题的答案不只需要通过语言、地域和经济生活来确定与认可，其深层次的决定要素是作为文化自信之核心和灵魂

---

❶ 习近平. 决胜全面建成小康社会 夺取新时代中国特色社会主义伟大胜利：在中国共产党第十九次全国代表大会上的报告［M］. 北京：人民出版社，2017：41.

的价值观。具体来看，价值观自信是文化自信的价值维度，其作为文化的内核，表达的是国家、民族和个人对自身价值追求的确信与坚守，是在实践中形成的对事物的认识和评价，深层次地影响着人们的思维习惯和价值评判方式。价值观不是一个简单的概念，它是一个多层次、多维度的复杂系统，深深地植根于一个民族的历史文化，从形式上看，有国家价值观、民族价值观和个人价值观；从所处的地位来看，可以分为核心价值观与一般价值观。其中，核心价值观是居于统治地位、对国家和社会发展起重要作用的根本理念，也是被广泛认可并接受的基本价值准则。不同的社会有不同的核心价值观，中国古代社会的价值观是以"仁、义、礼、智、信"为核心的价值观，这一核心价值观在历史发展变迁中适应着当时的制度并维持了2000多年的传统秩序。价值观与政治和经济联系密切，伴随着资产阶级革命的兴起，西方出现了以个人主义为核心的价值观，这种价值观在一定历史阶段起到了积极的作用，但是随着时代的发展，它的负面作用和消极影响变得越来越严重。作为先进文化思想的马克思主义实现了超越和发展，对社会本质规律进行了深刻的揭示。这种超越个人主义的价值观凝练了社会主义时期国家和人民对社会发展与生活水平的高度关注，不仅代表了国家追求，也反映了人民愿望，是国家和社会发展的价值准则，从国家、社会和个人层面表达了各民族对共有精神家园的价值追求，体现了我们的文化自信和价值观自信。价值观自信是文化自信的基础和核心。

政党自信体现在中国共产党对实现中华民族伟大复兴这一目标的坚定信念，中国共产党作为中国先进生产力发展需求的代表、中国先进文化前进方向的代表、中国最广大人民的根本利益的代表，对中国未来发展的自信源于对中国人民的伟大创造力的自信。中国人民是伟大的人民，中国人民在弘扬中华优秀传统文化的基础上一定能够创造中华文化新的辉煌。政党自信体现在随着时代的发展，不管国际风云如何变幻，始终对自己的路线坚定不移，践行最初的信仰和追求；即使面对更为复杂的国内、国际形势，在国际共产主义进入低潮时，也能不惧困难、顶住压力，在极其艰苦的条件下依靠自身努力实现逆风坚守，直到收获创新和奇迹。中国共产党坚信马克思主义的真理性和科学性，政党自信是保证其发展的关键要素，任何情况下都坚定地坚持这一真理，具体表现为对初心的坚守，对马克思主义的坚定信仰和追求，对红色革命文化的弘扬，以及对中华民族和中国人民的信任。正是由于这种政党自信，中国共产党进行了史无前例的、从上至下的反腐斗争，为中国特色社会主义建设的持续发展提供了良好的生态环境；正是由于这种政党自信，才能在世界百年未有之大变局下从容面对国际、国内的各种复杂环境；正是由于这种政党自信，才能够从容面对突如其来的新冠肺炎疫情，举全国之力有效遏制了疫情蔓延的趋势，取得了重大战略成果。

民族自信体现的是中华民族共同体意识的凝聚力之自信，这一自信是在文化发展演进过程中产生的，树立民族自信就会形成强大的合力，把民族的发展作为一个整体同心同向地推进。这是一股实现民族复兴的不可逆转的洪流，是文化自信的重要发展阶段，也是实现中华民族伟大复兴的共同期盼，对中华民族的这种文化认同能够激发起蓬勃向上的力量，汇聚成民族复兴的伟大力量。民族自信体现为民族凝聚力自信、民族创造力自信和民族智慧自信。人民自信，即相信人民的力量是决定民族复兴的根本力量。在革命战争时期和社会主义建设年代，我国通过相信人民、依靠人民取得了革命和建设的胜利。在社会主义现代化建设的新征程中，凝聚整个中华民族的力量，实现中华民族的伟大复兴，这是一种国家自信，也是一种民族自信，更是一种人民自信。

第四节　文化自觉、文化自信和文化强国

中华文明在人类文明史上产生了重要作用，早在远古时代，黄河流域和长江流域就产生了早期的文明，根据最新考古发现，中华

民族具有"一万年的文化史"❶。中华民族很早就在长江流域、黄河流域和辽河流域耕作，有大量的考古发现证明了中华民族的文明起源，在漫长的文明发展演进中，在广阔的土地上孕育出了优秀的传统文化，造就了5000多年来世界上唯一没有间断过的中华文明。中华优秀传统文化在历史的沧桑变化中历久弥新，沉淀出带有鲜明民族特色的精神财富，在克服艰难险阻的过程中彰显了自身的优越性。中华文明具有悠久的历史、深厚的底蕴，为世界文明做出了杰出的贡献。汤因比在《历史研究》中将文明起源的本质概括为

"人类再次动了起来"❷，这里的"动了起来"与"中国社会的贤人"❸用"阴阳"来揭示宇宙的千变万化具有异曲同工之处，表达了汤因比对中华优秀传统文化的高度认可和赞赏。

（一）理性看待文化发展是文化自信的前提

源远流长的文明史给中华民族带来了丰厚的文化滋养和文化自信的基础，文化发展和创新在新的历史条件下变得更为重要，理性看待文化发展是树立文化自信的前提。中国式现代化的一个重要特征就是物质文明和精神文明协调发展，中华民族伟大复兴也离不开物质文明和精神文明的发展，二者同向同行才能让文化自信的精神动力在中国式现代化发展和中华民族伟大复兴过程中展现其雄伟磅礴的力量。

文化自信的前提是深厚的文化基础。在现阶段，文化自信当然包含对中国特色社会主义文化的自信，这是文化自信的重要内容，中国特色社会主义文化自信从内在上是对博大精深的优秀传统文化的认同，也包含对在中国共产党领导下的革命阶段所锻造出的革命

---

❶ 黄辉. 为世界文明起源研究作出中国贡献 [R]. 中国纪检监察报，2022 – 9 – 16 (2).

❷ 汤因比. 历史研究：上卷 [M]. 郭小凌，等译. 上海：上海世纪出版集团，2010：56.

❸ 汤因比. 历史研究：上卷 [M]. 郭小凌，等译. 上海：上海世纪出版集团，2010：56.

文化的独特性和感召力的自信，革命文化呈现出中华民族的精神面貌和坚定革命信仰，革命文化、优秀传统文化具有内在一致性；中国革命正是基于对源远流长的深厚文化基因的接纳和认可，才能走出一条独特的发展之路，在丰富的革命实践中，立足中华优秀传统文化创造出富有民族特色和时代特色、充满影响力和感召力的中国特色社会主义文化。中国特色社会主义文化是在中国共产党的领导下，在马克思主义的指导下，在中华民族历经沧桑巨变的时代大潮下逐步形成的。

鸦片战争以后的一段时间，中华民族经历了文化自卑和文化迷茫的漫长时期，中国社会被迫打破循环运行模式，进入线性发展模式。伴随着西方列强的入侵，中国陷入内忧外患之中，半殖民地半封建社会使一直具有优越感的中华民族不断反思自己的窘迫处境，坚船利炮摧毁的不仅是我们的良田美宅，更为严重的是对民族精神的摧残和导致了文化迷失，使国人渐渐发现我们落后的不仅是科学技术，而是开始对自己的一举一动都产生了怀疑，甚至连中国人心中坚守数千年的思想和文化也在逐渐倾覆与瓦解。西方文化以强势姿态给中华传统文化带来了巨大冲击，西方的侵略首先是坚船利炮蜂拥而至，而坚船利炮带来的绝不是一城一地军事上的失败，在攻城掠地的同时，文化侵略也无孔不入，这导致中国人对自身的文化怀疑逐渐加深，从科学技术不如人、经济发展落后、社会制度腐败，逐渐演变为文化自卑。鸦片战争之后，西方列强凭借先进的枪炮和强大的经济实力迫使中国打开了国门，从鸦片战争到五四运动期间，中华民族受到西方列强前所未有的欺凌和掠夺，在长时间落后挨打的境遇中，一些有识之士在不断探求救国救民的真理。天朝上国的尊严在残酷的现实面前不堪一击，中国落后了吗？如何改变被动挨打的局面？这些有识之士率先思考其原因，但不管是林则徐、魏源提出的师夷长技以制夷，还是洋务派提出的中学为体、西学为用，都没有摆脱"器唯求新，道唯求旧"❶的框架。在甲午战争以前，最先觉醒的先进知识分子群体在寻求救国救民的道路上始终没有意识到文化变革的重要性，而是试图通过学习西方的科学技术来实现超越，这一局限性导致了屡次探索的失败。直至孙中山先生领导的辛亥革命实现了从器物的改变到制度的改变的突破，不再是原封不动地保留固有的传统文化，而是对民主共和思想加以改进和吸收，提出了"三民主义"，这一思想对中国传统的儒家思想产生了巨大冲击，使当时的社会风气和生活方式都发生了重要变化。民主共和思想的融入是近代中国文化发展中的一次重大变化，这些变化给思想文化领域带来了比较深刻的影响，在其影响下，引发了推翻两千多年封建王朝的辛亥革命。但是，对这些资产阶级文化的吸纳无法从根本上改变半殖民地半封建社会的现状而实现真正的独立富强。从文化心理来看，在吸收西方文化时，没有做到适度地反思和理性审视自身文化，反而在吸收和接纳西方资本主义文化的过程中加深了"文化自卑"的程度。

辛亥革命的失败引起了中国思想界的巨大震动，促进了中华儿女对民族危机的深刻反省，终于在"器唯求新，道唯求旧"的局限中有了新的发展，使传统文化和西方文化产生了交流与融合。五四运动以前的新文化运动宣传民主和科学的思想，对西方文化的引入达到前所未有的程度，与此同时，也对封建社会的正统思想进行了无情的批判。五四运动以后的新文化运动把目光转向了马克思主义，接受和宣传马克思主义，并在与工人运动相结合的过程中，使马克思主义得到了广泛传播。新文化运动不管是在五四运动前还是在五四运动后，都是在传播新文化、批判旧文化，从批判性上来看，新文化运动有些"用力过猛"，但在那样一个时代，在经历了两千多年封建思想的束缚之后，需要一场轰轰烈烈、深刻批判旧文化的思想解放运动为新思想、新文化腾出足够的空间。因此，这场新文化运

---

❶ 龚书铎. 中国近代文化概论［M］. 北京：中华书局，1997：26.

动虽然在"破"与"立"的问题上存在一定的不平衡，但是在中国文化由传统文化向近代新文化转变的过程中发挥了极其重要的作用。新文化运动在吸纳新文化、传播新思想和推动工人运动的开展等方面都体现了时代进步性，特别是五四运动，它使马克思主义在全国范围内产生了广泛而深远的影响。新文化运动的不足之处在于，因其历史局限性，没有对以儒学为代表的传统文化进行恰当的分析，没有对其中的优秀内容进行传承，更多的是对以儒学为代表的传统文化进行全面且深刻的批判，在引入新文化的同时，没有给予传统文化应有的地位，使中华民族在文化认同上出现了深深的裂痕，在这个时间点上因为对自身文化的否定而加剧了文化自卑。

这种文化自卑持续的时间并不长，中国共产党的诞生改变了这一状况。中国共产党是以马克思主义为指导的政党，其对马克思主义秉持既坚守又发展的态度，成功地实现了马克思主义的中国化和大众化。中国共产党人对科学真理遵循坚守原则而不是"本本主义"，把马克思主义真理应用于中国国情，对其进行了有效的理论发展和实践探索，不仅成功地把马克思主义中国化，实现了马克思主义的发展，并且在马克思主义中国化的过程中，实现了马克思主义文化和中华优秀传统文化的结合。马克思主义内在的精神力量与优秀传统文化的精神追求有许多相通之处，激活了优秀传统文化的生命力，在马克思主义的指导下，文化发展在中国丰富的革命实践中如火如荼地进行着。与此同时，马克思主义也在不断深化和发展，它成功地指导中国革命走出了困境，使中国共产党人找到了一条独具特色的革命道路——农村包围城市、武装夺取政权，这一革命道路的开辟是马克思主义与中国革命实践相结合的产物，在这一革命实践中，产生了马克思主义中国化的重要成果——毛泽东思想。马克思主义虽然产生于欧洲，却可以扎根于中华文化沃土，并且在和中华优秀传统文化相结合的过程中放射出更加璀璨的光芒，实现发展和创新，既在革命实践中验证了马克思主义是符合中国国情的，也进一步证明了其科学性和真理性。同时，马克思主义作为中国共产党的精神旗帜，在中国革命实践中得到了升华，其在与中华优秀传统文化结合的过程中，对优秀传统文化基因产生了重要的影响，使中华优秀传统文化的生命力得以释放，从而展现出蓬勃和顽强的生命力。

中华优秀传统文化和马克思主义文化在很多方面具有相通性，马克思主义能够在中华大地落地、生根、开花和结果的原因也在于此。在艰苦卓绝的中国革命实践中，具有深厚积淀的中华优秀传统文化在马克思主义的激发下进行了与时俱进的表达，实践是理论创造的丰沛源泉，在伟大的革命实践中，创造出具有鲜明中国文化基因和马克思主义特征的红色革命文化。因此，在这个时代产生的革命文化既体现了马克思主义的本质，又具备中华优秀传统文化的独特民族特点，在那个充满血与火的年代发出了时代最强音，激励着一代代优秀中华儿女为心中的信仰前仆后继，勇于斗争，敢于胜利，成功地推翻了三座大山，中国人民终于看到了希望的曙光，实现了民族独立和人民解放，实现了新民主主义革命的伟大胜利，使中华民族的伟大复兴进入了一个重要的历史进程中。新民主主义革命的伟大胜利，进一步坚定了中国人民在中国共产党的领导下坚持和发展马克思主义的信心，激励了中华儿女为实现国家繁荣富强、民族富裕而努力奋斗的底气和豪情。在此过程中，为中华优秀传统文化赋予了新的内容，中华优秀传统文化在发展中渐渐远离了文化自卑，回归到文化自信的正确轨道上继续前行。

文化自信不是一蹴而就形成的，它不是无源之水和无本之木，文化自信的形成既依赖于中华优秀传统文化的丰厚历史积淀，也需要有丰富的中国革命和社会主义实践作为不竭的源泉。文化自信是在中国共产党领导中华民族从帝国主义、封建主义和官僚资本主义的压迫下站起来，又在严峻的国内外环境下和一穷二白的基础上实现了富起来到强起来的发展与跨越中逐渐形成的。这些成就的取得是中国共产党成功运用和发展马克思主义的结果，中国共产党的坚强领导源自马克思主义的科学指引，马克思主义基本原理与中国革命和建设实践的有机结合，使中国人民能够在变幻莫测、复杂艰难的国际和国内环境中坚定自己的信仰，在纷繁复杂的革命和建设时期找到符合自身国情、独具特色的革命和建设之路，从而取得了巨大的历史性成就和标志性成果。

改革开放40多年来，我国在政治、经济、文化、社会和生态等各领域都取得了突飞猛进的发展，中国共产党人立足国情探索和发展中国特色社会主义道路，使国民经济水平迅速回升，自2010年以来，我国经济总量已经稳居世界第二，科学技术和文化水平也在不断发展，在世界上产生了越来越重要的影响力和吸引力。我国积极与"一带一路"沿线国家进行全方位合作❶，形成了互利和互信的命运共同体，使古代丝绸之路有了现代意义，既增强了中国与沿线国家的经济往来、政治互信，也增强了中华文化的辐射力和影响力，使中华文化和沿线国家的文化进行了广泛的交流互鉴，做到了美美与共。特别是党的十八大以来，伴随着政治、经济、文化和军事等方面的不断跃升，我国在世界上的作用越来越重要，作为一个有责任和担当的大国，应始终牢记"国之大者"，发挥大国之大的优势和影响力。随着国力的提升和中华文化辐射力的增强，我国不仅在推动亚洲的发展中产生了重要的影响，在整个世界范围内也肩负着"国之大者"的重要责任和使命，对人类命运共同体的构建和世界的和平发展产生了不可或缺的作用，中国正深刻地影响着世界，尤其是对那些致力于探索适合本国发展道路的发展中国家更具有重要的意义和广泛的影响。随着政治、经济、文化以及生态等方面影响力的扩大，中国在国际规则的制定中有了更多的话语权，不再仅仅是规则的遵守者，也会发出自己的声音，参与国际秩序和规则的制定。中国由一个遵守国际规者进一步变为参与制定国际规则者。这种转

---

❶ "一带一路"是"丝绸之路经济带"和"21世纪海上丝绸之路"的简称，2013年9月和10月由国家主席习近平分别提出建设"新丝绸之路经济带"和"21世纪海上丝绸之路"的合作倡议。参见人民网. 正确认识"一带一路"［EB/OL］.［2018 - 02 - 26］. http：//theory. people. com. cn/n1/2018/0226/c40531 - 29834263. html.

变一方面表明中国具有强大的硬实力，同时也彰显出日益增强的文化软实力，"国之大者"不仅体现在经济总量和军事实力方面，产生重要国际影响的还有中华文化的辐射力和吸引力，中国向世界展示出中华文化的独特魅力与价值。因此，在经济全球化、政治多极化的大背景下，在不确定因素日益增加的形势下，实现文化发展，铸就文化新辉煌，真正实现文化自信自强，是实现中华民族伟大复兴的现实需要，是实现中国式现代化、全面建设社会主义现代化国家的需要，也是时代发展的呼声。

文化自信的形成和发展是随着实践逐步推进的，中国社会主义现代化建设在马克思主义的指导下不断实现创新和突破，不断出现新的伟大成就，其中实现快速发展的阶段是在的党的十一届三中全会以后。这些成就的取得是在经济和文化全球化背景下对机遇的精准把握，是在不断科学运用马克思主义成功化危为机的过程中不断接受挑战的结果。在全球化过程中，随着经济交往的增多，国家、民族、政党乃至各种社会团体的交流更加频繁，文化交流、协作与碰撞不断深入，其中也有强势文化对弱势文化的直接侵入，有些文化在交流碰撞中为强势文化让位，导致弱势文化逐渐淡出人们的视野。此时，文化自我认同对于文化发展显得更为重要，中华民族具有悠久的历史、灿烂的文化，在全球文化交流中，我们应坚定文化自信。在百年未有之大变局下，对我们"是从哪里来的，要到哪里去"❶的问题一再追问，表明了中国共产党对中华民族文化历史和文化发展方向的不断思考和探索，一个国家、一个民族只有尊重和敬畏自身的历史文化，知道自己是谁，从哪里来，到哪里去，才能在文化洪流中激流勇进。

面对世界范围内的文化碰撞，文化安全问题至关重要。面对层出不穷的挑战，我们要坚守自身文化立场，既不能墨守成规，也不能因循守旧，对于中华优秀传统文化必须继承和发扬，在历史文化

---

❶ 习近平. 习近平谈治国理政［M］. 北京：外文出版社，2014：171.

发展中找到中华文化基因，在中国特色社会主义发展实践中实现文化发展，立足国情提出适合自身的文化发展蓝图及构想，在文化发展中再创新辉煌。决不能像一些国家那样，在全球化过程中逐渐失去自我，其文化完全被西方殖民，形成了亨廷顿笔下的"文化上的精神分裂症"❶。文化是一个国家和民族的灵魂，没有坚定文化自信的国家和民族只能跟着别人的脚步亦步亦趋，其发展必然是可以预见的步履维艰。文化自信是最基础、最深厚的自信，文化上的失衡和自我否定将导致一个国家和民族心理上的崩塌，正所谓硬实力不行，一打就败；软实力不行，不打就败。一个国家和民族的文化具有一定的稳定性与持续性，在一定层面上反映着处于变局下的民族心理状态。在复杂的国际和国内环境下，坚守自身文化基因，使中华民族在中国特色社会主义伟大实践中取得了历史性成就；坚持走中国特色社会主义道路，在实践中验证了马克思主义的真理性和科学性，在伟大历史创造中找回自信、坚定初心，重塑新时代文化自信，使之成为坚定应对世界变局的稳定民族文化心理。

习近平总书记在党的十九大报告中强调坚持文化自信，在党的二十大报告中强调文化自信自强。一个国家或民族要想令人信服自己，首先要确信自己的正确性和坚定性，"文化自信是更基础、更广泛、更深厚的自信。"❷ 不管是一个政党、一个国家，还是一个民族，首先要对自身的文化怀有坚定的自豪感和自信心，只有这样，文化自信才能产生广泛的磅礴力量，从而做到处变不惊、坚定从容，于复杂多变的世界中保持自信的气度，从容应对一切变与不变，坚定奋发进取的精神，在时代大潮中把握机遇、顺势而为，让深厚的文化自信在中国特色社会主义伟大实践中转变为创新的力量和创造的激情，在丰富多彩的文化发展中实现文化辉煌，在推动中国特色社会主义实践中不断塑造与加强符合新时代发展的积极进取的文化

---

❶ 亨廷顿. 文明的冲突与世界秩序的重建（修订版）［M］. 周琪，刘绯，张立平，等译. 北京：新华出版社，2010：81.

❷ 习近平. 习近平谈治国理政：第二卷［M］. 北京：外文出版社，2017：36.

生态和健康稳定的民族心理。"增强文化自信"❶，是新时代中国特色社会主义政治、经济和文化发展到一定阶段对文化发展引领社会发展的强烈呼唤，也是建设社会主义文化强国的内在要求，是实现中华民族伟大复兴和中国式现代化的精神引领和动力支撑。

（二）文化自觉是文化自信和文化发展的前提

文化自觉与文化认同及民族认同有着密切的联系，文化自觉是指文化主体对自身文化的历史发展过程、现实状况和未来发展方向等具有清醒的认识和广泛的接纳认可，在此基础上，才能更加真实、客观地展现自身文化的全貌，清楚它的来龙去脉，洞悉它的思想精华、道德境界、社会价值以及时代性和局限性；面对不同文化的交流、碰撞与融合，才能更好地实现自身文化的发展与超越。费孝通先生强调文化主体应"对自己的文化有自知之明，明白它的来历、形成、特色和发展趋势"❷，他对文化自觉概念的认识首先强调作为文化主体的"自知之明"，即要从过去、现在和未来三个维度全面地认知自身文化，揭示其特色和趋势。这个"自知之明"不仅是每个人对个人思想维度的认识，也是一个民族、一个国家对自身文化的深刻而全面的洞察、定位及对特定标识的确认，在此基础上，确定自身文化的自主发展能力，基于比较全面、客观的自觉认知，在不同文化之间的比较和互鉴中适应新变化，在时代发展中确保自身的主体地位，实现主动发展。

人类在适应自然界的同时也改造着自然界，人类既是物质的产物，也是文化的主体。不同文化生态及文化现象塑造了不同文化主体的民族性格、思维方式和独特标识，这种独特性是民族自我认知和国家认同的依据以及国家安全感和感召力的源泉。不同国家、不同民族之间的经济交流往来，究其底层逻辑，是不同文化的展现、

❶ 习近平. 高举中国特色社会主义伟大旗帜 为全面建设社会主义现代化国家而团结奋斗：在中国共产党第二十次全国代表大会上的报告 [M]. 北京：人民出版社，2022：43.

❷ 费孝通. 中华文化在新世纪面临的挑战 [J]. 炎黄春秋，1999 (3)：2-4.

交流、碰撞乃至融合。随着综合国力的与日俱增，中国在世界发展和政党合作中展现出越来越强大的影响力，在与不同国家、不同民族之间的政治交往、经济协作与竞争中，中华文化都具有基础性作用和关键性影响力，文化自觉和文化自信在其中扮演着既具有基础性质，又具有核心性质的角色。在百年未有之大变局下，无论是哪个国家，无论是经济结构、政治生态和社会整体的发展布局，无一例外地都是以构建良好的文化生态为基础。文化繁荣发展不仅是文化自觉和文化自信的体现，更是衡量民族全面发展的重要指标，不仅为社会的全面发展提供价值指引，还是强化民族标识、自我情感认同和价值归属的内在要求。价值观作为文化的内核，是国家和民族自我认同的核心价值，这种核心价值不是一朝一夕就能形成的，不同核心价值观代表了不同国家和民族的深层精神追求与价值追求，具有鲜明的独特性和标识性，是在经济全球化、政治多元化的时代大潮中避免民族文化虚无和分裂，捍卫国家安全和精神独立性，避免民族心理分裂的根本。

中华文化源远流长，无论是在历史上还是在当下，中华文化都对亚洲乃至世界产生了深刻的引领作用和广泛的影响力，其独特的价值体系和深刻的宇宙观是支撑中华民族在艰难困苦中砥砺前行的思想基础和精神动力，是中华民族能够在波涛汹涌的世界大潮中勇立潮头、行稳致远的精神根基，也是中华民族能够在各种挑战面前形成强大的民族凝聚力的根本原因。文化兴则民族兴，文化基因融入一个国家和民族的血脉与灵魂，如果一个国家、一个民族没有自己稳定的核心文化，只是亦步亦趋地跟随其他文化做"应声虫"，这样的国家和民族很难有独立的思想灵魂和持续的发展动力。中外人类发展历史在反复证明这样一个事实：无论一个国家暂时看起来具有多么强大的力量，如果缺乏独特的文化支撑，缺少统一的文化认同，做不到文化自觉和文化自信，其最终的走向只能是支离破碎，辉煌只是昙花一现。

文化自觉的镜鉴与超越。在中国革命、建设和中国特色社会主义伟大实践中，文化自觉经历了一个漫长而曲折的发展过程。在鸦片战争之后，面对西方的坚船利炮和强势的文化入侵，中华民族经历了艰难的文化困顿、文化反思和文化批判，曾经一度跌入文化自卑的深渊，在历史反思和现实实践中，逐渐由文化自卑走向文化自觉。文化自觉是在中国共产党成立以后逐渐形成的，在马克思主义的指导下，中国革命开辟了新道路，中华文化也在新的斗争实践中被激发出旺盛的生命力，展现出独特的光芒和强大的精神力量，创造出具有丰富内涵和独具中国特色的革命文化；在新民主主义革命胜利以后，中国共产党人依然坚守马克思主义的立场、观点和方法，把马克思主义和中国的具体实践相结合，扎根于中华文化沃土，成功地实现了马克思主义理论和实践的创新与发展，产生了一系列重要的理论成果，这些重要理论成果标志着马克思主义发展到一个新阶段，也标志着中华文化自觉达到一个重要阶段。

文化自觉建立在对自身文化充分认知的基础上，是文化自信的前提。要在文化自觉的基础上实现新的发展，需要正确对待自己的文化传统，处理好继承和发展的关系，只有做到"知己知彼"，方能实现百战必胜，避免陷入一叶障目不见森林的境地。在文化继承和发展的问题上，应处理好传统文化和外来文化的吸收借鉴问题，继承传统而不拘泥于传统，杜绝长期处于无意识的文化框架之中无法看到全貌，不能正确对待自身文化。对于外来文化，要以开放的胸怀突破自身文化的局限，吸纳外来文化中的积极内容，为自身文化发展增添富有营养的内容，反对生吞活剥盲目接受或者全盘否定外来文化的内容和价值。因此，文化自信不仅体现为对自身文化的接纳和认可，也体现为对他者文化的尊重和接纳，并且可以在平等的基础上交流对话，从而不断推进文化发展。文化自信和文化自觉具有密切的关系，在文化自觉的过程中，外来文化是进行交流互鉴时必不可少的内容，在和外来文化的对比中也可反观自身，把外来文化作为一面镜子来检视自身文化的优势或不足，在镜鉴中不断实现文化的碰撞、融合和超越，同时更好地发挥自身文化的辐射力和影响力。文化自信在文化自觉的过程中逐步形成，自信的文化具有顽强的生命力和影响力，真正的文化自信要能够不断认知自身文化的独特性，在发展文化的过程中深刻地感受自身文化的魅力和价值，发自内心地欣赏和接纳自身文化，并将这种自豪感内化于心、外化为行动，最终将这种文化自信融入民族的血液和灵魂，将其变为潜意识的文化内容，形成强大的民族文化心理并激发到意识层面，在丰富的社会实践中不断转化为发展的持续动力。

（三）文化自信是文化自觉历史实践的结果

文化不是无缘之水、无本之木，它是在人类社会不断发展变迁的丰富多彩的生产生活中产生的，伴随人类社会由简单到复杂的生产实践逐步发展进化而来，不同国家、不同民族、不同区域的社会实践构成了多元的文化资源。文化是在漫长的历史发展中通过积淀逐步形成的，因此其在一定阶段具有稳定性，同时也具有强烈的继承性和时代性特质，其内容必然会随着社会实践的推进、民族发展的速度、国家核心利益的变化等多方面因素而变化，文化与经济和政治密切关联，是不同国家、不同民族的经济发展、政治演变和民生状况的综合表达与呈现。文化的多元化反映的恰恰是经济发展的复杂性和政治模式的各异性，文化不能离开社会实践而产生，其借助不同经济发展渠道、政治模式以及自我发展过程展示其内涵和影响力，并在实践中不断得到丰富和发展。同时，文化也在极大程度上影响着一个国家或地区的经济发展及政治演变，如种姓制度深深地影响着印度的政治和经济生活，正是这种文化的影响和制约，使得印度一度支离破碎，在被征服的命运里难以实现突破❶。虽然印度的一些领导人试图对原有的种姓制度下不平等的社会现象进行改革和突破，并废止了种姓制度，但是其文化根深蒂固、深入人心，很难撼动。特别是在印度建国以后，其文化虽然在社会改革运动中发

---

❶ 中国现代国际关系研究院. 文化与国家安全［M］. 北京：时事出版社，2021：4.

生了很大的变化，但民主政治还是与种姓制度脱离不了联系。例如，在1952年印度第一次大选时，参选政党有196个；到了2019年，则有2354个政党登记注册，其中450个政党共选举出8000多名候选人，竞争543个议员席位。❶印度在此期间虽然经历了很多国家领导人支持和参与的社会改革运动，但是作为国家政治生活重要组成部分的国家选举依然充满了种姓制度的内容，政党集团都在竭尽全力地获得各自种姓选民的支持。可见，在印度，种姓制度不仅代表一种文化，而且已经深入政治生活之中，给国家发展带来了重要影响，使印度政治出现分化和碎片化，严重影响了国家发展进程。

14世纪，文艺复兴运动在意大利的城邦兴起，逐渐影响到西欧各国，于16世纪达到高潮，掀起了欧洲思想解放运动，反映了新兴资产阶级的文化诉求，其在实质上是一场以古典文化为师的反封建新文化运动。不同阶级、不同民族的文化反映出本阶级、本民族的社会实践历史或者对未来的诉求，文化既是社会实践的反映，也在很大程度上引领和带动着社会的发展，成为推动政治和经济发展的重要动力。在此过程中，本民族、本阶级文化在与他民族、他文化交流和碰撞的过程中，找到自身文化的定位和特点，在全球文化的比较中更加确认自身文化的本质和影响力，逐渐在文化比较和文化自觉中形成相应稳定的文化心理状态。随着时代的发展，在经济全球化进程中出现了一系列连锁反应，经济发展、政治和文化多元同时呈现在世界舞台上，在全球化合作与竞争背景下，经济发展和政治模式体现出竞争化操作，不管是合作还是竞争，其文化吸引力和影响力都会影响不同民族和国家的文化心理，在竞争程度和合作范围内决定其文化与民族的自我认同。在广阔的世界舞台上，在经济、政治和文化的交流、碰撞与共同发展中，如果能够具有强大的影响力和辐射力，获得足够的话语权，得到其他国家和民族的充分认可

---

❶ 中国现代国际关系研究院. 文化与国家安全［M］. 北京：时事出版社，2021：106.

与认同，则可以在积极的互动中逐渐形成文化自信心理机制。

文化自信不是凭空产生的，深厚的文化自信需要历史的积累，只有在世界竞争舞台上占据优势，才能真正展现出自身文化的竞争力和影响力，养成自信的文化心态和独特、稳定的民族心理，在此过程中，使文化具有归属感，从而实现价值主体的确立。一旦获得了这种文化主体自信，就会产生一种强烈的民族自信心理，成为推动社会发展的强大力量，从而形成一种理性而又良性的健康互动模式，在面对困境或变局时，都会因为文化自信而在与其他国家和民族的交流与互动中保持淡定从容，获得文化主体话语权。在文化发展过程中，文化主体性的确立有一定的历史条件和现实因素，其一旦确立，便会为文化自信实践奠定基础和提供保障。

实现中华民族伟大复兴既需要物质财富的积累，也需要精神力量的支持，实现文化的繁荣发展是中华民族伟大复兴不可或缺的精神基础和持续动力。新时代文化发展首先要坚持中华民族文化基因不能丢，在此基础上坚持守正创新，推进文化自信自强，铸就文化新辉煌。在此过程中，持续确立和构建文化主体性地位是一个必不可少的环节。中华文化在漫长的历史河流中生生不息，为世界文化发展做出了巨大贡献，构建了独具特色的文化主体。但是，伴随着世界一体化的出现，全球文化与政治、经济一起进入大众视野，和西方工业革命一样影响力巨大的西方文化强势进入，许多国家在强势文化面前失去了自信，工业化和现代化浪潮给起源于不同区域的文化带来了前所未有的冲击，一些国家和民族的文化在这场来势凶猛的文化浪潮中被淹没，也有一些国家成为西方文化的跟随者，失去了自身文化的独立性和文化主体。还有一些国家在这场席卷全球的浪潮中经历阵痛后涅槃重生，在向现代性转型的过程中奋力挣扎，在原有的文化基础上接受全球化带来的种种挑战，重新思考和定位自己的文化走向。

中华文化具有深厚的历史底蕴，作为四大文明古国中唯一一个延续至今的国家，也在西方文明的裹挟之下经历了痛苦的挣扎和彷徨，在鸦片战争以后长达一个多世纪的思考、学习、反思和超越的实践中，中华文化在近代以来的发展变迁中经历了各种冲击和严峻考验，在复杂的境遇下遭遇了亘古未有的对自身文化的怀疑、痛彻心扉的挣扎、彷徨和否定之险境。睁眼看世界之初的先进知识分子们提出了"师夷长技以制夷"的思想，洋务运动在此基础上的"中体西用"依然在坚守中华文化之本，然而洋务运动的失败让中国人开始了更加深刻的反思和批判，进而陷入深深的自我怀疑之中。特别是五四运动时期，人们对封建思想的批判达到了一个空前的高度，把批判的矛头直接对准了儒学，甚至提出"打倒孔家店"的口号，对中华传统文化进行了批判。这在特殊历史时期对摆脱封建思想的束缚、促进思想解放起到了振聋发聩的作用，但是其对传统文化的过度批判，给中华民族的身份认同和自身文化发展带来了消极影响，对中华民族的文化发展产生了负面作用。这种负面作用在中国近代很长一段历史时期对中华民族文化发展中的基因传承起到了阻碍作用，加剧了文化自卑心理，甚至在一定程度上消解了中华文化主体。

在西方用枪炮打开中国大门以后，中国的志士仁人就在苦苦探寻救亡图存之道，由于将科学技术的落后归因到文化内容上，形成了文化自卑的文化心态和民族心理，出现了"全盘西化"思潮，这无疑是消解文化主体性的行为。随着时代的发展和中国革命形势的变化，特别是在马克思主义传入中国以后，由于马克思主义具有先进性和科学性，在中国这片土地上得到了广泛传播，产生了深远影响。马克思主义深刻地影响了中国革命和中国文化发展，正是在中国革命的斗争实践中，马克思主义与中华文化相结合，激活了中华优秀传统文化，使中国革命与马克思主义都展现出蓬勃的生命力和战斗力，开创了中国革命的新局面，中国人民推翻了三座大山，建立了中华人民共和国，为实现国家富强、民族幸福开辟了道路，实现了从站起来到富起来和强起来的巨大成功。在马克思主义与中国优秀传统文化相结合的过程中，不仅实现了中国经济的巨大成功，也使中华优秀传统文化重获生命力和活力，使马克思主义基本原理与中华优秀传统文化基因结合成为可能，既开创了马克思主义的新局面，产生了一系列新的理论，也激活、传承和发展了中华文化。

中国特色社会主义文化的发展使中国特色社会主义道路在21世纪的世界舞台上产生了更大的影响力，也是中华文化走向世界的前提和保证。今天的中国已不再是100多年前那个积贫积弱、任人宰割、不断怀疑自己和否定自己的国家，在中国共产党的领导下，坚持走中国特色社会主义道路，坚持马克思主义的指导，在复杂的国际、国内环境下，坚持党的初心不动摇，坚持走中国式现代化道路，新时代的中国正在昂首阔步地从世界的边缘日益走向世界舞台的中心。在当今世界，虽然和平合作占据主流，但是也不能忽视竞争和不确定因素，随着我国综合国力的日益提升，中华民族伟大复兴的前景离我们越来越近，在这样的历史关键时刻，需要物质文明和精神文明的共同提高，中华民族伟大复兴这一目标决不是轻轻松松就能实现的，前进的道路上少不了暗流涌动和急流险滩，此时需要凝聚整个中华民族的力量，同心协力、同向同行，这就更加需要坚定文化自信，确认文化基因，从历史发展和文化传承中实现民族文化主体认同，和文化自卑划清界限，和文化虚无主义划清界限，彻底消除文化自卑的根源，这样才能真正实现民族认同，确立文化自信。

文化自信不能只是一句简单的口号，在日常生产和生活中，应自觉确立并不断强化文化自信，逐渐形成文化自信的民族心理。优秀的传统文化是我们的文化基因所在，是实现民族认同的基础和前提，也是我们立足于世界的基本标识和特定符号。革命文化是特定历史阶段的特色文化，它既有鲜明的中国革命特色，也有鲜明的民族文化特色，是马克思主义指导下的中国特色文化，其感染力将超越时空，转化为新时代的巨大精神力量。优秀传统文化和革命文化虽然具有不同的时空方位，但是在新时代依然需要我们的接纳、认可和传承，看到这些文化所蕴涵的民族特性和巨大的精神力量。只有珍视优秀传统文化，将其优秀基因继承下来并进行现代化的表达，才能在转化和创新过程中实现文化自信自强。在风云变幻的国际舞台上，只有拥有强大文化自信的国家和民族才能因时而变、顺势而为，才能不受制于人，敢于发出自己的声音，从而在国际舞台上发挥应有的作用，从深层次和多领域上参与和影响世界的经济发展、政治合作和文化发展进程。所以，立足新时代的国际和国内环境，在中华民族伟大复兴的战略要求下，重视和加强文化建设以及文化自信在文化发展中的作用，关注文化发展过程中的主体性建设，认识中西文化交流合作中文化主体的重要价值，寻找国际视野下的文化自觉自信，给文化自信自强提出了更加具有挑战性的要求，具有非常深远的实践意义和价值。在历史发展变迁中坚定文化自信，需要在文化自觉的基础上，在中西文化的交流碰撞中取长补短，在文化实践中对文化的主体性进行确认，在各种不同文化的比较中，既不仰视也不俯视任何国家和民族的不同文化，而是在"各美其美、美人之美，美美与共、天下大同"中汲取不同文化的营养，在现实的文化交流中不断形成和强化自我文化认同，不断打破原有的错误观念，构建和确认文化主体，实现真正的文化自信。

从另一个角度来看，经济发展的内在要求文化发展必须同步，否则就会由于重视经济而轻视文化发展带来一系列社会问题，如精神空虚、环境污染、暴力行为增多等。如果单纯地重视经济发展，并不能满足人民日益增长的文化需求，反而会破坏生态、增加不安定因素，反过来又会阻碍经济的发展。因此，文化发展是一个社会得以健康运行的必然要求。而文化发展要坚守文化主体才能实现文化自信，历史证明，在近代文化曲折发展的过程中，中国曾经一度甘为"西方文化"的学徒，甚至有人愿意跟在别人后面亦步亦趋地喊出"全盘西化"的口号。这种与自身文化的剥离既是痛苦的，也是荒诞的，但在剧烈的社会转型和变革中，其本质并非真正的剥离，而是通过剥离实现突破，换言之，是希望通过文化转型回归自我。这种对自身文化的剥离是通过学习而趋近，通过趋近而超越，通过超越回归自身文化、寻找文化主体。文化的剥离是短暂的和迫不得已而为之的趋同，最终的走向依然是回归文化本体。这种文化上的离异，虽然起初看起来和最终目标大相径庭，首先表现为复制、学习与趋近西方近代文明，但其结果是避免被西方文明同化。面对西方文化的强势进入，对于亚洲许多国家来说，总体上不得不采取这种先离异而后回归文化主体的做法，但实际上，由于各国国情存在差异，在具体行动上又有很大不同。例如，日本和韩国采取了不同的方式，日本在与西方接触后，迅速"脱亚入欧"，倡导"全盘西化""脱亚入欧"的文化符号看起来是与一直以来统治其国家的儒家思想脱钩了、离异了，建立起一个新的明治政府，这个政府的主旨是按照西方模式建立近代化国家。从 19 世纪 60 年代开始，日本通过明治维新建立了一个在科学、技术、教育、政治结构和经济等方面都西方化的国家❶，但是，这种对儒家思想的"离异"集中体现为趋向于西方近代文明，而对其传统文化的短暂剥离，而后还会回归到自己的民族文化轨道上来。从总体上来看，这种剥离是符合当时社会发展需要的，在当时的确促进了日本的发展。韩国也在 20 世界 80 年代以后主张脱离东亚圈，从属于西方文化圈，呈现出过于强烈地进入西方文化的进程，这一进程造成了很大的负面影响。❷ 从历史上来看，在整个亚洲走入近代化的过程中，面对西方强大的经济、科技和文化实力，由于存在巨大的强弱贫富差距，在这种交流环境中，很难坚守自身的民族文化立场，催生出事事不如人的民族自卑感，结果难免会陷入文化自卑和民族虚无主义的艰难境地，"全盘西化"主义也就不足为奇。

鉴于许多亚洲国家在现代化过程中的经验和教训，在我国现代化过程中，需要在学习西方的过程中立足自身文化主体，处理好"离异"和"回归"之间的关系，不能走向情绪化的极端，离异与回归要适度，"离异"不可无根，"回归"不可返古。在这样的背景

---

❶ 唐任伍. 中华文化中的世界精神［M］. 北京：中国社会科学出版社，1999：284.

❷ 李文. 韩国对东亚文化的"离异"与"回归"［J］. 亚非纵横，2002，(4)：22－28.

下，在中国共产党的领导下，在马克思主义的指导下，中国人民在"站起来"之后，揭开了改革开放的伟大篇章，在"富起来"和"强起来"的路上没有迷失自我，即使国际环境险象环生——经历了苏联解体和东欧剧变，我们依然坚持立足本根、初心不变，坚持走中国特色的社会主义道路，发展中国特色社会主义文化，彰显中国特色，为世界各民族走出一条不同于西方的经济发展与文化发展道路做出贡献之后，我们更有理由和底气树立文化自信，我们在历史发展中和实践基础上建立起基于中华优秀传统文化、革命文化和社会主义先进文化的多维度、全方位的新时代文化自信。文化自信不是一朝一夕形成的，经历了历史的检验和从自卑到自信的曲折过程，在历史积淀和实践的基础上，逐步完善了文化主体的地位，构建了丰富的文化自信内容。

文化自信的构建与社会的整体进步联系在一起，其随着经济和政治的发展不断趋于完善，随着综合国力的提升和文化的繁荣发展，文化自信逐渐形成一种日常的文化心理和独特的民族气质而深入人心。文化自信一旦确立起来就会形成磅礴的力量，在风云激荡的变局中稳如泰山。在"四个自信"的理论框架下，文化自信是最基础的自信，没有文化自信作为基础，其他自信就难以真正确立起来，而文化自信的形成和构建是对中国特色社会主义道路的坚持与自信，在一定意义上，中国特色社会主义道路的选择在本质上也是一种文化自信，是文化选择的结果，并以在中国特色社会主义建设中形成的理论自信和制度自信作为重要依据而逐渐形成。文化自信是"四个自信"的底层逻辑和文化支撑，是在中国特色社会主义建设伟大实践中逐渐形成的一种民族文化心态和独特精神标识。"四个自信"相辅相成，共同构建起中国特色社会主义伟大事业，也构成了文化自信在实践中的基础和来源，成为文化自信的实践内容。

（四） 文化自信自强是文化自觉与文化自信实践结果

"文化是民族生存和发展的重要力量。"❶ 文化强则国家强，在经济发展迅猛的 21 世纪，文化发展越来越成为决定国家和民族持续发展的重要力量。实现文化健康发展和文化繁荣是文化自信自强的必然要求。文化自信的形成不会一蹴而就也不会一劳永逸，它是历史发展和文化自觉的必然结果，它的形成不仅涵盖 5000 多年历史演进的深厚文化积淀，也经历了近代社会的文化困顿、彷徨、怀疑乃至自卑以后的浴火重生，最终在中国特色社会主义伟大实践中逐渐形成。文化自信不是一个空洞的口号，不仅要有历史的积淀，更要立足新时代创造文化新辉煌，只有顺应历史潮流的发展和创新，才能做到真正的文化自信，才能实现文化新辉煌，二者相辅相成，互相成就。新时代文化发展必须立足百年未有之大变局和民族复兴大业，这是文化发展的强烈责任和使命，也是文化自信能够在实践中不断实现和强化的根本所在。习近平总书记反复强调："每到重大历史关头，文化都能感国运之变化、立时代之潮头、发时代之先声，为亿万人民、为伟大祖国鼓与呼。"❷ 在百年未有之大变局下如何实现民族复兴？这样的时代大潮中既充满了机遇，也充满了挑战，中国共产党的领导坚强有力，中国人民勤劳智慧、富有创造力，中华民族伟大复兴的光明前景离我们越来越近，中国特色社会主义伟大事业需要文化的繁荣兴盛提供强大的精神力量。

要实现文化自信，离不开文化自觉，文化自信是文化自觉的更高阶段，文化自觉、文化自信和文化发展紧密联系，形成相互促进共同提高的良性互动，三者相互作用的结果就是创造中华文化新辉煌。也就是说，文化自觉与文化自信的实践是这样一个过程：在中国特色社会主义伟大实践中，不断认可和强化我们的文化基因，加

---

❶ 习近平. 在文艺工作座谈会上的讲话 ［R］. 人民日报，2014－10－15 (2).
❷ 习近平. 在文艺工作座谈会上的讲话 ［R］. 人民日报，2014－10－15 (2).

强马克思主义的科学指引，弘扬革命精神，坚持文化创新和突破，立足世界，着眼未来，实现文化的主体性、创造性发展。在此过程中，不仅立足中国，也镜鉴世界，对自身文化进行鉴别、接纳、转化和升华，对他文化进行甄别和消化，对不符合时代发展的糟粕要毫不留情地抛弃，使中国特色社会主义文化以开放的胸怀对待古今中外的优秀文化内容，并对其进行科学的融合与升华，在实践中检验其是否具有社会价值，最终促进文化的良性发展和繁荣。中国特色社会主义实践的成功能够带动文化发展不断面向新的内容，文化发展反过来又会促进中国特色社会主义事业更加辉煌，文化发展能够适应时代之变，回答时代之问，在此过程中形成良性循环，进而强化文化认同，坚定文化自信。

在适应时代要求的文化发展过程中，逐渐强化文化自信的文化心理和民族特色。文化自信是一种深层次的心理活动和积极的状态，它既是一种在任何境遇中都能保持自信和勇于突破的状态，也是文化实践的一种良好呈现。文化自信不是一种仅存在于头脑里的观念，它要在文化实践中落地生成，尽管它是非物质的，但可以在文化实践中表达出来。文化自信一旦形成，就会凝聚成中华民族伟大复兴的精神动力，成为助力经济发展的重要引擎，在此基础上形成更高层次的自信，推动文化进一步发展繁荣，如此就会形成文化自觉、自信、自强的螺旋式发展，它们之间是良性互动，互为条件，共同推动文化繁荣发展。在新时代，中华民族伟大复兴已经成为不可逆转的时代发展趋势，从国家到民族乃至每个中华儿女，一定要既做到文化自觉，也坚定文化自信，最终通过文化发展实现文化自强，为加快构建新发展格局，实现伟大梦想提供动力支撑和思想文化保障，推动中华文化在世界发展进步中产生更强大的影响力，为推动构建人类命运共同体做出贡献。

从历史上来看，文化发展的速度和模式不是一成不变的，文化发展与经济和政治发展具有紧密的联系，当政治经济的运行模式和发展出现重大改变时，文化发展也会出现急速的转变或者停滞状态。

例如，我国历史上出现过少数民族凭借强大的武力征服中原的时期，在这样的历史阶段，落后文明最终没能取代先进文明，而是被先进的中原文明所征服，但此时的文化发展却受到了阻滞。也有一些民族或者部落因为一些机遇和特殊条件，迅速由初级文明、原始文化快速进入较高阶段文明，文化发展是跳跃式进阶。也就是说，这种螺旋式发展并不是一直保持匀速加速运行的趋势。随着世界一体化进程的推进，新的工业革命使人们的生活节奏不断加快，越来越讲究效率和产出，对时间的控制和把握成为现代社会的产物和重要技能，从而使现代社会或者西方所谓的后现代社会中转变为绝对的变化和不稳定。

信息社会的到来正深刻地改变着世界，不仅是效率的提高，经济、科技、教育都在发生巨大的变化，文化内涵和文化发展也因此不断跟进。正如马克思所说，一切新形成的关系等不到固定下来就陈旧了，一切坚固的东西都烟消云散了。❶ 亚里士多德所倡导的形而上学的哲学思想在现代社会失去了土壤，伴随着信息社会而来的是科技的迅猛发展和信息的广泛传播，唯一确定的事物就是一切都在发展变化之中，正如鲍曼所说，流动的社会性其实也是社会的文化性，并且流动的速度越来越快。鲍曼还强调："现代性整体因其是强迫的。"❷ 现代化意味着"液化"，在这样的社会运转状态下，其主要任务是瓦解不可行的传统，❸ 在对不可行的或者顽固的传统进行瓦解的同时，逐渐迈入现代社会。如贝尔所说，现代社会的快速运行仅仅追求一种即时的、瞬间的冲动与震撼，最终现代社会就如一只倒空的碗，没有留下任何东西❹。这种短暂性会带来分裂，使价值转化和优劣关系呈现不确定性，在这种快速的流动之中，人们需要急

---

❶ 马克思，恩格斯. 共产党宣言 [M]. 上海：上海教育出版社，2020：23.
❷ 鲍曼. 流动的现代性 [M]. 北京：中国人民大学出版社，2018：7.
❸ 鲍曼. 流动的现代性 [M]. 北京：中国人民大学出版社，2018：9.
❹ 贝尔. 资本主义文化矛盾 [M]. 赵一凡，薄隆，任晓晋，译. 北京：三联书店，1989：11.

速适应现代社会，不能随着这样的流动性而快速转化的人们便会陷入深深的恐惧之中，失去过去一直依附的传统文化根基。因此，恐惧感和焦虑感在社会上有了成长的空间，成为许多无法跟随时代快速变化的人们的阴影和顽疾，引发了一些社会问题，在很多国家和地区呈现出严重的矛盾和冲突，这种矛盾性随着现代化程度的加深在全球范围内不断扩展，经济发达与文化虚弱之间的矛盾已经成为一个全球化问题。在这样的现代化社会，流动性似乎成为不可阻挡的发展模式，文明进步和文化发展的速度只能适应这种形势，随着社会发展变得越来越快。这为文化发展提供了机遇和挑战。首先，越是流动的社会，越需要丰富多彩的文化资源，为急速发展和流动提供精神滋养，去除由急剧变化带来的负面影响，为社会安定和心理稳定保驾护航。其次，也对文化建构提出了严峻挑战，在现代社会，急速发展就是对旧事物的否定，这种现代与传统的交叠变化使社会中的很多事物都变得转瞬即逝，能够长久存在的很少，而能够经受岁月沉淀的则非常稀缺。要想在现代化竞争环境下要保持文化发展，用稳定的文化基因和丰富的文化内涵去应对不确定的人与事物等因素非常必要，也具有挑战性：既需要有高屋建瓴的视野和宽广的胸怀，也需要对来自世界各地的不同文化进行正确的认知、鉴别，然后博采众长，为自身文化发展汲取营养，使文化自信在现实实践中得到丰富和发展，在时代的激流中兼具压舱石和发动机的双重作用。面对文化自觉与文化自信相互作用的发展模式，对文化本体的主体性建构需要在实践中不断确认，推动文化自信不断向前发展。文化自信作为一种稳定的心理状态已成为文化发展和时代变化的必然选择，也为安全感缺失或者失去灵魂家园的人们带来了精神力量。

实现文化自信自强，创造文化新辉煌，是新时代文化发展的目标指向。文化自信是建设文化强国的基础，只有在文化自信的基础上进行文化发展，才有可能创造文化新辉煌，建成文化强国。文化自觉和文化自信相辅相成，发现文化特色、感知文化魅力、认可自身文化主体的文化自觉是文化自信的基础，在此基础上实现文化发展，逐渐形成和坚定文化自信。与此同时，文化自信是文化创新发展进而实现文化新辉煌的动力，只有树立文化自信，才能实现文化新辉煌；只有不断创造文化新辉煌，实现文化发展，才能在文化的交流、碰撞中坚定文化自信。中国特色社会主义文化自信是在中国共产党领导的革命和建设实践中逐步确立的，是在马克思主义的指导下进行的文化发展过程，也是优秀传统文化的激活和觉醒过程，在历史发展中把握了文化发展规律，在历史进步中把握住了发展机遇，实现了从文化自觉到文化自信的发展，在中国特色社会主义伟大实践中形成了推动文化繁荣发展的文化自信，文化自信持续不断地推动文化沿着中国特色社会主义发展之路昂首阔步地前行，围绕"举旗帜、聚民心、育新人、兴文化、展形象"❶ 的目标发展中国特色社会主义文化，使中华文化既具有鲜明的中国特色，也具有宽广的文化视域；既立足中国大地，也面向世界；既吸收 5000 多年的传统文化养分，也面向未来的世界；既是古老的，又是现代的、富有魅力的、充满生机的。

在中国共产党的坚强领导和马克思主义的指导下，中国特色社会主义文化正在走向世界，并在国际舞台上发挥着越来越重要的作用，不仅给许多发展中国家提供了重要借鉴，也对很多发达国家产生了积极影响。中华文化中的许多思想具有重要的世界意义和价值，是当今世界发展迫切需要的思想，为世界和平与发展注入了新的活力。在百年未有之大变局下，世界会走向何方？中国会遭遇一系列陷阱吗？面对这些难题，中国共产党立足国情，放眼世界，坚持人民立场，给予中国方案，并得到了世界各国的积极回应。当前世界面临着重大机遇和挑战，只要我们坚定文化自觉和文化自信，一定能实现文化自信自强，在社会主义伟大实践中再创文化新辉煌，用繁荣的文化为中国特色社会主义伟大事业提供坚强的动力，确保中

---

❶ 习近平. 习近平谈治国理政：第四卷 [M]. 北京：外文出版社，2022.

华民族伟大复兴的目标如期实现。中国共产党有能力带领中华民族实现这一目标，因为其在革命和建设阶段已经对中华民族的优秀传统文化有了深刻的理解，正是在吸收和转化优秀传统文化的基础上，不断加强马克思主义的指导，才能带领中华民族成功进行了新民主主义革命和社会主义建设，探索出中国特色社会主义道路。在探索中国特色社会主义道路的过程中，中国共产党不惧世界风云变幻，在世界社会主义陷入低谷时依然坚持和发展中国特色社会主义道路，发展社会主义文化，使马克思主义和中华文化都在中国大地上展现出勃勃生机与活力，使古老的中国焕发出青春和活力，也使中华民族在实践中逐渐从文化自卑和文化盲从中成功剥离出来并走向文化自觉和文化自信。展望未来，只要我们坚定中国共产党的领导，坚定文化自信，一定能够再创文化新辉煌，实现文化自信自强，让中华文化在更大的舞台上实现其价值，引领中国走向世界，增强中华文化的吸引力、传播力和影响力，实现中华民族伟大复兴，向世界展现一个崛起大国的真实形象。

第五节　文化自信的功能

文化自信在"四个自信"中居于最基础的支撑地位，没有文化自信，道路自信、理论自信、制度自信就会成为空中楼阁。文化具有与政治和经济不同的重要功能，文化如春风化雨润物无声，深刻地影响着人们的世界观和价值判断。只有树立文化自信的国家、政党和民族，才能在世界深刻的变化中激流勇进，不忘初心，敢于斗争并取得胜利。文化自信是更基本、更沉沉、更持久的力量，为中国特色社会主义道路提供坚持和发展的底气与价值支撑，也是中华民族能够达成共同价值的根本所在，以及实现中华民族伟大复兴的精神和动力所依。习近平总书记多次表达文化自信的重要性，不但指出文化自信在四个自信中具有重要作用，而且把文化自信与国运兴衰和文化安全紧密联系在一起，前所未有地把文化自信提高到这样一个高度，既有基础性功能又有决定性功能，既有支撑性功能、凝聚性力量，也有战略性、全局性作用。特别是立足中华民族伟大复兴的高度和在百年未有之大变局下，文化自信的功能更加强大，新时代面临很多不确定因素，这既是机遇也是挑战，文化自信给予中华民族把握新机遇的能力和定力，是坚定"四个自信"的前提和根本，因此，只有坚定文化自信，才能形成推动中华民族伟大复兴的磅礴力量，才能在复杂的国际、国内形势下坚持中国特色社会主义道路。

（一）文化自信的功能在于达成中华民族共同的价值认同

文化自信是对自身文化持有坚定认同感和自豪感的稳定心理状态，表现为一个政党、国家、民族对于自身文化的充分认可、接纳和欣赏。文化自信是一种坚定的文化力量，不仅能够继承传统文化的精华，更能实现文化发展和文化辉煌。文化的作用无比强大，不仅能够给国家和社会发展提供持续不断的动力，也是社会发展进步的重要标志。社会主义现代化具有鲜明的中国特色，其中一个重要特征就是"物质文明和精神文明相协调"[1]，这一特征是一个国家发展进步和文明水平提升的重要标识，只有物质文明的发展不能构成良好的社会生态。在资本主义社会，资本家借助资本盲目追逐利润，过度追求物质文明的进步带来了许多社会问题，如环境问题、贫富差距、金融危机以及精神空虚导致的各种问题等。在社会主义社会，在中国共产党的领导下，我们追求的是物质文明和精神文明的协调发展，是经济、政治、文化、社会的共同发展，这是全面建成社会主义现代化强国的必然要求。随着整个世界格局的深刻演进和中国特色社会主义实践的深入推进，不论是在国家层面还是在个人层面，对文化功能在实现中华民族伟大复兴中的作用的认识都大大提升，

---

[1] 习近平. 高举中国特色社会主义伟大旗帜 为全面建设社会主义现代化国家而团结奋斗：在中国共产党第二十次全国代表大会上的报告 [M]. 北京：人民出版社，2022：22.

只有坚定文化自信，实现文化发展繁荣，才能达成中华民族共同的价值认同，凝聚中华民族的力量，成为全面建成社会主义现代化强国的磅礴力量。文化自信不只是政治、经济、文化、生态建设的重要保证，而且是推进中国特色社会主义经济社会发展中的关键内容和重要目标。只有树立文化自信，才能在坚定社会主义道路中科学发展、全面发展，才能在马克思主义指导下实现文化的繁荣进步。新时代经济发展处于高质量发展阶段，文化在推动经济的转型升级中发挥着越来越重要的作用，文化发展和进步本身能够带动经济高质量发展，与此同时，丰沛的文化资源越来越成为高质量发展不可或缺的重要资源，未来在产品质量提升和人们对美好生活需求不断增加的过程中，文化消费不仅是日常消费品，也将逐渐成为拉动经济增长的重要引擎，文化事业和文化产业越来越发挥其经济功能，文化消费在提高生活品质中越来越发展成为产业结构升级的重要着力点。文化消费需求的增长反映出物质文明的进步，与此同时也促进物质文明的发展和进步，二者相互协调共同提高，促使经济发展进入更高阶段。文化发展随着社会经济、政治、生态发展而发展，在一定程度上是一个国家和社会发展的综合表现，文化与人的发展和社会的和谐稳定有密切的关系，从文化对社会和谐稳定的影响看，文化能够滋养性情，凝聚社会力量，实现人的自我价值与社会价值的共同生长，实现人与自然的和谐统一。在世界新冠疫情和百年未有之大变局叠加的特殊历史时期，文化的培育和滋养作用更加重要，只有加强文化功能，用深厚的文化滋养心灵，才能在复杂的形势下保持积极乐观的心态，齐心协力地战胜困难。如果没有文化的滋养，没有共同的价值理念，不重视培育和谐的理念和精神，缺失必需的人文精神和心理关怀，就很难保持社会的和谐稳定。文化在复杂的国际形势下起着重要的稳定器和加速器的作用，实现中华民族伟大复兴绝不是轻轻松松就可以完成的，其间会遇到很多急流险滩，此时，文化自信能够使我们看清前进的方向，坚定道路自信，越是艰难越向前，做到坚定信仰、激流勇进。全面建成社会主义现代化强国既要有稳定、发达的经济基础，也要有繁荣发展的中国特色社会主义文化。坚持共同富裕的社会主义道路，首先要让广大人民过上富足的物质生活，在此基础上，还要满足人民不断增长的文化生活需要，实现二者的真正和谐统一发展。物质贫乏不是社会主义，物质文明和精神文明和谐发展才是中国特色社会主义的要义。

文化是一个民族的血脉和灵魂，文化自信是对自身文化持有坚定认同感和自豪感的一种稳定心理状态，无论是在和平建设年代还是在特定历史时期，对自身文化的这种认同和欣赏的态度与心理状态，都会成为一种重要的精神凝聚力量。这种坚定的文化自信源自历史文化的积淀和现实实践的成功，在此基础上，形成了整个国家和民族的统一的价值观念和思维体系，文化自信不仅是民生幸福的重要体现，也是在国际舞台上展现综合国力的重要支撑。自从人类出现，随着生产和生活水平的提高产生了文化，文化源自人类的生产和生活实践，不仅深刻地影响着世界的过去和现在，而且将对未来起到更广泛和深刻的影响，文化的影响力会随着社会发展的程度和速度产生加速度。

文化也塑造着一个国家和民族，深刻地影响着人们的精神和心灵。"一个没有精神力量的民族难以自立自强"❶，中华民族历来就是一个拥有强大精神和丰富文化内涵的民族，所以能够在历史的洪流中屹立不倒，面对各种艰难险阻，凭借着强大的文化和精神力量，最终成功坚持下来，化险为夷，使中华文化得以保存下来，成为四大文明古国中唯一一个历经风雨仍傲然屹立于世界文化之林的幸存者。今天，文明依然是我们国家和民族的标识，在民族复兴的重要阶段，我们不能犹豫和观望，要以文化自信推动文化繁荣发展，文化繁荣发展是时代进步的标志，也是中华民族伟大复兴必不可少的内容。历史和现实都表明，中华民族是具有巨大精神力量的民族，

---

❶ 中共中央文献研究室. 十八大以来重要文献选编：上［M］. 北京：中央文献出版社，2016：280.

不仅能在历史上拥有骄人的文化资源，在建设中国特色社会主义的今天，在马克思主义的指引下，也会迸发出更加强大的文化创造力。正如习近平总书记多次强调的："中华文化既坚守根本又不断与时俱进。"❶ 中华文化具有丰厚的历史根基，这是我们国家和民族的文化来源与精神标识，是在任何时刻都不可以抛弃和否定的，离开了这些基础，国家和民族发展就成了无源之水和无本之木，丢失了民族的根脉和灵魂。因此，中华民族的文化发展离不开对优秀传统文化的发掘，也来源于新时代的伟大实践，改革开放将时代发展深化为新时代文化的创新发展，这样的文化必须是大格局的，既具有高瞻远瞩的战略眼光，又能给予人民一种精神上的内在感受，既具有中国特色，又能走向世界的文化。在落后的年代，人们需要通过文化来启迪心智和满足基本精神需要；在现代社会，人们需要文化来滋养心灵、认识社会、获得情感上的满足和坚定理想与价值观，从而获得精神上的愉悦、确立价值体系和获得情感上的认同，从而达到通过文化丰富精神生活、净化心灵，最终获得超越物质的满足和依归。

文化自信的民族是精神上的王者，具有坚定的自信和面对危机时的淡定和从容，这种精神文化上的自信和饱满，是一个国家和民族内生的坚定力量，也是追求幸福生活的内在要求。随着人民物质生活水平的提高，实现中国式现代化呼唤更高的文化生活水平，建设中国特色社会主义伟大事业也有物质文明和精神文明一起发展、相互提高的需求，发展和繁荣中国特色社会主义事业，不断加强文化自信是实现中华民族伟大复兴的内在要求和精神动力。因此，坚定文化自信、实现文化发展、丰富精神文化生活的期待更加迫切，新时代坚定文化自信、实现文化自强已经成为不可逆转的力量，正成为整个中华民族的共同价值认同，也是保障和改善人民群众对美

---

❶ 中共中央文献研究室．十八大以来重要文献选编：上［M］．北京：中央文献出版社，2016：121．

好生活向往的必然要求。"实现中华民族伟大复兴，需要各民族手挽着手、肩并着肩，共同努力奋斗。"❶ 只有凝聚起十几亿人民的力量，才能形成坚不可摧的共同意志朝着同一个方向奋斗，才能使伟大梦想如期实现。文化自信站在时代的高度发挥这一重要功能，能够增强文化认同和凝聚力。文化自信不仅能够促进文化认同的形成，而且能够不断强化对自身文化传统和价值观的认同，最终形成强大的凝聚力和认同感，从而激发出集体意识和自觉行动。

（二）文化自信的重要功能在于确保文化安全

文化自信是一个国家或地区的人民对自身文化的自信和信心。文化自信是文化安全的基础。文化安全是指一个国家或地区在文化领域内不受外部威胁和影响的状态。文化自信可以加强民族凝聚力和认同感，降低发生文化冲突和文化入侵的可能性，保障文化多样性和独立性，从而确保文化安全。硬实力不行一打就败，软实力不行不打就会自乱阵脚，在文化失衡以后则会不打自败，这在历史上已经有很多例证。苏联作为世界上第一个社会主义国家在 19 世纪初诞生，19 世纪中期作为世界超级大国而存在，但是却在 20 世纪末轰然倒塌。苏联解体的原因虽然很复杂，但苏联共产党在西方和平演变的背景下背离了马克思主义，背离了广大人民群众的根本需要，的确是一个不容忽视的重要原因。文化是一个国家和民族的灵魂，对马克思主义的背离会导致精神信仰的倒塌，变成没有文化支撑的国家，最终在西方的和平演变中，人民失去了共同的价值追寻，导致人心涣散，结果可想而知。正如习近平总书记指出的："一项没有文化支撑的事业难以持续长久。"❷ 习近平总书记具有深厚的文化情怀和广阔的历史视野，他以宏大的格局深刻地揭示了文化支撑的重要性。没有文化支撑，一项伟大事业在发展的过程中会遭遇各种瓶

---

❶ 习近平. 习近平谈治国理政：第三卷 [M]. 北京：外文出版社，2020：302.
❷ 中共中央文献研究室. 十八大以来重要文献选编：上 [M]. 北京：中央文献出版社，2016：280.

颈，难以有持续发展的动力，甚至会遭遇断崖式失败，苏联解体就是一个实例。立足中华民族伟大复兴的实践，习近平总书记高瞻远瞩，多次强调文化自信的重要作用，把文化自信作为"四个自信"中最基本的自信和最深厚的自信，指出其在新时代的文化发展和文化安全方面具有重要的支撑和保障作用。只有具有坚定文化自信的国家和民族，才能在经历风险和挑战的时候，保持坚韧、持久的自身文化认同、自信心、自豪感和归属感。在世界百年未有之大变局下，各种文化的互动和交流更加频繁，只有坚定文化自信，才能在各种文化交流乃至文化渗透中保持自信和从容，既不妄自菲薄也不盲目跟随和崇拜，发挥自身文化的长处和特色，不忘自身的文化本源，在交流中不卑不亢，既能坚持本民族的文化价值选择和判断，也能吸纳他文化的长处并发展自身文化；坚信合作共赢、交流互鉴，而不是非此即彼、互不相容。因此，在文化自信框架下的这种文化交流可以卓有成效地应对来自不同思想观念、不同价值体系、不同文明程度和不同意识形态的影响、渗透乃至颠覆，可以在复杂的国际背景下坚守文化自信、确保文化安全，使中华文化在交流碰撞中保持竞争优势，并为中华文化在激烈竞争中的进一步发展创造条件。

今天的中国，处于中华民族伟大复兴的关键时期，虽然世界整体上是和平发展的主基调，但是意识形态上的斗争没有停止，西方关于和平演变和"颜色革命"的思想与行动从未停止，因此，坚定文化自信，坚定中国特色社会主义道路，是确保文化安全与国家安全的重大问题，不可动摇，更不可忽视。在信息时代，受互联网技术的影响，思想文化交流和互动更加频繁，在形式各异、复杂多变的文化交流和交锋中，如何彰显中国特色社会主义文化的魅力和影响力，使中国特色社会主义文化在这种激烈的文化竞争中保持优势？这是一个重要的文化问题，也是关乎我国能否如期实现中华民族伟大复兴中国梦的重要问题。不管是文化发展，还是文化自信的产生，其反映的都不仅仅是文化本身，而是与国家的整体运行和综合实力密切相关，文化与政治、经济、生态等共同发展、相互作用，在一定情况下甚至会相互融合。因而，文化竞争所反映的是国家全面发展的社会实践状况，它作为一种符号，在深层次上产生着广泛的影响和总体引领作用，文化自信在其中又引领着文化发展的速度和前进方向，使文化发展和文化特色更加具有影响力与竞争优势，只有坚定文化自信的文化发展，才不会在不同文化的交流和碰撞中迷失自我。随着现代化程度的提高，人类文明也在不断演进，随着社会的不断转型和快速发展，文化也在与时俱进地发生着飞速的更新迭代，仅靠武力就可以征服他国乃至世界的历史会离文明世界越来越遥远，在世界一体化、经济全球化的今天，更加呼唤能让我们所在的世界变得更加美好的文化繁荣去化解人类生存和发展中的危机，而不是依靠经济基础、军备竞赛和永无止境的科技发展。文化的竞争将随着现代文明的发展而不断加剧，特别是在强国之间的竞争中，文化的影响力和吸引力将发挥更加重要的作用，文化作为与硬实力相对应的软实力在国际竞争中的地位将更加凸显。

世界正经历百年未有之大变局，很多发达国家和发展中国家都意识到了提升文化水平的重要性，并将提高文化软实力和扩大文化影响力作为国家战略来推行，不断输出自身文化，通过发展文化和输出文化来扩大本国辐射力与影响力，进一步树立国家形象和获得更多国家利益。自中国共产党成立以来，在马克思主义的指引下，中国人民获得了独立和发展的自由与机遇，成功地进行了社会主义道路的探索与实践，中国特色社会主义事业随着改革开放而逐步推进，特别是进入新时代以来，在中国共产党的坚强领导下，我国的政治、经济、文化、生态建设取得了突飞猛进的发展，获得了骄人的成就，中国特色社会主义文化也取得了突出的成就。但总体看来，与经济发展相比较而言，文化发展还是相对滞后，中国特色社会主义文化的国际影响力还有很大的提升空间，其传播力、吸引力和影响力与我国博大精深的文化基础还不匹配，与我国的整体实力也存在较大差距。目前我国正处于实现中华民族伟大复兴的关键时期，国际和国内形势异常复杂，没有坚定的文化自信作为文化支撑，再宏伟的目标也难以实现。如果没有适合自己国情、民意的文化纲领和具有宏大视野的顶层设计，没有具有竞争力的文化软实力，要想在世界舞台上拥有一定的影响力和话语权，进而成为全面发展的社会主义现代化强国近乎痴人说梦。因此，面对激烈的文化竞争，需要坚定文化自信，在复杂的国际、国内环境中，加快进行优秀传统文化的创造性转化和创新性发展，传承优秀传统文化基因，弘扬革命文化精神，在新时代的广阔舞台上建构我国的文化优势，发展社会主义先进文化，坚持积极主动、抓住历史机遇，争取在激烈的文化竞争中取得优势，发挥出中华文化应有的实力，捍卫国家安全和文化安全。坚定文化自信在今天具有非常重要的意义，没有文化自信就没有文化安全，没有文化安全就可能颠覆国家、动摇根本，习近平总书记强调指出："讲清楚中华文化的独特创造、价值理念、鲜明特色，增强文化自信和价值观自信。"[1] 中华文化的独特性是文化自信的根基、血脉和灵魂，对中华民族文化这种独特性的接纳和欣赏，对中华民族形成强大凝聚力和向心力具有非凡的意义。文化自信对于中华民族的伟大复兴具有重要的意义，只有具有文化自信的国家和民族，才能坚信自身文化的独特性，进而在复杂的国际环境中保持自信从容，实现文化安全，发挥文化自信在全面建设社会主义现代化中的作用，展现出其更基本、更深沉、更持久的力量。

实现文化安全是文化自信的内在追求，坚定文化自信是实现文化安全的保证。在新时代，只有坚定文化自信，才能确保文化安全，必须注意处理好二者的关系：首先是处理好文化传承与文化发展的关系，其次是解决如何发展中国特色社会主义文化，实现文化创新的问题。中华优秀传统文化博大精深，经史子集浩如烟海，凝聚了我国5000多年文明史的智慧，不仅在轴心时代产生了一大批影响世界的哲学家，在漫长的历史长河中积累的唐诗、宋词、元曲、明清小说等文化瑰宝深深地影响着我们的先辈，也对整个东亚文化圈产

---

[1] 习近平. 习近平谈治国理政［M］. 北京：外文出版社，2014：164.

生了巨大的辐射和带动作用，不仅塑造了中华儿女的价值追求，也对整个亚洲的精神文化产生了积极而深远的影响。优秀传统文化是中华民族的基因和灵魂，其独特的价值体系、生活方式和思维方式已经深深地嵌入我们的血脉，成为中华儿女的独特标识，这是作为炎黄子孙的骄傲，我们的祖先能够创造出如此丰厚的文化资源，作为拥有优秀文化基因的现代人，理应坚定文化自信。但是，在处理传承与发展的关系时，一定不能躺在祖先的功劳簿上沾沾自喜、盲目自信，而是应在时代大潮中传承文化基因，做到文化认同，在新时代，对优秀传统文化进行创造性转化和创新性发展，让优秀传统文化在新时代发挥出巨大的能动作用，为传统文化赋予新的时代特色，使其与现代文化相融合，散发出别样的魅力。我们要有新认识、新发现、新创造。中国式现代化道路的实现不可能没有文化自信，中国式现代化的一个重要特征就是物质文明和精神文明相协调。中国式现代化离不开中华优秀文化，因此要在珍视自身民族传统的基础上，从大的历史视野中顺应时代的发展，进行"创造性转化、创新性发展"❶。只有珍视自身文化，才能赢得他文化的尊重。换言之，在今天的多元化世界，文化精彩纷呈，只有具备强大文化根基的民族，才能在激烈的竞争中保持自尊和自信心，这也是踏上世界舞台的底气所在和重要精神支柱。文化自信能够提高人们对自身文化传统的重视和保护程度，减少文化的污染和侵蚀，防止文化上的挑战和颠覆，从而保护自己的文化安全和文化权益。文化自信对文化安全的影响的另一个方面就是需要处理好文化自信与文化发展的关系。首先需要认可自身的文化基因，这是树立文化自信前提和基础，如果不能在时代发展的潮流中与时俱进，很难做到真正的文化自信和保障文化安全，只有根据时代发展需要，不断进行文化发展和引领时代的经济和社会各领域进步，才能在文化发展中不断提升文化自信，从而保障文化安全。在增强文化自信的过程中不断增强

---

❶ 习近平. 习近平谈治国理政：第二卷［M］. 北京：外文出版社，2014：313.

文化创新能力，文化自信能够鼓励广大人民群众和各领域文化工作者在本国文化的基础上进行创新，从而增强本国文化的竞争力和影响力。

最后，文化自信能够增强文化自主权和保障国家安全。文化自信是国家文化自主权的基础，只有在文化自信的基础上，才能保证国家文化安全和实现国家文化自主权。文化自信能够使一个国家或民族更加自主选择文化方向，自主地制定文化政策，从而增强文化自主权。同时，文化自信也是国家安全的基础，能够减少文化上的威胁和风险，从而保障国家安全和稳定。因此，面对世界各国精彩纷呈的不同文明，我们在文化领域应保持开放的胸襟和海纳百川的勇气，以坚定的文化自信为基础，既立足本土文化和社会实践进行创新发展，又吸收不同文化的精华为我所用，认真研究和学习借鉴世界各国包括西方国家在文化软实力建设等方面的经验，以及各国文化交流、话语授受的规律和经验，特别是对其中所包含的价值观培育的借鉴，更好地构筑中国精神、中国价值、中国力量，为人民提供精神指引，同时也可以促进世界范围内的文化多样性。文化自信能够促进各个国家、民族之间的文化多样性，防止文化的单一化和文化冲突。文化自信可以帮助人民群众树立文化安全意识，在坚定文化自信的过程中逐步认识到文化安全的重要性，形成对文化安全的保护意识和行动，从而保障文化安全。一个民族的文化和民族精神独立密不可分，文化自信可以鼓励人们从自身文化的角度出发去理解和研究其他文化，从而实现文化交流和文化融合。文化自信可以激发人们的文化创造力和创新精神，为文化创新和文化产业的发展注入新的动力与活力。

广大人民群众是文化的主体，文化是一个国家和民族的灵魂。文化的发展繁荣与每个个体紧密相连，国家和民族的兴衰也与其文化的繁荣与否直接关联，正如习近平总书记所指出的："文化兴民族兴，文化强民族强。"❶历史和现实都在反复证明：人民群众是历史的创造者和文明的传播者，文化发展和一个国家、民族的兴旺发达具有紧密联系。中华民族的历史是一部人民群众不断开拓和奋进的历史，也是一部开创辉煌文化的文明历史，不仅创造了引领中华民族不断前行的中华文明，也为世界文化发展做出了卓越贡献。例如，我国古代的四大发明以及古代文字、文学、书法、艺术等都深刻地影响了世界文化的发展，为世界走向文明和发展提供了很多有价值的内容。中华文化历史悠久，传统积淀十分丰富，深受世界各国的普遍重视，如《论语》《庄子》《孟子》《诗经》《易经》、唐诗、宋词、元曲、明清小说已经成为世界文化宝库里的珍贵文学作品。此外，中国传统文化里有许多智慧，如儒家的"仁、义、礼、智、信"，道家的"道法自然"等，都是世界上优秀的传统文化，对推动文化全球化做出了重要贡献。另外，中国传统艺术的贡献也非常巨大，如书法、版画、国画、漆画、剪纸、陶瓷等。在世界艺术史上，中国传统艺术博大精深，具有很高的艺术水准和文化价值，受到世界各地文化艺术家的高度赞赏，为世界艺术发展做出了巨大贡献，产生了深渊的影响。毛泽东说过："在中华民族的开化史上，有素称发达的农业和手工业，有许多伟大思想家、科学家、发明家、政治家、军事家、文学家和艺术家，有丰富的文化典籍。"❷中华文化具有巨大的影响力，辐射形成了东亚儒家文化圈。在漫长的历史长河中，中华文化对亚洲乃至世界影响深远，但伴随着西方列强的入侵，我们对自身文化产生了怀疑、困惑乃至自卑，文化自卑的结果是民族自信心的丧失，以及对自身传统文化的否定和抛弃。习近平总书记指出："历史和现实都表明，一个抛弃了或者背叛了自己历史文化的民族，不仅不可能发展起来，而且很可能上演一幕幕历史

---

❶ 习近平. 决胜全面建成小康社会 夺取新时代中国特色社会主义伟大胜利：在中国共产党第十九次全国代表大会上的报告 [M]. 北京：人民出版社，2017：41.

❷ 毛泽东. 毛泽东选集：第二卷 [M]. 北京：人民出版社，2006：543.

悲剧。"❶ 一个国家或民族的文化自信水平越高，越能够树立独立自主的文化观念，抵御外部文化的冲击和影响。这有助于防止外部文化对本国文化的破坏和侵蚀，保护本国文化的独立性和完整性，维护本国的文化主权。因此，文化传承、文化发展、文化自信与文化安全关系紧密，文化安全助力和支撑中国特色社会主义全面发展和进步，文化自信将在历史的进步中转变为民族自信和国家强盛。中外历史不断验证的真理是：国家强盛、民族振兴能为文化发展开辟道路，文化发展和文化自信则为国家发展与民族振兴保驾护航。经过改革开放以来的不断发展，我国在政治、经济、文化各领域都出现了互相支撑、共同发展的良好形势，新时代意味着新的局面和新的发展，中华民族不仅迎来了从站起来到富起来的跨越，也迎来了从富起来到强起来的飞跃，在历史的不断发展演进中，中华民族不断从马克思主义和中华优秀传统文化中汲取力量，再次激发了强大的民族生命力和创造力，使我们在实践中重拾自信，在社会主义伟大实践中不断发展文化，坚定文化自信，保障文化安全，为实现中国式现代化提供精神力量。

（三）文化自信的功能在于文化传承

文化自信是文化传承的基础，只有对本国文化有足够的自信，才能更好地传承和发扬本国文化。文化传承是指将文化遗产、文化传统、文化智慧传递给后代，保护和弘扬民族文化。文化自信在文化传承方面具有重要功能。首先，文化自信能够促进文化传承。文化自信是对自身文化传统的认同和自信，只有对自身文化传统有足够的认同和自信，才能积极地参与到文化传承和发展中，保护和弘扬自己的文化传统，从而促进文化传承和发展。其次，文化自信能够保护文化传承。文化自信能够提高人们对文化传承的重视和保护，减少文化传承上的障碍和阻力，防止文化传承的断裂和流失，从而

---

❶ 习近平. 习近平谈治国理政：第二卷［M］. 北京：外文出版社，2017：339.

保护文化传承的连续性和稳定性。最后，文化自信能够推动文化创新和发展。文化是在传承中不断创新和发展的，文化自信能够推动文化与时俱进，促进文化的多样性和繁荣。"文化是有物质载体的人化的观念世界。"❶ 文化是伴随着物质世界的发展而不断发展的，文化是一种在人的观念里对物质世界的反映，同时文化的发展是物质世界发展在精神领域的呈现，因此文化具有继承性和发展性。马克思强调："一切划时代的体系的真正的内容都是由于产生这些体系的那个时期的需要而形成起来的。"❷ 文化自信作为文化软实力的重要内容反映了时代发展的文化内涵，是新时代中华民族伟大复兴的必然要求。习近平总书记立足中华民族伟大复兴的战略高度，高度重视文化传承和文化发展，提出和构建了内涵丰富的中国特色社会主义文化自信理论。在形成一个国家或民族的行为方式和思维模式以及塑造民族心理方面，文化起着决定性作用，可以称之为社会的心灵的秩序，在社会发展中发挥着无形但十分重要的作用，表达、传递和彰显着一个国家或民族的精神气质和文化自信的魅力。中国特色社会主义进入新时代，我们坚持并自信的文化是什么？或者说，究竟什么样的文化能够令我们自信？对此，习近平总书记在党的十九大报告中明确指出："中国特色社会主义文化，源自于中华民族五千多年文明历史所孕育的中华优秀传统文化，熔铸于党领导人民在革命、建设、改革中创造的革命文化和社会主义先进文化，植根于中国特色社会主义伟大实践。"❸ 坚持优秀传统文化的独特文化基因，坚持将马克思主义与传统文化相结合的革命文化精神的传承，坚定社会主义先进文化的选择，这是中国特色社会主义文化的来源，也是文化自信的重要内容。新时代文化自信不仅指中华民族对自身

---

❶ 杨耕. 关于文化的再思考［R］. 文摘报，2015－05－05（6）.

❷ 马克思，恩格斯. 马克思恩格斯全集：第三卷［M］. 北京：人民出版社，1960：544.

❸ 习近平. 决胜全面建成小康社会 夺取新朝代中国特色社会主义伟大胜利：在中国共产党第十九次代表大会上的报告［M］. 北京：人民出版社，2017：42.

的文化、历史、价值观念的自信，也是对自身社会制度的自信和自豪感。新时代文化自信的内容立足民族复兴的现实需要，其重要性不容忽视，它不仅涉及中华民族的文化认同、文化传承和文化创新，更关乎中国特色社会主义的整体发展和繁荣。文化自信的重要功能在于精神传承，它对于中华民族伟大复兴和中国式现实化的实现具有至关重要的意义。

文化自信可以帮助人们深入了解和认识自己民族的历史、传统和文化精神，还可以在此基础上使一个民族的优秀文化得到继承和发扬。文化自信可以激发民众对于自身传统文化的认同和热爱，从而促使他们积极参与文化传承和创新。这不仅有助于将传统文化发扬光大，也有助于传承民族精神，使其得以延续和发扬。

中华优秀传统文化历经时间的考验，留下了历久弥新的精神瑰宝，这不仅是中国特色社会主义文化的优秀文化基因，也是新时代中国特色社会主义文化不断发展的重要根基和源泉，是中华文明区别于其他文明的独特标识。在数千年的历史积淀中形成的博大精深的优秀中华传统文化，是中华民族的优秀文化基因，是凝心聚魂的文化密码和文化自信的重要源泉所在，在数千年的历史长河中形成了中华民族的独特精神气质，是炎黄子孙共同的价值体系和文化精神家园。我们在融入世界文化大家庭的同时，不能抛弃自身的文化特质，只有这样，才能在不断变化的世界中保持特色，避免被他文化渗透和颠覆，同时避免掉入"修昔底德陷阱"和"塔西佗陷阱"。

革命文化是红色基因具有鲜明的中国特色，是马克思主义指导中国革命的实践结果。革命文化是在特定的历史时期诞生的，在中华民族伟大复兴的进程中具有重要精神坐标的意义，是中国特色社会主义文化的重要内容，也是中国共产党在艰苦卓绝的革命斗争中的意识形态的反映，形成了以伟大建党精神为核心的革命精神谱系，是中国共产党的价值信仰载体。革命文化不仅在那个特定的年代带给全国人民崇高的精神力量去战胜各种艰难险阻，在新时代的长征路上依然会激励中华儿女为实现中华民族伟大复兴的中国梦而奋斗。

革命文化是马克思主义指导下的文化，中国共产党的领导是这一文化产生的重要原因。中国共产党是马克思主义政党，其敢于抗争、敢于胜利、不怕牺牲、勇于奉献的革命精神是红色文化的核心，也是中国特色社会主义文化独特的内容。中国革命历史是最好的"营养剂"，革命文化是中国共产党的宝贵精神财富。在百年未有之大变局下，国际意识形态斗争日趋复杂，文化交流与碰撞在不断深化，此时的中华民族更加需要精神力量的支撑。弘扬革命文化，走好新时期的长征路，以革命文化的高昂斗志和奋斗精神补中国共产党人的精神之"钙"，以马克思主义的科学精神引领和团结广大人民群众，在中国特色社会主义的伟大实践中，实现文化的传承和创新，实现新时代中国特色社会主义的全面发展，在此过程中坚定文化自信，实现文化新辉煌，使社会主义先进文化成为中国特色社会主义发展的动力和中国特色社会主义文化的前进方向。马克思主义也在中国特色社会主义实践中获得了不断的发展和升华，标志着世界社会主义在中国大地上成功地实现了结合、创新和发展，世界社会主义的发展正在进入全新境界。习近平总书记立足中华民族伟大复兴的战略高度，以宏大的历史视野和全局思维深刻地回答了人民之问和世界之问，为中国特色社会主义发展指明方向，社会主义文化事业有了正确的行动指南。文化自信是促进文化传承的重要因素，它可以促使不同国家和民族的人民更加珍视本国、本民族文化，从而更加努力地传承和弘扬本国、本民族文化，使得世界文化百花园各美其美、美美与共。中国特色社会主义文化自信可以激励中华民族从自身文化的角度出发去理解和研究其他文化，从而实现文化交流和文化融合，还可以促进文化创新和文化创意产业的发展，使本国文化更加具有吸引力和竞争力。中国特色社会主义文化和中国特色社会主义实践交相呼应，共同发展，已经取得了巨大的经济发展奇迹和政治发展奇迹，在推动构建人类命运共同体的过程中，为世界上不同区域、不同国家的人民提供了新的发展方案，给世界上那些既希望加快发展又希望保持自身独立性的国家和民族提供了新的方案与价值引领，展现出中国特色社会主义文化的时代性和感召力，为解决全球性难题提供了中国价值和中国智慧。

（四）文化自信的现实功能与价值引领

文化自信的现实功能体现在深入学习和贯彻新思想与新观点上，习近平新时代中国特色社会主义思想，是马克思主义中国化的最新成果，具有鲜明的中国特色和时代特色，正确理解新思想对于坚定文化自信，引领中国特色实践的成功开展，展现新时代马克思主义思想的科学性和真理性具有无可辩驳的作用。习近平新时代中国特色社会主义思想扎根于新时代的中国实践，既在实践发展中运用了马克思主义，又在理论上使马克思主义达到了新境界，不断推进中国特色社会主义发展创新。在此过程中，中国特色社会主义文化自信发挥着广泛的现实功能和价值引领作用。坚定中国特色社会主义文化自信可以不忘过去、立足现在，引领未来，在中国特色社会主义实践的不断成功探索中，感受到中国特色社会主义文化的魅力，以先进的社会主义文化强化和丰富民族精神的内涵，在坚定文化自信的过程中不断强化自身民族特色的价值和信念，以坚定的文化自信形成坚定的目标追求和政治影响力，以文化自信凸显自身的文化理想和文化吸引力，在世界文化大家庭中坚定中国文化特色、中国价值力量、中国精神魅力，使中国特色社会主义文化展现出其独特性和强大的吸引力。同时，帮助广大人民群众树立正确的世界观、人生观和价值观，从而引领广大人民群众正确地对待不同的价值追求。中国特色社会主义文化自信可以引导人们更加理性地对待本国文化和其他文化，以及文化交流和文化传承中出现的各种问题与分歧。不仅如此，文化自信还可以促进文化创新和文化产业的发展，为社会经济发展注入新的活力和动力。

总之，文化自信具有强大的功能和重要的作用。文化自信是文化安全的基础，是促进文化传承的重要因素，也是现实的价值引领。因此，我们应该不断加强文化自信的培育和提高，从而更好地推动国家和民族的发展。在习近平新时代中国特色社会主义思想的指引和感召下，中华儿女应该同心同德，坚持文化自信，形成磅礴之力，在百年未有之大变局下抓住机遇，保持开阔视野，既不妄自菲薄，也不夜郎自大，在中国特色社会主义实践中不断增强民族自豪感和自信心，不忘过去，立足当下，面向未来，高举马克思主义的旗帜，把马克思主义基本原理与优秀传统文化相结合，在推进马克思主义基本原理中国化、时代化的同时发展马克思主义，在中国特色社会主义伟大实践中，使中国特色社会主义文化实现新的发展、新的创造和新的辉煌，为实现中华民族伟大复兴提供精神动力，确保这一目标如期实现。

第二章 新时代文化自信理论形成的逻辑

第一节 新时代文化自信理论提出的重要原因

新时代文化自信理论的提出是基于实现中华民族伟大复兴中国梦的战略需要，这一梦想的实现需要强大的经济硬实力和文化软实力。在中国经济实现腾飞以后，文化软实力的建设不可能在短时期内速成，文化建设需要经历一个较为漫长的发展、传承和创新的演变过程，新时代文化自信理论是在与国内外各种错误思潮的斗争中和马克思主义中国化的过程中逐步形成的。

（一）中华民族伟大复兴的实践需要

中华民族伟大复兴是近代以来无数志士仁人的孜孜追求，在站起来、富起来和强起来的历史发展与时代逻辑中，中国共产党积累了丰富的治国理政经验，取得了伟大的历史性成就。新时代是我们离中华民族伟大复兴最近的历史时期，也是最关键的时期，绝不是轻轻松松就可以实现的，想要实现中华民族的伟大复兴，最为关键的一步就是实现文化的自信与强大，没有文化自信就很难实现文化的真正独立和强大，文化自信促进文化发展，文化发展又反过来促进文化自信，进一步为国家全面发展提供持续动力，这是一个国家在发展到一定程度时所面临的必然文化选择和文化应然。"文化兴国运兴，文化强国运强"❶，"没有先进文化的积极引领，没有人民精神世界的极大丰富，没有民族精神力量的不断增强，一个国家、一个民族不可能屹立于世界民族之林。"❷ 伴随着我国经济的快速发展，文化在国家和社会持续发展中的作用日益凸显，文化自信不单是学术命题，更是中华民族伟大复兴的强大理论支撑。习近平总书记站在社会主义发展全局的角度强调其重要意义："没有高度的文化自信，没有文化的繁荣兴盛，就没有中华民族伟大复兴。"❸ 这些经典论述深刻地阐述了文化自信的重要历史使命，文化自信在新时代中华民族伟大复兴的历史进程中发挥着特殊而重要的作用，它不仅在推动中华文化的发展创新中至关重要，更关乎中华民族的前途命运，因为硬实力不行一打就败，软实力不行不打自败。文化的发展繁荣在现阶段的作用更加重要，没有文化的繁荣发展，一个国家和民族很难屹立于世界民族之林；只有树立高度的文化自信，我们的国家和民族才能在先进文化的积极引领下筑梦、追梦和圆梦，最终实现中华民族伟大复兴的中国梦。高度的文化自信是一个国家和民族走向复兴所必不可少的精神力量，它不是一蹴而就的简单过程，而是需要在历史中汲取养分和在中国特色社会主义实践中不断深化；它不是脱离现实的盲目空喊，不是盲目的自尊自大或者妄自菲薄，而是源自对悠久历史的全面把握和对现实世界的深刻洞悉，来自对自身文化的深刻认同、热爱和转化、创新，没有对自身历史文化和现实实践的高度认可、接纳、传承、发展和提升，就不可能做到真正的高度文化自信，也就无法实现文化兴盛。回望中国共产党百年的奋斗历史，每一个重要的历史时刻无不和文化密切相关。中国共产党的制胜密码就是坚定马克思主义的指导，坚定共产主义的方向，

---

❶ 习近平．决胜全面建成小康社会　夺取新时代中国特色社会主义伟大胜利：在中国共产党第十九次全国代表大会上的报告［M］．北京：人民出版社，2017：40－41.

❷ 中共中央宣传部．习近平新时代中国特色社会主义思想学习问答［M］．北京：学习出版社，人民出版社，2021：291.

❸ 习近平．决胜全面建成小康社会　夺取新时代中国特色社会主义伟大胜利：在中国共产党第十九次全国代表大会上的报告［M］．北京：人民出版社，2017：41.

扛起了实现中华民族伟大复兴的重任。❶ 习近平总书记倡导的文化自信站位高远，把文化自信视野放到大历史视野下进行战略考量。

中华民族向何处去？中华文化向何处去？中国特色社会主义实践已经取得了辉煌的历史成就，但是文化发展与经济发展相比还有很大差距，经济基础与上层建筑之间的差异性逐渐增大。习近平总书记强调："一切向前走，都不能忘记走过的路；走得再远、走到再光辉的未来，也不能忘记走过的过去，不能忘记为什么出发。"❷自1921 年嘉兴南湖红船宣誓以来，中国共产党坚守革命理想，团结带领广大人民克服了无数艰难险阻，取得了辉煌的胜利和举世瞩目的伟大成就，特别是改革开放以来创造的经济快速增长和政治社会稳定奇迹，向世界诠释了中国共产党人的初心和使命："是什么、干什么""从哪里来、到哪里去"。党的十九大报告中明确指出，中国共产党人的初心和使命，就是为中国人民谋幸福，为中华民族谋复兴。这一初心和使命是中国共产党不怕艰难困苦、愈挫愈勇的动力源泉，也是贯穿中国共产党奋斗历史的重大主题。新时代中国共产党人要矢志不渝地坚守初心和使命，这是历史逻辑和现实关切的需要：从理论之维看，坚持和发展马克思主义是初心和使命的理论之源；从人民性之维看，着力践行以人民为中心的发展思想是初心和使命的根本；从国家之维看，毫不动摇地坚持和发展中国特色社会主义是初心和使命的路径选择；从实践之维看，努力践行"奋斗幸福观"是初心和使命的行动指南与价值追求。马克思主义是无产阶级政党的精神旗帜，坚守初心和使命就要坚持和发展马克思主义。1848 年《共产党宣言》的发表标志着马克思主义的诞生，《共产党宣言》以深邃的思想和敏锐的洞察力首次向全世界无产者宣告了无产阶级的初心和使命："无产阶级只有推翻资产阶级的统治，才能使自己乃至

---

❶ 郭德静. 坚守初心使命的四个维度 ［J］. 重庆理工大学学报（社会科学版），2020，34（4）：118 – 124.

❷ 习近平. 习近平谈治国理政：第二卷 ［M］. 北京：外文出版社，2017：32 – 33.

使整个人类获得解放。"❶ 马克思、恩格斯在《共产党宣言》中科学地表达了共产党人的理想是通过无产阶级推翻资产阶级的统治来获得整个人类的解放，并强调要建立无产阶级的联合体，在这样的联合体里，每个人的自由发展是其他一切人的自由发展的条件。1880年，恩格斯在《社会主义评论》杂志中指出："人终于成为自己的社会结合的主人，从而也就成为自然界的主人，成为自己本身的主人——自由的人。"❷ 马克思、恩格斯对于初心和使命的阐述始终与人的终极解放紧密相连，他们为之终身奋斗的目标就是实现无产阶级乃至整个人类的解放，从而使每一个人成为自由而全面发展的人，并进一步明确了"完成这一解放世界的事业，是现代无产阶级的历史使命"❸。无产阶级具有强大的革命性和先进性，只有这个阶级才能担负起实现共产主义的历史使命。

中国共产党作为无产阶级的先锋队，在中国共产党第一次全国代表大会上通过的《中国共产党第一个纲领》中明确规定了党的名称为中国共产党，并确立了党的纲领："以无产阶级革命军队推翻资产阶级"，"采用无产阶级专政，以达到阶级斗争的目的——消灭阶级"，"废除资本私有制"以及联合第三国际。❹ 党的纲领还规定了中国共产党"采取苏维埃的形式，把工农劳动者和士兵组织起来，宣传共产主义"，这是中国共产党人初心和使命的源头。共产主义者的理想就是要建立一个没有经济剥削、没有政治压迫、没有阶级的共产主义社会，这既是共产主义的理想，也是中国共产党人的最高理想。《中国共产党宣言》指出："用一个阶级的力量来创造共产主义的社会，而这个阶级是要造成将来的世界，并受历史的使命，要

---

❶ 马克思，恩格斯. 共产党宣言［M］. 中共中央马克思恩格斯列宁斯大林著作编译局，译. 北京：人民出版社，1997：56.

❷ 马克思，恩格斯. 马克思恩格斯选集：第三卷［M］. 中共中央马克思恩格斯列宁斯大林著作编译局，译. 北京：人民出版社，2012：845.

❸ 同❶。

❹ 中共中央党史研究室，胡绳. 中国共产党的七十年［M］. 北京：中共党史出版社，1991：42.

成就这件事业。"❶《中国共产党第一个纲领》和《中国共产党宣言》表明，中国共产党的初心和使命是对马克思主义的继承和弘扬，号召无产阶级担负起社会革命的使命，争取本阶级的解放，进而形成"这样一个联合体，在那里，每个人的自由发展是一切人的自由发展的条件"❷。中国共产党从上海石库门和嘉兴南湖红船走来之时，就坚定地把马克思主义写在了自己的旗帜上，并把践行和推动马克思主义不断发展作为自己的神圣职责，使马克思主义能够不断在中国大地上生根、发芽、开花和结果。

（二）国内的其他社会思潮

随着世界经济形势的发展和中国改革开放的进一步推进，在经济全球化背景下，各种文化在交流中碰撞和融合，文化大潮之下泥沙俱下："儒学至上"思潮在各地以不同形式出现，历史虚无主义思潮此起彼伏、推波助澜，封建腐朽思想文化以各种名目在一定范围内存在，这些文化思潮影响了中国文化的发展和进步，在文化发展方向上与中国特色社会主义文化的主流意识形态背道而驰，只有坚定中国特色社会主义文化自信，才能不畏浮云遮望眼，有效抵御和防范国内外各种非马克思主义思潮的影响，坚定实现民族复兴的目标。有效抵御"儒学至上"思潮的干扰、全盘西化思潮的阻碍以及封建腐朽思想文化的抬头，呼唤高度的文化自信，这是催生文化自信的重要因素。

1. 儒学至上思潮

儒学至上思潮的核心思想在于盲目地认为儒学无所不能，以古为师、食古不化，盲目崇尚古代"帝王""古圣"，大力推崇古圣先

---

❶ 中国社会科学院现代史研究室 ."一大前后"：中国共产党第一次代表大会前后资料选编［M］. 北京：人民出版社，1982：4.

❷ 马克思，恩格斯 . 马克思恩格斯选集：第一卷［M］. 中共中央马克思恩格斯列宁斯大林著作编译局，译 . 北京：人民出版社，2012：422.

贤的政治理念和哲学体系，狂热地把儒学神圣化，缺少批判精神，错位地把古代社会设想为完美理想形态。儒学至上思潮认为，只有几千年来留下的儒家思想才是正统，而认为马克思主义是"舶来品"，无论是西方的民主科学还是马克思主义都无法解释中国和推动中国的发展进步，甚至试图把儒学意识形态化，推行政治儒学化。

儒学至上思潮古已有之，而近代以来的儒学至上则是在中西文化的碰撞中得以加速。面对西方文化的强势进入，一批儒学至上思潮者做出了具有复古倾向的文化选择，他们不仅坚持捍卫封建文化的统治地位，而且不顾世易时移的现实情境，盲目坚持封建文化适合我国社会的发展，而面对来势汹汹的西方文化则采取"一刀切"的态度，即认为西方文化完全没有可取性，"传统"才是"正途"，与"现代化"背道而驰。这种思想和当时的社会主流思想文化相契合，使其成为别有用心之人的工具，在一定程度上阻碍了文化的发展进步。面对开历史倒车的这股逆流，新文化运动的举旗者如陈独秀、李大钊、鲁迅等对其进行了抨击，揭露了儒学至上者的落后性和盲目性，对长期受封建思想蒙蔽的广大人民进行新思想的启蒙。由于新文化运动的兴起，逐渐将广大人民的思想从复古中拯救出来。新文化运动的开展为马克思主义传入我国创造了条件，伴随着马克思主义的传入，在新思想的指引下，中国共产党科学辩证地对待儒学，引导人们形成正确的价值取向，以全新的视角看待和审视我国文化，去其糟粕、取其精华，对封建糟粕文化进行坚决抵制。

随着经济全球化的加深和世界形势的深刻变化，世界不同区域的文化进行着深度的交流和碰撞，中华优秀传统文化和中国特色社会主义文化也在与世界不同文化的交流中发挥着越来越重要的作用，与此同时，我国人民的文化生活也在世界文化激荡中与时俱进地丰富起来。然而，儒学至上思潮再次渗透到文化、思想等领域，并有了新的表现。第一，存在形式主义。全国各地泛起一股"国学风"，如文化节、名人节等盛行，各地均比较常见。其实，开展上述活动的出发点值得肯定，是弘扬中华传统文化的一种手段，但由于别有企图之人的加入，有些活动与最初的目的背道而驰。现实中，有些活动重形式轻内容，甚至照搬照抄封建时代的祭奠形式和程序，陷入了复古主义的泥潭。第二，认为儒家思想至高无上。有人认为当代中国的指导思想——马克思主义不再具有指导意义，先进性和革命性较差；但儒家思想不同，其并非外来文化，经过上千年的历史检验，具有可行性，已经融入民族的骨血之中，难以磨灭和去除。第三，存在乌托邦式的幻想。有人认为，中国社会当前的矛盾冲突较为明显，想要化解冲突就需要以古圣先贤为榜样，学习和运用他们的处世哲学和思想理念，并将其作为我国主流思想。我国儒家经典奉行的是仁、义、礼、智、信和家国天下等，这些都符合当下的发展，也是指引全人类进入最高社会形态——共产主义社会的最佳思想。虽然儒学在特定的历史条件下曾经发挥过重要的作用，但是它不能脱离时代，在今天建设中国特色社会主义的重要历史节点上，坚持坚定的文化自信基石，对文化自信远大的理想信念始终坚持和发展丝毫不可动摇，坚信其指导思想的先进性，坚持基本原则不动摇，面对异常复杂的国际国内形势，千万不可以抱持乌托邦式的幻想，走入复古主义的错误道路。作为封建正统思想的儒学在一定历史阶段发挥过积极的作用，但是随着时代的发展进步，我们不能过分夸大儒学的作用，其在某些方面已经无法适应社会的发展和时代的要求，儒学至上思潮的产生在一定程度上对中华文化的发展有阻碍作用。有人利用儒学作为一门很圆通的学说这一特点，引经据典，自圆其说，有人对待文化停留在远古阶段，不能与时俱进，不能转化创新，脱离了生产力发展阶段，脱离了社会现实，对于传统文化照单全收，这是必须反对的错误观念。

从本质上讲，继承和发展传统优秀文化是树立文化自信的基石。儒学是传统文化中的重要内容，其中有很多优秀文化值得传承和弘扬。但需要强调的是，儒学复兴不应是政治层面的复兴，那种提出要回归"孔孟之道""去马归儒"，想让我国社会彻底转变成儒学社会，以儒学治国的思想有失偏颇，这是要陷入封建复古主义的旋涡，这不是文化自信，而是与文化自信的本质相悖。

2. 全盘西化思潮

全盘西化思潮产生于近代中国，是近代中西文化冲突的产物，它主张彻底否定中华民族传统文化，不加分析地全盘接受和膜拜西方文化，即"全盘西化"。从本质上说，全盘西化思潮是对文化不自信的表现，以西方的价值观和行为模式为标准来剪裁中国传统文化，得出的结论可想而知。全盘西化思潮是在近代新文化运动后期出现的，新文化运动的代表人物有胡适和陈序经，尽管二者在全盘西化问题上的观点有差异，但都是全盘西化的倡导者。胡适曾认为东西方文化差距巨大，必须承认我们"百事不如人"，甚至强调中国传统文化"罪孽深重"，❶ 他在 1929 年发表的《中国今日的文化冲突》中阐释了自己的全盘西化观点，后期又逐步将全盘西化修正为"充分世界化"❷，此观点在近代产生了广泛影响，是新文化运动中的消极表现因素，当时的全盘西化论者不仅以虚无主义对待中国传统文化，还对历史人物和历史事实进行了歪曲与抹黑。第一，表现在对中华优秀传统文化的态度上就是全盘否定，有人认为传统文化皆为糟粕和包袱，对从古代历史到近代历史，特别是对支撑我国文化自信和民族自信的一些代表性历史事件与历史人物进行污蔑、歪曲宣传，故意丑化历史英雄人物的形象，不是客观评价而是以偏概全故意诋毁，从而干扰人们对中国历史的客观认知和评价，形成歪曲的价值观、历史观、文化观。第二，对中国革命文化的选择性虚无。有人对于一些早有定论的历史事件和人物以重新思考、理性评价为名，进行恶意黑化、诋毁歪曲，特别是对还没有形成确定世界观和价值观的青少年产生了恶劣影响。还有人肆意贬低中国共产党领导下的革命和建设成就，将党的重要历史事件歪曲为政治斗争，夸大

---

❶ 张岱年 . 中国文化与现代化 [J]. 河北大学学报（哲学社会科学版），1992 (1)：5.

❷ 胡适 . 充分世界化与全盘西化 [N]. 大公报，1935 - 06 - 21.

一些历史事件的负面作用，企图完全抹杀中国革命的积极作用，其结果就是否定中国历史乃至中国共产党的领导、否定中国特色社会主义道路，从而达到其不可告人的政治目的。第三，对社会主义先进文化的选择性虚无。例如，有人对社会主义先进文化的代表人物肆意歪曲，如杂交水稻之父袁隆平，其一直致力于解决世界粮食问题并为之付出了毕生精力，为国家乃至整个世界做出了杰出贡献，但依然有别有用心之人对其进行大肆谩骂，这种对英雄和模范的谩骂与污蔑造成了非常不好的社会影响，不利于形成正确的舆论导向，是与社会主义核心价值观背道而驰的挑衅行为。

此外，全盘西化论者特别是某些"公知"，作为拥有大量"粉丝"的公众人物，传播反社会主义言论，对社会主义核心价值观持否定态度，肆意使大量粉丝的思想受到错误的引导；在文化领域涌现出一些低俗、庸俗、恶俗、媚俗的文化产品吸引人们眼球，带坏社会风气；更有甚者，一些人故意用西方价值观和行为方式剪裁我国的文化，以此对我国的文化进行侵蚀。在虚无主义者眼里，优秀传统文化无论多么具有价值都是糟粕，他们一叶障目地全盘否定传统文化，对于革命文化更是进行肆意歪曲，恶意捏造所谓的真相故意抹黑历史，这种错误思潮严重影响了我国文化根基的稳固性和文化发展进步。如何抵制文化虚无主义的无孔不入？如何消除这些错误思潮的不良影响？这就要求我们树立坚定的文化自信，因为文化自信具有重要的时代意义，能够增强中国特色社会主义的吸引力和影响力，从而能够自觉抵制全盘西化思潮带来的不良影响。

3. 封建腐朽思想文化

我国漫长的封建社会时期形成的封建腐朽思想文化在当前的表现形式主要有以下几种：第一，官僚主义。官僚主义由来已久，它是封建社会遗留下来的糟粕文化的重要表现，官僚主义者严重脱离人民，失去了信仰。党的十八大以来查处了很多贪官污吏，他们往往不仅在政治上变质、经济上贪婪、道德上堕落，还在组织中搞"小圈子"

"小团伙"，官本位思想严重，官僚主义严重。第二，"家长制"作风。在干部队伍中，出现了一些不认真执行党的政治纪律与政治规矩、对党不忠诚不老实甚至阳奉阴违和弄虚作假的"两面人"；在选人用人方面，还存在个别暗箱操作、任人唯亲唯利、跑官要官、结党营私的现象；在日常工作中，有的党员干部脱离人民群众大搞封建官老爷的"一言堂"，有些人奉行权钱权色交易的"平等互换"，忘记了"为人民谋幸福、为民族谋复兴"的初心和使命，在纸醉金迷中享乐，把吃得更好和住得更大作为衡量人生成败的标准，在不知不觉中被名利所束缚。❶ 第三，封建迷信活动。近些年来，有些地方烧香拜神、占卜算命、辟邪呈祥等迷信活动死灰复燃，甚至一些党员干部也喜看风水、找靠山石等，这些行为严重背离初心，不符合我们坚守的信仰。坚持人民至上，杜绝以上不良现象的发生，必须"端正官员的世界观、人生观、价值观"❷。如何消除封建腐朽思想文化的不良影响？如何辨别真正的优秀传统文化？这些问题的解决呼唤新时代文化自信的产生。

（三）反对文化霸权主义的需要

新时代文化自信的产生是社会发展的需要，伟大事业需要文化助力，需要文化自信保障国家安全，需要文化的发展和繁荣。然而，文化复兴也面临着严峻的国际环境：西方文化中心论的冲击、文化霸权主义的威胁和西方资本主义意识形态的侵蚀。

1. 西方文化中心论的冲击

面对世界百年未有之大变局，特别是随着信息化水平的提高，文化发展面临机遇和挑战。著名政治学家塞缪尔·亨廷顿在《文明的冲突与世界秩序的重建（修订版）》中指出，"在现实世界中，不同文明的国家和集团之间的关系不仅不会是紧密的，反而常常是对

---

❶ 郭德静. 优秀干部要敢于"断舍离"［J］. 人民论坛，2020（3）：65－67.

❷ 孙明杰. 改革开放以来政府职能转变研究［M］. 上海：上海三联书店，2022：273.

抗的"❶。其关于文明冲突论的观点在世界上产生了广泛的影响，他在书中称，全球正在以惊人的速度发生变化，虽然世界发展大势在于融合，但通过一系列数据分析可以得出以下结论："从整体上来说，西方在 21 世纪的前几十年仍将是最强大的文明。"❷ 塞缪尔·亨廷顿站在强势文明的视角把冲突的原因归结于文化，文化发展不是孤立地与文化本身有关，政治的冲突与文化将产生重要的关联，文化等因素在未来将发挥更加重要的作用。他详细论述了文化冲突的本质和内涵，可以为我们更客观地看待全球文化的冲突性提供借鉴。但需要强调的是，其分析是以"西方中心论"为研究的着力点，将文化强制性地分为"西文化"和"非西文化"，前者以美国文化为代表，后者以儒家文化等为代表，两种文化存在本质上的分歧。从宏观视角来分析，文明群体主要是以自身特有的文明作为拓展文明版图及增强国际话语权的有效举措，从而提升自身文明的国际影响力。他还指出，由于全球一体化，各国之间交往密切，不同文化和文明之间必然会相遇，存在矛盾是常态。

现实中，在第二次世界大战之后，西方中心论便不再是主流。在有关国际文化的研究分析中，多元文化格局的形成已是必然。在多元文化格局中，文化自信要以文化交流为跳板，此时中西方文化便出现了碰撞。中华文化自信的再次失落，大概开始于 20 世纪 80 年代。在改革开放初期，国门刚刚打开，人们突然发现我国和西方相比有很大差距，很多人失去了自信心，同时西方的消费方式、生活观念和价值理念冲击着本土文化，使很多人盲目崇拜西方文化，"西洋风"在年轻人中流行蔓延。面对西方文化的冲击，我们必须坚定文化自信，展现出传统文化的当代价值和魅力，在各个群体中提高对中华文化和文明的认同与自觉；在坚定文化自信的基础上，积

---

❶ 亨廷顿. 文明的冲突与世界秩序的重建（修订版）［M］. 周琪，刘绯，张立平，等译. 北京：新华出版社，2010：161.

❷ 亨廷顿. 文明的冲突与世界秩序的重建（修订版）［M］. 周琪，刘绯，张立平，等译. 北京：新华出版社，2010：71.

极地进行文化交流与互鉴，主动学习和吸收外来文化的长处与精华，在扩大交往过程中不断提高文化自信和文化影响力。

2. 文化霸权主义

文化霸权和文化渗透战略对中国文化安全造成了严重威胁，一些西方国家把别国的发展视为潜在威胁，向世界倾销"普世价值"，以各种手段迫使别国接受其行为方式和价值理念，彰显西方文化所谓的优越性，其本质就是一种霸权主义。文化渗透的方式多种多样，无孔不入。首先，在日常生活中，通过采用电影、电视、歌曲等文化传播手段，吸引更多的人关注西方文化，以文化的方式实现自己的政治意图，于悄无声息中影响人们的政治观念，使人们对资本主义生活产生向往。其次，与我国进行非政府组织之间的交流，西方的一些非政府组织借着与我国人民进行文化交流的机会，在本国政府的授意下，以演出、音乐会、座谈会等活动方式，向我国人民宣传它们的文化，并利用这种手段培养亲西方势力。西方的文化霸权主义和文化殖民主义的一个突出表现是，将自己的价值观强加于别国，造成一些文化根基不牢者思想混乱。抵御文化渗透要求我们从国家、民族到个人必须坚定中国特色社会主义文化自信，了解它的过去、现在和未来，只有坚定文化自信，才能消除文化渗透的危害，只有在文化自信中保持战略定力，才能凝聚十几亿中国人民的磅礴之力为实现民族复兴努力奋斗。

3. 西方资本主义意识形态的侵蚀

文化自信的提出是应对西方资本主义意识形态侵蚀的要求。西方资本主义国家一直对我国虎视眈眈，特别是西方国家的一些"政治精英"注重资本主义意识形态的包装和宣传，希望扩大其在全球的影响力，以期达到和平演变的政治目的，如美国政治学家摩根索所说："意识形态同一切观念一样都是武器。"❶ 这一武器威力巨大，可以使苏联解体、东欧剧变。1950 年，在时任美国总统杜鲁门政治理念的影响下，美国政府中的反共产主义意识非常强烈。后来，随着冷战思维的加剧，时任美国总统尼克松为了缓和美国与中国之间的紧张局势，采取了比较缓和的对华政策，当时美国政府中的反共意识也由此逐渐减弱。之后，随着两国建交和我国在国际社会中地位的提高，中美之间的关系虽进一步缓和，但没有发生根本性的变化。当今时代，我国经济的迅猛发展引发了一些国家的担忧，特别是在我国国内生产总值排名跃居世界第二之后，中美两国之间的分歧，也由意识形态领域逐渐扩张到经贸、科技和医疗卫生领域，并且随着我国的发展，这种分歧还在不断加剧。反对共产主义的意识形态在美国依旧占据主流地位，这种分歧不仅在思想领域造成了冲击和对抗，也影响到国际间的经济贸易、科技和卫生等领域，对国家关系造成了重大影响。在这种情况下，我国必须坚决同西方资本主义的意识形态进行艰苦卓绝的斗争，而在这场意识形态的战斗中，最有力的武器就是坚定文化自信，保持战略定力，走出独立自信的社会主义道路。

第二节　新时代文化自信理论的来源

任何科学理论的产生和形成都有特定的思想理论渊源，都是在实践基础上对原有文化的继承和创新。新时代文化自信理论也是在继承中发展而来的，有特定的思想理论渊源。

（一）马克思的文化思想

作为 19 世纪最伟大的思想家之一，马克思对人类社会的发展进行了深刻的分析和研究；作为一位经济学家和社会学家，其文化思

---

❶ 蒋建国．凝聚在共同理想和信念的旗帜下：学习贯彻习近平总书记"8·19"重要讲话精神［M］．北京：人民出版社，2013：146．

想对于当代文化研究具有重要的指导意义。在马克思的著作中，有许多关于文化理论的阐述，内涵极其丰富和深刻，这些文化思想和理论是树立正确、科学文化观的基础，是新时代文化自信理论的重要来源。

1. 马克思主义是中国共产党指导思想的理论基础

历史唯物主义是马克思主义的核心理论之一，也是其文化思想的基石。历史唯物主义认为，社会意识和文化意识是人类社会生产关系的产物，而社会生产关系是由生产力发展所决定的。在马克思看来，社会历史的发展是由生产力的不断发展所引起的，而这种发展又反过来推动了社会的进步和变革。在这个过程中，文化是一种与经济基础相对应的超结构。马克思认为，文化是由经济基础决定的，因此在社会经济形态的转变中，文化也随之发生变化。在封建社会，文化体现了地主阶级的统治思想和利益；而在资本主义社会，文化则呈现出资产阶级的利益和价值观。马克思批判了资本主义文化的种种弊端，认为它是一种剥削工具，只是为了维护资产阶级的统治和利益。

马克思的文化思想和理论内涵极其丰富，他的许多著作中都体现了其文化思想，早期著作中就有明确的表达。马克思的文化思想是建立在唯物史观基础上的，关注的是人和社会以及人与人之间的相互关系，对文化在社会发展中的作用进行了概括总结。文化的产生和发展是一个伴随着政治和经济发展的社会历史过程，文化又反过来影响社会政治和经济的发展。马克思通过大量的研究，形成了其独特的文化观。马克思强调劳动的重要价值，没有劳动就没有文化的产生和发展。❶ 劳动的重要价值在其多部著作中都有介绍，马克思特别强调改造自然和社会的劳动在财富创造与文化创造中具有重

---

❶ 马克思，恩格斯. 马克思恩格斯选集：第三卷［M］. 中共中央马克思恩格斯列宁斯大林著作编译局，译. 北京：人民出版社，2012：359.

要作用，在人类改造社会和人类自身发展的过程中起着决定性作用，没有劳动不可能创造财富，也不可能产生反映社会实践的文化产品。马克思还指出，人的劳动不是孤立的，其通过文化与经济和政治发生作用并推动社会发展演进，推动人类社会的发展和文化的进步。马克思在多部著作中对文化和宗教的关系进行了深刻的论证，他认为在一定历史时期，文化和宗教在某种程度上具有一致性。马克思反对脱离物质世界的实践活动而孤立地谈论文化，简单地认为文化史等同于宗教史和政治史是违反马克思主义基本科学原理的片面观点，具有一定的局限性，但在特定的阶段又具有实践性。通过对社会运动的进一步考察，马克思认为，不能把物质生产本身当作一般的概念去考察，物质和精神与社会活动一起发挥着重要作用，应从历史发展变化的动态中对其进行考察。人类文化发展的过程与生产劳动过程是不可分割的，二者相互联系，彼此促进和制约，但是，文化归根结底还是生产劳动的产物，文化的发展进步依赖于生产劳动和社会生产方式的发展变化。马克思主义是人类的宝贵精神财富，是与时俱进的、开放的理论体系，它吸收、借鉴了许多优秀文明成果，在世界无产阶级的社会斗争实践中不断得到丰富和发展，因此，马克思主义具有宽广的世界视角和深厚的革命情怀。进入新时代，马克思主义文化观依然是我国建设文化强国的理论指导和真理源泉。

　　坚持马克思主义的指导地位与中华民族文化复兴具有密切关系。从辩证唯物主义和历史唯物主义的观点来看，马克思主义之所以能被中国人接受，是因为二者在精神追求上相融相通。而马克思主义文化精神的某些要素更加具有现代成分，从而为中华文化的发展注入了强大的时代性和活力，加速了中华民族复兴的进程；与此同时，马克思主义文化也得到了丰富和滋养，中华传统文化在新阶段的转化和创新中发展，进而成为更具中国特色和中国符号的特质，使其显得更加具有时代张力。因此，在实现中华民族文化复兴的过程中必须坚持和发展马克思主义，这是马克思主义发展的必然要求，也源于中国特色社会主义制度的根本性质。对共产主义伟大理想信念的追求和践行是中国共产党人的初心与历史使命，蕴含在其中的独特价值理念、思维方式和道德资源深深地融入每个中国人的血脉和灵魂之中，成为中华民族在各种文化激荡的世界中得以安身立命的基础，这些丰富的文化滋养不仅是我们文化自信的重要源泉，也是中华文化未来实现更好发展的依据。

提升文化自信不是躺在前人的文化成就上得意洋洋、自我陶醉，而是要对优秀传统文化"坚持创造性转化、创新性发展，不断铸就中华文化新辉煌"❶。创造性转化和创新性发展的前提是系统认识、深入挖掘传统文化，知道它的发展脉络、历史走向，认识它的独特价值、气度和神韵，确定它的当代价值和历史局限性，也就是运用马克思主义的立场、观点、方法对其进行辩证取舍，去伪存真、去粗取精，有鉴别地加以对待，挖掘提取真正属于优秀传统文化的内容，并对其进行继承、创新、发展和升华，激发出优秀传统文化的生命力，释放其现代活力。创造性转化，就是坚持为人民服务、为社会主义服务的基本原则，把博大精深、意蕴无穷的传统文化中的独特文化理想、文化价值等加以深入挖掘和凝练，然后再以新的表现方式对其加以现代化改造，利用现代技术将古老的传统文化转化为富有生命力和传播力、符合当代特征和审美要求的新文化。例如，《朗读者》《中国诗词大会》《见字如面》等有文化内涵的节目就是对优秀传统文化的成功转化。对传统文化里的优秀思想内容进行完善、拓展和提高，使其具有更强的现实功能，从而增强文化的传播力和影响力。推动优秀传统文化的转化和创新关键是要满足时代发展的要求，解决古为今用的问题，否则传统文化就会失去其价值，现代文化的发展就会没有根基和底气。特别是在各种文化交流日益频繁、文化交融碰撞日益激烈的时代背景下，立足我国实际，在马克思主义的指导下进行传统文化的转化和发展更为必要。

中华优秀传统文化是文化自信的重要源泉，失去这一源泉就可

---

❶ 习近平. 习近平谈治国理政：第三卷［M］. 北京：外文出版社，2020：32.

能失去文化前进的方向，断掉我们的精神根脉，从而可悲地沦为历史虚无主义者和文化虚无主义者，成为西方文化的"应声虫"。因此，必须实现优秀传统文化的转化和创新发展。首先，要下大力气对传统文化进行细致的梳理，去粗取精、去伪存真、深挖精掘。其次，对挖掘出的优秀传统文化要坚持古为今用、推陈出新，创造出新的文化。一定要有新的发现、新的创造，并在新的文化实践中接受人民的监督和社会实践的考验。在对传统文化的转化和发展实践中会催生出新的认识和理念，反过来又会推动新理论和新文化的发展与提升。在全球化和信息化的时代，我们必须坚定文化自信，在立足传统、不忘本来的前提下开辟未来，在对传统文化进行创造性转化的过程中感知其深沉的意蕴，在创新性发展中实现文化的新辉煌，这是建设文化强国的必由之路和提升文化自信的坚定选择。

在对中华优秀传统文化进行创造性转化和创新性发展的过程中，必须注意避免两个倾向：一个是文化复古主义倾向，即认为只要是传统的就是好的，对传统文化中消极的、不符合时代发展的部分也照单全收，这会严重阻碍社会的发展和进步，陷入文化倒退的泥潭；另一个是文化虚无主义倾向，即意图对传统文化全盘否定，而对西方文化和价值观盲目推崇、亦步亦趋，这是一种悲观主义逆流，解构传统、虚无价值，使文化出现低俗、媚俗、庸俗的状态，其背后是西方文化的不断渗透、腐蚀和操纵，其本质就是通过"文化围剿"来动摇我国的传统文化根基，摧毁我国的文化自信，撼动我国的社会主义制度。

在对中华优秀传统文化进行创造性转化和创新性发展的过程中，还需要处理好本土文化与外来文化的关系。提升文化自信，不能搞自我封闭，更不能夜郎自大、唯我独尊。一种文化只有保持与外来文化的交往、交流与互鉴，才能时刻充满活力，才能在和而不同中知进退、谋发展，才不会脱离世界文化发展的轨道。因此，应立足中国文化发展实践，以海纳百川的胸怀，积极主动地吸收和借鉴外来文化中的进步成分，充实、促进中华文化更好地转化、发展和创新。

2. 马克思主义中国化是文化自信的动力源泉

马克思主义给中国人民带来了思想指引和行动指南，使中国人民的精神世界发生了重要的方向性转变，从此确立了伟大的社会主义革命的基本目标。在马克思主义的指引下，中国人民实现了从站起来、富起来到强起来的伟大历史跨越，特别是改革开放以来，中国共产党人立足中国国情推进理论创新，使马克思主义学说在更大范围内变为现实。在中国共产党的领导下，中国人民在自身团结奋斗的伟大实践基础之上，对马克思主义进行发展和创新，使其展现出更强大的生命力和更加灿烂的真理光芒。马克思主义中国化是文化自信的动力来源，无论是在革命战争年代还是在和平建设时期，无论是在被敌人封锁的阶段还是在欣欣向荣的社会主义发展时期，中国共产党始终坚持和发展马克思主义，对其先进性的坚定认同是中国共产党能够劈荆斩棘而不迷失方向的根本原因所在。正是依靠对马克思主义的信仰，才凝聚起人民群众的力量战胜了各种艰难险阻，没有对伟大梦想和伟大理论的信仰，就难以实现中国特色社会主义建设的持续推进。面对世界百年未有之大变局，面对不断出现的新问题和新要求，唯有继续坚持和发展马克思主义，才能在新时代焕发出时代光芒、展现出科学魅力，才能不惧来自不同国家的各种社会意识形态的渗透和干扰而展现出自身的社会价值，才能在不同地区、不同文化的交流与碰撞中展现优势而走向未来，才能以文化自信展现和引领积极的社会思潮，逐步确立和坚定中华民族伟大复兴的思想根基和文化大厦。文化是如此有力量，它有时比宝剑更有锋芒。

（二）毛泽东的文化思想

文化自信的概念是习近平总书记在党的十八大以后提出的，但是这一概念是在总结中国共产党历届领导人的文化思想的基础上逐渐形成的。无论是在大革命时期，还是在抗日战争时期以及解放战争时期，中华民族都依靠高度的文化自信克服了重重难关，在多个生死攸关的重要时刻依靠高度的文化自信确立正确的"航标"，开启了伟大的民族复兴之路。这是马克思主义和中国特殊国情相结合的创新，既展现了马克思主义的科学性，又反映出中国共产党人对这一理论在实践中的运用和转化水平，反映出中国共产党人对马克思主义的高度自信和在实践中依靠人民群众结合具体国情的强大创新能力。没有高度的文化自信，就不可能走出一条独特的革命道路，就不可能在革命的危急关头力挽狂澜，带领广大人民群众自信地走向未来，显示出中国共产党巨大的理论勇气、政治才能和创新意识，由此中国共产党人开启了马克思主义中国化的奋斗历程和中国人民文化自信的重构。伴随着马克思主义的中国化进程，毛泽东相信人民群众、依靠人民群众、团结人民群众，逐步形成了新民主主义文化理论，这一文化理论具有鲜明的中国特色。随着社会主义事业的推进，文化发展也有了新的目标和内容，标志着中国共产党文化自信的初步形成。

1. "为工农兵服务、为人民大众服务"的文化方针的提出

毛泽东为了解决中国的实际问题进行了一定的文化建设，提出了适合中国的文化方针和政策。中国共产党在延安的时候，毛泽东就对文化建设和发展为了谁的问题进行了明确，他指出："我们的文学艺术都是为人民大众的，首先是为工农兵的，为工农兵而创作，为工农兵所利用的。"❶ 在战争年代，所有的工作都是为了战争，而文化的发展对战争的胜利具有至关重要的作用。毛泽东在"在延安文艺座谈会上的讲话"的开头就直抒胸臆地谈到召开座谈会的"目的是要和大家交换意见，研究文艺工作和一般革命工作的关系，求得革命文艺的正确发展，求得革命文艺对其他革命工作的更好的协

---

❶ 毛泽东. 毛泽东选集：第三卷［M］. 北京：人民出版社，1991：863.

助，借以打倒我们民族的敌人，完成民族解放的任务"❶。此处强调革命文艺的重要性，进一步指出文化战线和军事战线各司其职的特点与作用，强调要塑造具有文化的革命军队和文化的革命地位，充分展现了其独特的文化思想和文化自信，在那个战火纷飞的特殊年代，这种文化自信对于打败民族敌人、实现民族解放具有不可替代的作用。1944 年 10 月 30 日，毛泽东在陕甘宁边区文教大会上的讲话"文化工作中的统一战线"中强调指出："我们的文化是人民的文化，文化工作者必须有为人民服务的高度的热忱。"❷ 这是毛泽东对文化为人民服务的一种表达。1949 年 2 月，毛泽东再次在重要的全国会议上强调文化为人民服务的思想。随着革命形势的发展，在党的七届二中全会上，毛泽东强调了文化教育工作的特点和作用，提出文化教育工作要服务于生产建设这一中心工作❸。社会主义时期，中国共产党一贯坚持的"文化为人民服务、为社会主义服务"的方针，是对毛泽东提出的文化"为工农兵服务、为人民大众服务"方针在新的历史时期的坚持和进一步发展。毛泽东提出的文化"为工农兵服务、为人民大众服务"的思想体现出独特的中国风格和中国气派。

2. 强烈的民族文化认同和开放的文化心态

毛泽东对中华民族的优秀传统文化热爱而不拘泥，怀有强烈的民族文化认同感，他在国际事务中敢于坚持独立自主，是基于他认可中华文化的独特性和强大性。1957 年，在莫斯科举行的共产党和工人党代表会议上，其独立观点的提出让世界对中国刮目相看，他语惊四座的自信与中华民族的文化是分不开的，他认为，中国将依靠其众多的人口和坚韧的文化成为最终的胜利者。❹ 毛泽东对博大精深的中华传

---

❶ 毛泽东. 毛泽东选集：第三卷 [M]. 北京：人民出版社，1991：847.
❷ 毛泽东. 毛泽东选集：第三卷 [M]. 北京：人民出版社，1991：1012.
❸ 毛泽东. 毛泽东选集：第四卷 [M]. 北京：人民出版社，1991：1428 – 1429.
❹ 基辛格. 世界秩序 [M]. 胡利平，等译. 北京：中信出版社，2015：289.

统文化怀有深厚的情感，并以独特的视角去感受和思考，因为深刻地了解中国历史和文化，所以他对中华优秀传统文化有着高度的自信和自豪感，进而有强烈的民族认同感。毛泽东立足中华大地吸吮传统文化精华，开启了马克思主义中国化的新篇章。他一生乐读经史子集，对于中华优秀传统文化的精品手不释卷，达到痴迷的程度，比如他反复阅读了线装《二十四史》（3000多卷、4000多万字）和《资治通鉴》（300多万字）。正是由于对传统经典的热爱，奠定了其深厚的传统文化基础，毛泽东一生秉持经世致用、匡时济世的家国情怀，对历史人物和事件做出了许多古为今用的独特解释，他善于从历史文化中汲取营养，使毛泽东思想在实践中闪耀着睿智的光芒。

毛泽东在社会主义革命和建设时期都非常重视文化的发展与建设，向广大党员干部和普通群众普及文化知识、宣传文化方针，展现出中华文化的独特魅力，体现了毛泽东高度的文化自信。抗日战争时期和解放战争时期，在敌我经济、军事力量对比非常悬殊，我方处于绝对劣势的情况下，毛泽东凭借对中华文化和人民的高度自信提出："一切反动派都是纸老虎"❶的科学论断；即使是在抗战低潮时期，毛泽东依然信心满怀地通过科学的论证和严谨的分析向全国人民指出了战争的正确方向："抗日战争是持久战，最后的胜利是中国的——这就是我们的结论。"❷这就是科学的力量、文化的力量，文化自信是最基本、最深沉的力量，可以化腐朽为神奇。毛泽东指出，"这种新民主主义的文化是民族的"❸，这种新文化的特性是我们这个民族的，带有我们民族的特性。对新民主主义文化的民族性的强调，是毛泽东文化自信的重要内容和重要体现，对民族性的深刻理解表达了毛泽东对中华文化的高度认同和自信。毛泽东不但强调文化的民族性特点，并且不断为维护民族的独立而作政治斗争、经济斗争和文化斗争，其文化观在各个阶段都凸显了以爱国主

---

❶ 毛泽东. 毛泽东选集：第四卷［M］. 北京：人民出版社，1991：1195.

❷ 毛泽东. 毛泽东选集：第二卷［M］. 北京：人民出版社，1991：515.

❸ 毛泽东. 毛泽东选集：第二卷［M］. 北京：人民出版社，1991：706.

义为核心的民族精神，他曾强调指出，"我们的文学艺术都是为人民大众的"❶。维护民族尊严、以人民为中心、追求民族独立和人民解放是毛泽东一生伟大历程的写照和主旋律。

毛泽东不仅坚守自己的民族文化立场，还以宽广的胸怀对待外来文化，善于通过吸纳外来文化来丰富和发展自身文化，这可以从侧面反映出他的文化自信心态，其在多篇文章中论述了文化的开放性："一切民族、一切国家的长处都要学"❷，"中国应该大量吸收外国的进步文化，作为自己文化食粮的原料"❸。他还提倡从外国语言中吸收我们需要的成分，不是赞成硬搬或滥用外国语言，而是要吸收好东西，对于我们适用的东西。对待外来文化的开放心态使毛泽东的文化思想更加丰富和深刻，同时彰显出其对民族文化的自信，换言之，一个国家、一个民族是否自信，可以通过其是否敢于以从容自信的态度对待不同的外来文化来判断。正是基于对民族文化的自信，才能有对待外来文化的开放态度和广泛吸收借鉴的精神气质，这种民族性和开放性也是中华民族的根本特性，具有中华民族文化的独特魅力和精神特征，洋溢着生动活泼、团结向上的中国气度、中国作风和中国气派。

（三）邓小平的文化思想

邓小平作为一位坚定的马克思主义者，不论是在革命战争年代还是在和平建设时期，都对马克思主义文化和中华优秀传统文化的继承与发展做出了杰出的贡献。在革命战争年代，邓小平就非常重视文化建设，早在1941年，他就提出在文化上要主张中华民族解放的新文化。1978年召开的十一届三中全会对中国具有重大意义，邓小平在会上提出了影响深远的改革开放战略，这一历史性转变带来了中国文化的深刻变化，以邓小平同志为核心的党的第二代中央领

---

❶ 毛泽东. 毛泽东选集：第三卷 ［M］. 北京：人民出版社，1991：863.
❷ 毛泽东. 毛泽东文集：第七卷 ［M］. 北京：人民出版社，1996：41.
❸ 毛泽东. 毛泽东选集：第二卷 ［M］. 北京：人民出版社，1991：706.

导集体立足中国实际，坚持和发展马克思主义，重视中华优秀传统文化，以坚定的文化自信在实践中构建了自己的文化思想体系，开创了独具中国特色、彰显中华民族独特魅力和精神特征的文化。

1. 坚持和发展马克思主义

在漫长的革命道路上，邓小平始终都是马克思主义的忠诚信奉者和坚定实践者，无论身处多么复杂险恶的环境，他始终坚信共产主义具有光明的前景。邓小平坚信马克思主义是中国战胜任何一切外来势力的精神支柱，在革命战争年代，坚持和发展马克思主义是中国共产党可以取胜的根本原因。在一穷二白的新中国初建时期，中国共产党人能够百折不挠、勇往直前地推动社会主义建设和发展，源于对马克思主义的坚守和对共产主义理想的坚定追求。在改革开放的伟大征程中，中国共产党人依然坚持和发展马克思主义，持续推进我国社会主义现代化建设。邓小平强调："只有解放思想，坚持实事求是，一切从实际出发，理论联系实际，我们的社会主义现代化建设才能顺利进行，我们党的马列主义、毛泽东思想的理论也才能顺利发展。"❶ 解放思想、实事求是是邓小平理论的精髓，它不仅是邓小平理论的重要内容，也是对马克思主义的坚持和发展，是推动中国特色社会主义发展的精神力量。随着改革开放实践的深入、国际形势的变化和国内经济的发展，社会上和中国共产党党内出现了一部分人思想混乱的情况，邓小平立足国情，提出必须坚持四项基本原则的要求❷，这是对无政府主义和资产阶级自由化错误思想的有效纠正，消除了错误思想产生的消极影响，对于坚定马克思主义的指导、坚持发展社会主义起到了重要作用。

其后，邓小平在《党在组织战线和思想战线上的迫切任务》中强调指出："思想战线上的战士，都应当是人类灵魂工程师。……作为

---

❶ 邓小平. 邓小平文选：第二卷［M］. 2版. 北京：人民出版社，1994：143.

❷ 邓小平. 邓小平文选：第二卷［M］. 2版. 北京：人民出版社，1994：173.

灵魂工程师，应当高举马克思主义的、社会主义的旗帜，用自己的文章、作品、教学、讲演、表演，教育和引导人民正确地对待历史，认识现实，坚信社会主义和党的领导，鼓舞人民奋发努力，积极向上，真正做到有理想、有道德、有文化、守纪律，为伟大壮丽的社会主义现代化建设事业而英勇奋斗。"❶ 思想战线上的战士都是人类灵魂工程师，这是对理论界和艺术界的希望与要求，这些人类灵魂工程师理应担当起塑造民族灵魂的重要职责，在当时的历史条件下，面对拨乱反正以后的遗留问题和形形色色的资产阶级腐朽没落思想的侵袭，确立马克思主义的思想路线和政治路线是十分紧迫的。邓小平强调"思想战线不能搞精神污染"❷，对那些对于社会主义现代化建设实践中提出的重大理论问题缺乏兴趣，不愿意进行调查和研究，特别是背离马克思主义方向的理论工作者提出了批评，对"人的价值、人道主义和所谓异化"等问题进行了深刻的分析，明晰了错误地理解这些理论和道德问题其实是背离马克思主义的，离开了具体情况和具体任务，就会陷入远离现实的空谈，这是一种非马克思主义的态度，会使人对资本主义和社会主义的界限不清，容易引起思想混乱，坚定马克思主义必须澄清这种理论问题，否则就会"把青年引入歧途"❸。对于人道主义和异化论的误解，在当时造成了思想界和理论界的极大困扰，这些问题呈现出的是社会上一部分人对共产主义的不信仰、对社会主义的批评，把民主同党的领导对立起来，在党性和人民性的问题上提出违反马克思主义的说法，折射出了思想上的混乱。在看到一定程度精神污染的同时，也揭示出理论界和文艺界的主流依然是马克思主义的，但如果不对这些少量的精神污染加以抵制，后果将会非常严重。因此，必须防止精神污染的扩散，应对错误思想和理论进行批评与制止，防止其在人民中造成是非不分、离心离德的情绪，腐蚀人民的灵魂和意志，必须加

---

❶ 邓小平. 邓小平文选：第三卷［M］. 2版. 北京：人民出版社，1993：40.
❷ 邓小平. 邓小平文选：第三卷［M］. 2版. 北京：人民出版社，1993：39.
❸ 邓小平. 邓小平文选：第三卷［M］. 2版. 北京：人民出版社，1993：41.

强党对思想战线的领导，彻底扭转思想混乱的局面。

邓小平一生坚持和发展马克思主义，坚持发展社会主义，确保了中国特色社会主义伟大实践中党对文化的领导，确保了中国文化发展的正确方向。正如他不断强调的："我们干的是社会主义事业，最终目的是实现共产主义。"❶ 共产主义的理想和信念是我们战胜各种困难的底气和真正优势。1985 年 9 月 23 日，邓小平在《在中国共产党全国代表会议上的讲话》中指出："过去我们党无论怎样弱小，无论遇到什么困难，一直有强大的战斗力，因为我们有马克思主义和共产主义的信念。"❷ 邓小平以实事求是的精神坚持和发展马克思主义，立足中国的社会主义实践，以巨大的勇气开创了马克思主义文化的新局面。邓小平一生中经历了几次起起落落，塑造出坚韧不拔的精神，他在文化建设中一直洋溢着一种自信，正是因为具有这种坚定的文化自信，他才能在后期的经济建设中制定出伟大决策。

2. 注重加强精神文明建设

邓小平认为，对于中国的传统文化，始终要坚持以下几个原则：钻研、吸收、融化、发展，并在此基础上构建中国特色社会主义文化，这无不体现出邓小平的自信思想。邓小平一直认为，我们不能固步自封，应该走出去，学习西方国家先进的科学管理制度，积极学习借鉴一切对中华民族发展有益的成果。总而言之，不管是对传统文化的继承与舍弃，还是对外来文化的接收和调整，都体现出其对中华民族优秀文化的坚定信仰。

邓小平坚持以马克思主义为指导，立足中国国情提出了改革开放这一伟大战略，解放和发展了生产力，充分调动了中国人民的劳动积极性。邓小平提出，"不但要有高度的物质文明，而且要有高度的精神文明"❸，在促进物质文明建设的同时，也要注重精神文明建

---

❶ 邓小平. 邓小平文选：第三卷 ［M］. 2 版. 北京：人民出版社，1993：110.
❷ 邓小平. 邓小平文选：第三卷 ［M］. 2 版. 北京：人民出版社，1993：144.
❸ 邓小平. 邓小平文选：第二卷 ［M］. 2 版. 北京：人民出版社，1994：367.

设。同时，他对什么是精神文明，怎样建设精神文明做了科学的表达，"所谓精神文明，不但是指教育、科学、文化（这是完全必要的），而且是指共产主义的思想、理念、信念、道德、纪律，革命的立场和原则，人与人的同志式关系，等等"❶。他把精神文明放在关乎中国特色社会主义事业发展全局的高度看待，充分表现了其作为改革开放的总设计师的战略眼光，成为精神文明建设的奠基者。

邓小平注重文艺对人民精神生活的塑造和影响，强调加强文艺工作的重要性，他认为文艺不仅能满足人民精神生活多方面的需要，更重要的是通过文艺培养社会主义新人，提高整个社会的精神文明水平❷。邓小平强调文艺的人民性和社会主义性质，提出文艺工作者应认识生活和深入生活，在贴近人民群众的现实世界中发挥关键作用，取得更丰硕的成果。邓小平注重精神文明建设，其方向是培养"有理想，有道德，有文化，守纪律"❸的社会主义新人。

（四）江泽民的文化思想

江泽民对我国的精神文明建设进行了深化和发展，把精神文明建设推向了一个新境界，其文化思想为新时代文化自信提供了重要借鉴。

1. "三个代表"思想的提出

二十世纪八九十年代，面对西方资本主义国家推行的和平演变政策，世界社会主义阵营发生了剧烈动荡，世界社会主义运动陷入低潮。面对如此严峻的国际局势，西方加大了对我国的文化渗透力度，甚至有人对中国共产党的执政地位和我国的社会主义制度进行攻击与抹黑，以期达到颠覆我国政权的目的。如何解决这些问题考验着中国共产党人的智慧，在马克思主义的指导下，立足中国实际

---

❶ 邓小平. 邓小平文选：第二卷［M］. 2 版. 北京：人民出版社，1994：367.
❷ 邓小平. 邓小平文选：第二卷［M］. 2 版. 北京：人民出版社，1994：209－210.
❸ 邓小平. 邓小平文选：第二卷［M］. 2 版. 北京：人民出版社，1993：28.

发展需要，以江泽民同志为核心的党的第三代中央领导集体提出了一系列文化思想，科学地回答了"建设什么样的政党""如何建党"等问题。

在失去原有的社会平衡而新的平衡还没有完全建立之际，国内外矛盾日趋复杂化，中国共产党和群众之间的关系也存在一些尚待解决的问题，一些党员干部存在腐败问题。在这样的严峻形势下，从严治党成为十分紧迫的任务。为保证中国共产党始终走在时代的前列，当好社会主义事业的引路人，以江泽民同志为核心的党的第三代中央领导集体坚持马克思主义，总结历史经验，推进加强党的建设工作，提出"三个代表"重要思想，❶ 对于党的建设问题给予了科学回答，使从严治党有了科学依据，将文化建设特别是先进文化建设的重要性提升到一定的高度，为我国以后的文化建设提供了依据。这一重要思想的提出是中国共产党人在当时的历史条件下，既总结经验、立足国情，又面向未来、适应新情况，解决问题的一次重要理论创造。2000 年 5 月 14 日，江泽民结合工作实际对"三个代表"重要思想进行了更加深入的阐述，指出这是"我们党的立党之本、执政之基、力量之源"❷。这符合在严峻的国际国内环境下从严治党的要求，在发展中适应新形势的应变要求，在复杂形势下提高党的执政能力的要求，反映了从严治党的迫切性和人民群众的呼声；符合增强党的凝聚力和战斗力的要求，能够保证中国的现代化方向不偏离轨道。这一重要思想要求中国共产党代表人民利益，关注人民需求，反映人民愿望，坚定社会主义文化方向，发展民族的、科学的、大众的文化。❸ "三个代表"重要思想立足时代发展要求，赋予了先进文化新的时代内涵。

---

❶ 江泽民．江泽民文选：第三卷［M］．北京：人民出版社，2006：2.
❷ 江泽民．江泽民文选：第三卷［M］．北京：人民出版社，2006：15.
❸ 江泽民．江泽民文选：第三卷［M］．北京：人民出版社，2006：276.

2. 继续加强精神文明建设

党的第三代中央领导集体把大力发展精神文明建设提升到一个更加重要的地位，强调这是社会主义社会的重要特征和社会主义事业发展的目标与保证，只有把精神文明建设好，才能实现跨世纪的宏伟蓝图，才能使社会主义事业兴旺发达。精神文明建设成为解决当时社会问题的急迫事业，开创社会主义精神文明的新局面成为当时全党和全体人民的大事。以江泽民同志为核心的党的第三代中央领导集体继承并发展了邓小平的精神文明建设思想，对弘扬中华优秀传统文化、抵御西方"西化""分化"势力的和平演变政策具有重要的历史意义。

3. 加强廉政文化建设

在世界不断发展和变革的新世纪，世界多级化和经济全球化趋势正在加快推进，综合国力竞争愈加激烈，为推进社会发展和进步，抵御前进中可能遇到的重大风险，江泽民强调："坚决反对和防止腐败，是全党的一项重大的政治任务。"❶ 这是我国首次把反腐败斗争作为一项重大的政治任务，把保持党的先进性提到重要地位，强调保持党的先进性对后期文化建设影响深远，要抵制各种腐朽思想，加强党的廉政建设。同时，江泽民重点强调了反腐败斗争的落实问题："大力发扬艰苦奋斗精神，坚决反对奢侈浪费的问题。"❷ 只有发扬艰苦奋斗精神，才能和广大人民群众同心同德、共同奋斗，才能坚定地继续推进改革开放事业，艰苦奋斗精神是中国共产党和人民群众的创业精神与优良传统，反对腐败必须提倡这一伟大精神。他提到，反腐败和倡导廉政建设要对其标和本进行共同治理以及全面治理，绝大多数党员干部"以教育为

❶ 江泽民. 江泽民文选：第三卷［M］. 北京：人民出版社，2006：573.
❷ 中共中央文献研究室. 十四大以来重要文献选编：下［M］. 北京：人民出版社，1999：2271.

重，预防为主"；对于腐败分子则必须要筑起思想防线，也要防止其腐败和堕落。江泽民还从文化发展的角度提出加强党风廉政建设的建议，借此提高了党员干部的思想道德水平，建立了良好的党群关系。加强廉政教育，是在总结历史经验的基础上，立足中国特色社会主义建设实践而提出的新思想，是对社会主义先进文化建设理论的新探索。

随着经济全球化的深入，文化不再是孤立的个体，而是与经济和政治互相融合发展，文化竞争呈现出愈演愈烈之势。"三位一体"的战略布局，是在马克思主义指导下的理论创新，是对邓小平同志物质文明和精神文明建设思想的继承与发展。

（五）胡锦涛的文化思想

胡锦涛提出了科学发展观，这一思想是坚定马克思主义指导思想、立足中国特色社会主义实践的又一重要理论成果。在科学发展观的统领下推动社会主义文化发展，提升国家文化软实力的战略构想和社会主义核心价值体系的构建，对推动文化的繁荣发展，提升文化的凝聚力和吸引力具有重要作用，借此可以使文化更好地为人民服务，推动社会主义建设全面发展进步。

随着世界局势的深刻变化，特别是全球化程度的加深，软实力的地位不断攀升，文化作为一种重要的软实力，在复杂国际竞争中的地位越来越凸显。我国的整体文化水平还和经济发展水平不相适应，与建设和谐社会的目标不相适应，与人民群众的精神要求不相一致，因此，必须在加快经济发展的基础上提升文化软实力。软实力是相对硬实力而言的，主要指国家的文化吸引力，文化的性质和表达形式密切相关。软实力与经济实力、科技实力互为支撑，没有经济的支撑，没有科技的发展，就没有文化影响力；反过来，软实力以无形的力量控制着有形的力量，无形的力量和有形的力量不是分割开的，而是互相成全、互为前提、互相支撑的关系。

胡锦涛提出，要推动社会主义文化大发展大繁荣，满足人民群众日益增长的精神文化需求，提高国民整体素质，为建设中国特色社会主义提供精神力量。他注重人的全面发展和社会的全面进步，并在党的十七大报告中强调国家文化软实力建设的紧迫性，指出"中华民族的伟大复兴必然伴随着中华文化繁荣兴盛"❶。同时，他明确了国家文化软实力的具体提升路径和方法：以科学发展观为指导，发展中国特色社会主义文化，构建社会主义和谐社会。在庆祝中国共产党成立90周年大会上，胡锦涛提出要有"高度的文化自觉和文化自信"❷，对待社会主义文化的发展问题，要用更加开放的眼光、立足国内、国际实际情况，发展中国特色社会主义文化，坚定马克思主义立场，弘扬传统文化，增强我国文化发展活力，以高度的文化自觉和文化自信在中国伟大实践中进行文化创造，在发展中不断增强中华文化的影响力。

第三节　新时代文化自信理论的形成

（一）新时代文化自信理论的孕育

新时代文化自信理论是党的十八大以来习近平总书记对文化问题不断思考的重要思想成果。在正定工作期间，习近平同志就对有些领导不关心人民群众文化生活的做法提出批评，并提出提高人民群众文化生活水平的四项工作："一是办好公社文化站和文化中心。二是大力恢复和建立俱乐部、青年民兵之家。三是大力举办农民夜校，开办文化、技术培训班，大力普及文化知识和科学技术知识。

---

❶ 胡锦涛. 高举中国特色社会主义伟大旗帜　为夺取全面建设小康社会新胜利而奋斗：在中国共产党第十七次全国代表大会上报告［M］. 北京：人民出版社，2007：26.

❷ 胡锦涛. 在庆祝中国共产党成立90周年大会上的讲话［N］. 人民日报，2011 - 07 - 02（1）.

四是……为人民群众演出健康愉快、生动活泼、丰富多彩的文艺节目。"❶ 在福建工作期间，习近平同志非常重视对革命老区的革命文化精神的弘扬；在浙江工作期间，他提出了"红船精神"，把"红船精神"概括为三个重要精神的结合。"红船精神"是对中国共产党建党精神的高度概括，是中国革命精神的源头，"红船精神"同井冈山精神、长征精神、延安精神等一道成为宝贵的红色文化标识，是我们战胜各种艰难险阻的精神丰碑。不仅如此，他也注重少数民族文化建设，指出地区的文化建设非常重要，要着眼于弘扬地方民族传统文化，以增强民族自尊心；并强调了几千年的文明发展史中强烈的民族自尊心和民族文化的重要关系，他指出："这种自信心都是我们民族精神中最稳定的成分。正是这种自信心，使中华民族度过了近代史上许多内忧外患的危机，使中华民族在世界上有了令人敬佩的今天。"❷ 习近平在浙江任省委书记期间也对文化有诸多思考，他在《干在实处　走在前列：推进浙江新发展的思考与实践》中指出："文化是民族生命力、创造力和凝聚力的集中体现。"❸ 他在书中对文化的概念、作用进行了深刻的论述，在此基础上强调文化是民族的灵魂，正是中华传统文化让中华民族有了强烈的认同感和归属感，对中华传统文化的当代价值给予了充分肯定。在《之江新语》中，他强调"企业无信，则难求发展；社会无信，则人人自危；政府无信，则权威不立"❹，对信用文化在城市建设和政府信用体系、制度中的作用进行了中肯和切中要害的陈述；在"加强对西湖文化的保护"一文中，他指出了西湖在传承历史和反映深厚文化积淀中的独特作用。杭州作为历史文化积淀深厚的城市，不仅有吴越文化、南宋文化和明清文化，还有园、亭、寺、塔的建筑文化，

---

❶ 习近平. 知之深爱之切 [M]. 石家庄：河北人民出版社，2015：38.

❷ 习近平. 摆脱贫困 [M]. 福州：福建人民出版社，1992：17.

❸ 习近平. 干在实处　走在前列：推进浙江新发展的思考与实践 [M]. 北京：中共中央党校出版社，2013：292.

❹ 习近平. 之江新语 [M]. 浙江人民出版社，2018：40.

習近平同志在文中强调应注重对历史文化和遗存的保护，● 展现了其对历史负责、对人民负责的态度。习近平同志在早期就非常重视对历史文脉和遗产的保护，对中华文化价值非常关注、珍视和自豪，为文化自信理论的提出奠定了基础。

（二）新时代文化自信理论的初步形成

党的十八大以来，习近平总书记进一步强调文化在国民经济和社会发展中的重要作用，在多个重要场合和会议中表达了其对优秀传统文化的关注和思考，其在重要历史节点提出的中国梦的概念，为文化自信的提出做了理论上的准备。2012 年 11 月 15 日，习近平总书记在十八届中央政治局常委与中外记者见面会上的讲话中指出：我们伟大的民族和人民，在漫长的历史长河中为世界文明发展做出了不朽的贡献，用勤劳智慧开辟美好家园、培育历久弥新的文化。● 他强调了我们的民族和人民在 5000 多年的历史发展中对世界文明做出的杰出贡献，中华民族在自强不息、勤劳勇敢地创造美好家园的同时，也创造出生生不息、历久弥新的文化，这样的文化不仅具有深厚的历史底蕴，还具有顽强的生命力和创造力。2012 年 11 月 29 日，习近平总书记在参观《复兴之路》展览时首次提出了中国梦的概念，这一概念的提出展现出中国共产党对中国未来发展的高度自信。2012 年 12 月 7—11 日，习近平总书记在广东考察工作时强调：优秀传统文化要随着实践发展而创造更为先进的文化。我们要很好地传承和弘扬，因为这是我们民族的"根"和"魂"，丢了这个"根"和"魂"，就没有根基了。● 这是对矮化中华文化、虚无中华文化行为的有力回击，也是对优秀传统文化"创造性转化和创新性发展"的初步表达，首次使用了民族的"根""魂"来形容优秀传

● 习近平. 之江新语 [M]. 浙江人民出版社，2018：42.
● 公茂虹. 读懂中国梦 [M]. 北京：人民出版社，2013：166.
● 中共中央文献研究室. 习近平关于实行中华民族伟大复兴的中国梦论述摘编 [M]. 北京：中央文献出版社，2013：33.

统文化，是对传统文化的充分肯定和高度自信。2013 年 11 月 12 日，习近平总书记在党的十八届三中全会第二次全体会议上指出："要坚定道路自信、理论自信、制度自信，要有坚如磐石的精神和信仰力量。"❶ 此时，他虽然还没有明确提出文化自信的概念，但这种坚如磐石的精神和信仰力量实际上就是文化自信的力量，文化自信的概念已经呼之欲出了。2013 年 12 月 26 日，在纪念毛泽东同志诞辰 120 周年座谈会上，习近平总书记讲道："吸吮着中华民族漫长奋斗积累的文化养分，拥有 13 亿中国人民聚合的磅礴之力，我们走自己的路，具有无比广阔的舞台，具有无比深厚的历史底蕴，具有无比强大的前进定力。中国人民应该有这个信心，每一个中国人都应该有这个信心。"❷ 这些阐述已经鲜明地表达出习近平总书记对中国道路、中国精神、中国人民的由衷自豪和充分信心，文化自信已经是题中应有之义。

随着时代的发展和社会的进步，在治国理政的实践中，习近平总书记更加重视文化在国家顶层设计中的重要地位。2014 年 2 月 17 日，习近平在省部级主要领导干部学习贯彻十八届三中全会精神全面深化改革专题研讨班上的讲话中指出："国无德不兴，人无德不立。"❸ 德的重要性不言而喻，德的坚守与否关乎精神独立和国家、民族及个人发展，德是指在中国这片土地上发展起来的道德价值，绝不做盲目照搬照抄西方道德价值的"应声虫"，坚守民族精神的独立性，否则，与之关联的政治、思想、文化和制度等方面的独立性都将不复存在。2014 年 3 月 7 日，在参加十二届全国人大二次会议贵州代表团审议时，习近平总书记称文化软实力是体现一个国家综合实力最核心的、最高层的部分，对文化建设的重视达到前所未有的程度，这为文化自信概念的正式提出创造了条件。在这次审议中，

❶ 习近平 . 习近平谈治国理政：第一卷［M］. 外文出版社，2014：93.

❷ 习近平 . 习近平谈治国理政：第一卷［M］. 北京：外文出版社，2014：29.

❸ 中共中央宣传部 . 习近平总书记系列重要讲话读本［M］. 北京：人民出版社，2016：191.

习近平总书记第一次把文化自信作为最根本的自信提炼出来："我们要坚持道路自信、理论自信、制度自信，最根本的还有一个文化自信。"❶ 至此，文化自信不仅被和"三个自信"一起提出，并且成为最根本的自信，充分体现了其高度的文化认同和文化自觉。在2014年5月4日的北京大学师生座谈会上，习近平总书记提出了"文化自信和价值观自信"❷。此后，无论是2014年3月27日在联合国教科文组织总部的演讲，还是同年3月27日在中法建交50周年纪念大会上的讲话，3月28日在德国科尔伯基金会的演讲，3月29日在柏林同德国汉学家、孔子学院教师代表和学习汉语的学生代表座谈时的讲话，4月1日在布鲁日欧洲学院的演讲，5月4日在北京大学师生座谈会上的讲话，9月22日在与巴西、印度、韩国、塔吉克斯坦、马尔代夫的交流互访活动中，9月24日在纪念孔子诞辰2565周年国际学术研讨会暨国际儒学联合会第五届会员大会开幕式上的讲话，10月15日在文艺工作座谈会上的讲话等一系列活动和讲话中，习近平总书记多次阐释文化自信的来源、本质及提升路径等内容，形成了初步的文化自信理论。

（三）新时代文化自信理论的发展

新时代文化自信理论在实践的基础上不断发展完善。在2015年的对外友好交流中，习近平总书记身体力行地践行文化自信，向世界发出中国声音，表达出中国独特的价值观和精神魅力，强调国家之间的交流互鉴、和而不同的重要性，从中华优秀传统文化基因中找不到"国强必霸"的价值逻辑，中华文化基因中倡导的是和平发展、协和万邦，"强不执弱，富不侮贫"，以高度的文化自信反对"中国威胁论"和"中国崩溃论"。他在国内的重大会议上做了重要文化建设部署，比如推动城市保护工作，让居民留得住乡愁；把爱

❶ 何毅亭. 学习马克思主义中国化最新成果［M］. 北京：人民出版社，2017：106.
❷ 天津教育. 把培育和弘扬社会主义核心价值观作为凝魂聚气强基固本的基础工程［N］. 人民日报，2014－02－26（1）.

国主义作为精神文明建设的重点推进到国民教育中，推动社会主义核心价值观深入开展，便于形成正确的历史观、民族观、文化观，增强归属感、认同感和尊严感，坚定文化自信和价值观自信。在2016年5月17日的哲学社会科学工作座谈会上，习近平总书记讲到融通古今中外的哲学社会科学资源，为中国特色社会主义科学发展和创新提供理论基础与文化滋养，把文化自信提升到其他"三个自信"的基础性地位，提出"文化自信是更基本、更深沉、更持久的力量"❶。从而使文化自信的地位进一步提高，为哲学社会科学的发展提供了战略指引。2016年6月28日，在中央政治局第三十三次集体学习时，习近平总书记郑重地把"四个自信"并列提出，标志着道路自信、理论自信、制度自信和文化自信"四位一体"格局的形成，对加强党内领导干部的政治修养起到了固本培元、强健精神之钙的作用。在这次讲话中，习近平总书记进一步提升了文化自信的地位，指出坚定道路自信、理论自信、制度自信归根结底还是要坚定文化自信，文化自信更加重要，是更基本、更深沉、更持久的力量。2016年7月1日，在庆祝中国共产党成立95周年大会上的讲话中，习近平总书记回顾了中国共产党苦难辉煌的奋斗历程，在回望历史中更加坚定了中国特色社会主义的道路选择和制度创新，在坚定和丰富马克思主义理论的过程中，更加坚定文化自信，理论只有彻底才能说服人，理论上清醒才能政治上坚定，"四个自信"再次被并列提出。

"在5000多年文明发展中孕育的中华优秀传统文化，在党和人民伟大斗争中孕育的革命文化和社会主义先进文化，积淀着中华民族最深层的精神追求，代表着中华民族独特的精神标识。"❷习近平总书记对优秀传统文化、革命文化、社会主义先进文化与文化自信的关系，精神追求和精神标识、民族精神和时代精神等与中国特色

---

❶ 习近平. 在哲学社会科学工作座谈会上的讲话［M］. 北京：人民出版社，2016：17.

❷ 习近平. 习近平谈治国理政：第二卷［M］. 北京：外文出版社，2017：36.

社会主义文化自信紧密联系的内容都做了重要阐释，增强了文化自信的理论厚度和现实操作性。2016 年 10 月 21 日，在纪念红军长征胜利 80 周年大会上，习近平总书记再次强调了"四个自信"的重要性，指出新时代的伟大事业需要伟大的精神指引，而中国特色社会主义文化的精神追求和价值标识可以成为新长征路上的精神力量。同时指出对"四个自信"的坚持与向前发展的辩证关系：在坚持中发展，反对固步自封、不思进取。❶ 2016 年 11 月 30 日，在中国文联十大、中国作协九大开幕式上的讲话中，习近平总书记把文化的地位提升到国家民族灵魂的高度，指出抛弃历史文化将会上演历史悲剧，与此同时，他把文化自信的地位也提升到前所未有的高度，首次提出文化自信是关乎国运兴衰的大问题："坚定文化自信，是事关国运兴衰、事关文化安全、事关民族精神独立性的大问题。"❷

2017 年 1 月 6 日，习近平在中国共产党十八届中央纪委七次全会上的重要讲话中指出："领导干部要不忘初心、坚守正道，必须坚定文化自信。"❸ 领导干部只有坚持中华文化的底蕴和滋养，深入理解中华民族的优秀传统文化、革命文化和社会主义先进文化，才能自觉远离庸俗、媚俗，真正保住共产党员的政治本色。他把文化自信的重要性提高到一个新的水平，强调坚定文化自信必须坚持马克思主义，坚持两个理想：共产主义理想和社会主义共同理想，积极发展中国特色社会主义文化，在不忘本来、吸收外来、面向未来的开阔视野中，更好地为中国人民提供精神指引。并且把"四个自信"和"四个意识""四个全面""五位一体"一起列入中国特色社会主义伟大事业的布局中，强调"文化是一个国家、一个民族的灵魂。文化兴国运兴，文化强民族强。没有高度的文化自信，没有文化的

---

❶ 习近平. 习近平在纪念红军长征胜利 80 周年大会上的讲话 [N]. 人民日报，2016 – 10 – 22（1）.

❷ 习近平. 习近平谈治国理政：第二卷 [M]. 北京：外文出版社，2017：349.

❸ 习近平. 全面贯彻落实党的十八届六中全会精神　增强全面从严治党系统性创造性实效性 [EB/OL].（2017 – 01 – 06）[2022 – 04 – 23]. https：//www. ccdi. gov. cn/special/sbjqcqh/imgnews_sbjqzqh/201701/t20170106_92436. html.

繁荣兴盛，就没有中华民族伟大复兴。"❶ 同时，他为文化自信的内涵增加了新内容：新时代新征程，我们进行伟大斗争、建设伟大工程、实现伟大梦想，都须臾离不开文化自信力量的坚强支撑，并强调了文化自信在引领中华民族前行中的不可替代性。

2018 年 8 月 21 日，习近平总书记在全国宣传思想工作会议上强调指出，要完成新时期宣传工作的使命任务，必须做到"自觉承担起举旗帜、聚民心、育新人、兴文化、展形象的使命任务"❷，强调在实践中深化宣传工作，弘扬社会主义核心价值观和中华优秀传统文化的重要性，强调推动宣传工作就是促进全体人民在理想信念、价值理念、道德观念上紧紧团结在一起，为服务党和国家事业全局做出更大贡献。这是中国特色社会主义进入新时代统一思想、凝聚力量的需要，是宣传工作的中心环节。他对通过做好宣传工作来提升文化自信做了具体规定，指出宣传思想工作要把培养担当民族复兴大任的时代新人作为重要职责，而重中之重是要以坚定的理想信念筑牢精神之基，坚定对马克思主义的信仰，对社会主义和共产主义的信念，不断提升中华文化的影响力；强调要主动宣传介绍中国故事和中国特色社会主义思想，让世界了解中国，理解中国文化的深厚根脉和蕴含在其中的思想观念、人文精神和道德规范，这些不仅是中国人的思想精神内核，对世界、对人类共同关心的重要问题都具有重要价值。这次全国宣传思想工作会议从理论到实践对新时代宣传思想工作者提出了具体要求，进行了立意高远的深刻论述，是新时代文化自信不断发展的重要标志。

2019 年 1 月 25 日，习近平总书记在主持中共十九届中央政治局第十二次集体学习时，对加快推动媒体融合发展做了重要论述："我们推动媒体融合发展，是要做大做强主流舆论，巩固全党全国人民团结奋斗的共同思想基础，为实现'两个一百年'奋斗目标、实现

---

❶ 习近平．决胜全面建成小康社会　夺取新时代中国特色社会主义伟大胜利：在中国共产党第十九次全国代表大会上的报告 [M]．北京：人民出版社，2017：40－41.

❷ 习近平．习近平治国理政：第三卷 [M]．北京：外文出版社，2020：310.

中华民族伟大复兴的中国梦提供强大精神力量和舆论支持。"❶ 伴随着信息社会的不断发展,新兴媒体的影响越来越大,截至 2020 年 12 月,我国网民数量已经达到近 10 亿,因此,只有推动媒体融合发展,形成风清气正的网络空间,才能凝聚亿万人的共识,形成建设中国特色社会主义和实现民族复兴的巨大合力。推动媒体融合发展要深刻认识全媒体时代的挑战和机遇,这关乎网络安全和国家安全,只有加快推动媒体融合发展,使主流媒体具有强大的传播力、引导力、影响力、公信力,才能形成强大的正能量,汇聚成民族复兴的坚强精神力量。全媒体传播也担负着重要的国际传播功能:"在构建对外传播话语体系上下功夫,在乐于接受和易于理解上下功夫,让更多国外受众听得懂、听得进、听得明白,不断提升对外传播效果。"❷ 融合媒体在新时代宣传工作中发挥着越来越重要的作用,在全媒体时代赶上时代、引领时代、用主流价值全面提高舆论引导能力,推动新媒体融合发展,做好顶层设计,打造新型传播平台,扩大主流价值影响力版图,让党的声音传得更开、传得更广、传得更深入,是新时代文化自信的重要实现途径。2020 年 10 月 26 日,习近平总书记在中国共产党第十九届中央委员会第五次全体会议公报中首次提出,到 2035 年建成文化强国,国民素质和社会文明程度达到新高度,国家文化软实力显著增强。这一鼓舞人心的目标,对在新时期提升文化自信、建设文化强国、凝聚亿万民众的力量具有重要推动作用。新时代中国的每一步向前推进都是在开创历史,都是在坚持和发展中国化的马克思主义,都是对新时代中国特色社会主义文化的发展,在向"第二个百年"目标进军的过程中,中华民族将在中国共产党的坚强领导下,不断推进文化自信的内涵和外延。

新时代文化自信理论因时而生、因事而生、与时俱进,从面临对马克思主义理论的信仰、对社会主义道路的信念和对中国共产党

---

❶ 习近平. 习近平谈治国理政:第三卷 [M]. 北京:外文出版社,2020:316.

❷ 习近平. 习近平谈治国理政:第三卷 [M]. 北京:外文出版社,2020:320.

领导制度的信心的"三信危机"到坚定中国特色社会主义道路自信、理论自信、制度自信、文化自信的"四个自信",新时代文化自信理论经历了几个不同发展时期并逐渐走向成熟。站在新时代的国际舞台上,适逢世界百年未有之大变局,中国共产党面对"逆全球化""新技术革命""中国崛起"的重要现实考验,如何在复杂多变的新时代勇立潮头,尊重文化发展规律,把新时代文化自信理论的内涵在一个多元的文化背景下展现出来,为中国实现从文化资源大国向文化资源强国的历史性转变,为"第二个百年"奋斗目标的实现提供强大的思想保证和理论武器,成为一个重要的时代课题。

第三章　新时代文化自信理论的核心与三重维度

　　党的十八大开启了中国特色社会主义新时代，新时代对于中国共产党和中华民族来说充满机遇与挑战，中国共产党如何在严峻、复杂的国际国内环境中带领中华民族走向伟大复兴？习近平总书记勇立时代潮头，站在中华民族伟大复兴和社会主义事业发展全局的战略高度，提出了新时代文化自信的一系列理论，其中社会主义核心价值观具有统领地位，要想全面理解这一理论，需要从多个维度全面分析其理论和实践意义，从而揭示其在建设中国特色社会主义伟大事业中的重要价值引领和精神指引作用。文化自信是凝聚整个中华民族磅礴之力的最大公约数，也是调动举国之力的内在精神力量。无论是在国内的重要会议和讲话中，还是在国际的重大外交舞台上，习近平总书记都反复强调文化自信，并对其丰富内涵进行了全面阐释，形成了特色鲜明的新时代文化自信理论。新时代文化自信理论从历史维度看是长时段的，它植根于中华优秀传统文化，这是自信的文化基因，具有独特精神的革命文化和成功指导社会主义实践的社会主义先进文化是新时代文化自信的重要内容支撑与不竭源泉。在以文化自信为基础构建的"四个自信"整体中，文化自信具有非常重要的地位和价值，只有坚定"四个自信"，才能不断推进中国特色社会主义伟大事业，并为伟大斗争、伟大工程、伟大事业、伟大梦想提供持续的动力和思想理论保证，不断增强全国人民为实现"两个一百年"目标而奋斗的精神力量。

第一节　文化自信的核心是价值观自信

文化的核心是价值观，价值观自信在文化自信的理论结构中处于最深层的核心地位。

（一）价值观自信是文化自信的价值表达

文化自信具有丰富的内涵，其表达形式也是多种多样的，而价值观自信是文化自信的内核和灵魂。文化自信决定了一个国家、一个民族、一个人如何回答"我是谁"的问题，这个问题的答案不只是通过语言、地域和经济生活进行确定和认可，其更深层次的要素在于作为文化自信之核心和灵魂的价值观。价值观自信的构建是国家和人民的追求，增强文化自信和价值观自信是国家与社会发展的根本要求，是人民利益的重大保障，国家繁荣富强和人民幸福安康是核心价值观的真正诉求。价值观自信是对占据主导价值的核心文化的高度认同，并能达到价值的自觉。因此，核心价值观具有重大的历史意义和深远的影响。价值观本身就属于文化的内容，价值观自信和文化自信在本质上一致，只是表达形式略有不同。

一个国家、一个民族之所以能够经得起历史的考验，其最持久、最深层的力量是核心价值观，核心价值观反映的是国家、民族精神中最根本的价值追求。在实现中国梦的过程中，我们要坚定中国特色社会主义核心价值观，这是对中华文化的传承、接纳和认同，是我们在新时代进行文化创新创造的基本追寻和价值尺度，是文化自信的价值表达，是中国特色社会主义文化自信的价值体现。

（二）核心价值观决定文化自信的性质和方向❶

核心价值观的重要作用在于价值引领，在文化的发展和创新中，

---

❶　习近平. 在十八届中央政治局第十三次集体学习时的讲话［N］. 人民日报，2014 - 02 - 25（1）.

离不开核心价值观的支持和引导。因此，核心价值观有没有生命力、凝聚力是否强大、是否具有强大的感召力，决定了其价值能否最终体现。核心价值观并不是无源之水，其价值引领与一个国家、一个民族的历史传承和文化特质有着内在一致性。中国特色社会主义核心价值观不仅是对马克思主义的继承和弘扬，也来源于中华优秀传统文化的哲学理念、价值追求和道德追求，同时体现着丰富的艺术、科学素养。中华优秀传统文化以其博大精深、源远流长的文化给予核心价值观丰沛的滋养，其中的文化精神、道德资源是核心价值观的重要内容，也是核心价值观拥有生命力和感召力的根本原因所在。而马克思主义的指导决定了核心价值观崇高的价值追求和文化自信的性质，引领着文化自信的方向。核心价值观是文化自信的根本所在，其基本精神和价值追求随着时代的发展与社会的进步不断被赋予新的内容。判断核心价值观正确与否的标准在于是否符合国家利益，是否符合人民追求，是否代表最广大人民的根本价值诉求。核心价值观决定着国家、民族和个人在进行文化判断时的价值标准，也是文化认同和文化自信的根本依据。核心价值观自信则决定着文化自信的性质和方向。因此，社会主义核心价值观对国家和社会发展无疑具有根本性、指导性的作用。

价值观自信反映了国家、民族和个人对核心价值追求的信仰与否和信心程度，虽然核心价值观自信本身属于文化自信的内容，但由于核心价值观的高度概括性和提炼性，核心价值观自信在社会发展和民族凝聚中发挥的作用要更大，其内在规定着文化性质和文化方向。中国的社会发展演变伴随着价值观的迷失、彷徨和确立，在漫长的历史演进过程中，中华民族在大多数时间里拥有自己稳定的、强大的价值观，但是近代以来，特别是在鸦片战争以后，由于闭关锁国导致文化失落，中华民族一度陷入文化自卑和彷徨的境地。面对西方文化的强势来袭，中国文化在走向近代的过程中处于弱势，陷入了被动挨打的境地，对自身价值观失去了自信。马克思主义传入中国以后，在先进思想的指导下，中国发生了翻天覆地的变化，逐渐恢复了价值观自信。中华人民共和国成立以后，中华民族重新审视自己的传统文化，在批判继承中逐渐走向文化的复苏。随着时代的发展和进步，中国进入经济快速发展时期，在经济逐步走向强大之际，文化也取得了一定发展，但是文化的发展速度和经济的发展速度相比还有很大差距；特别是在党的十八大以后，在世界百年未有之大变局的背景下，要想使我们的国家和社会继续稳步发展再创辉煌，必须坚定文化自信和价值观自信。价值观自信是对国家和社会发展的一种实践认同，进而上升到积极的情感体验和价值认同。价值观自信的本质是对马克思主义的自信和对中国特色社会主义文化的自信与弘扬，对文化自信的构建具有决定性作用。只有坚持价值观自信，才能不被所谓的"普世价值"所迷惑，才能坚定自己的价值选择和判断，高举马克思主义的大旗，吸取传统文化的养分，坚定文化自信，为实现社会主义文化强国的目标进行文化创造。纵观古今中外大国的崛起，都离不开价值观自信对文化发展的指引，没有价值观自信，就没有文化的发展繁荣，也就谈不上文化自信，甚至可能上演历史悲剧和民族悲剧。

（三）社会主义核心价值观是文化自信的当代表达

不同社会有不同的价值观念和价值选择，从而体现出不同的文化立场和自信程度。从国家和社会发展需要出发，每个国家都因各自的国家利益和阶级立场不同，呈现给世界不同的核心价值观。美国宣扬的以"自由、民主、人权"为核心的西方价值观，虽然没有提出文化自信的概念，但标榜其为"普世价值"充分彰显了美国对自身价值的极大自信。中国特色社会主义核心价值观是以深厚的中华文化为基础，坚持马克思主义的基本指导，表达了国家、社会、个人的精神和价值诉求，其内容见表3-1。

表3-1 社会主义核心价值观的内容

社会主义核心价值观	国家层面	富强、民主、文明、和谐	价值目标
	社会层面	自由、平等、公正、法治	价值取向
	个人层面	爱国、敬业、诚信、友善	价值准则

1. 国家层面

"富强、民主、文明、和谐"构建了宏观的国家层面的价值目标，其具有丰富的价值内涵，是融通古今中外的价值目标的体现，内涵着中国特色社会主义的价值追求和实现共产主义理想的崇高目标。"富强"是社会主义核心价值观国家层面的重要内容，是社会主义现代化国家经济建设的应然状态。富强即国富民强，实现国家的繁荣昌盛和人民的幸福安康是中华民族的追求，在漫长的历史长河中，自强不息、勤劳勇敢的中华儿女一直在为之努力奋斗，今天，是我们离这个目标最近的时刻。在一代代中华儿女的持续奋斗中，特别是在中华民族走向伟大复兴的关键阶段，这一价值目标依然是中华民族和中国共产党人的重要价值追求。因此，在实现了经济发展奇迹以后，需要注重文化建设，进一步提升文化软实力，为真正实现国富民强的目标提供重要支撑。

传统文化中有很多关于民本思想的描述。《荀子·哀公》曰："水能载舟，亦能覆舟。"这是传统的对民本思想的表达，这种治国理政的政治思想在当时产生了非常重要的影响，在今天依然具有一定的现实意义。但是，古代经典论述中的朴素的民本思想，承认君主对人民的绝对统治地位，这与我们今天所说的广泛的民主具有本质上的不同。传统的民本观和当代的民主观在某些方面又具有相通之处，那就是对人民群众的价值追求的满足，即以民为本的思想，不管是在朴素的价值观还是在社会主义核心价值观中，都是重要的治国理政基础。

"文明"一词见于《周易·乾·文言》："见龙在田，天下文明。"中国有礼仪之大，故称夏；有服章之美，谓之华。当时的文明和现代意义的文明不同，它表述的是一种欣欣向荣的自然现象。《论语·八佾》曰："夷狄之有君，不如诸夏之亡也。"其中提出"夷夏大防"的思想，传统的史学观点只看到这种"华夷之辨"的思想是固守中华文明，不思进取，却忽略了中华民族的民族优越感在此有深刻的表达。

和谐思想深深植根于中华传统文化,《四书章句集注·中庸章句》曰:"中者,不偏不倚,无过不及之名。"另外,"和而不同""和合中庸""天人合一""政通人和""协和万邦"等都表达了和谐思想。从国家层面来看,国家期望营造一个富强民主的社会氛围,引领中华民族走向伟大复兴;从个人层面来看,核心价值观规定了个人的行为准则和价值实现标准。没有国家对核心价值观的价值目标的确立,人民就会失去前进的方向;没有良好的社会氛围的营造,就不能保证个人在安定、和平的环境下实现自我价值。核心价值观三个层面的表达,表明了我们的价值观自信,也表明了我们的国家自信、民族自信和个人自信。在实现中华民族伟大复兴中国梦的过程中,价值观自信起到了重要的价值引领作用,也为中华民族精神家园的建设提供了重要的基础和准则。

2. 社会层面

核心价值观在社会层面的价值取向,意欲构建一个自由、平等、公正、法治的社会,这是中国特色社会主义文化的重要价值准则,是马克思主义中国化的体现,也是优秀传统文化现代化和全球化的结果。中华优秀传统文化博大精深、渊远流长,自由、平等、公正、法治这样的概念,在中华优秀传统文化中均有体现,但古代社会所倡导的自由和平等与社会主义核心价值观所倡导的自由、平等有所不同,与西方社会所标榜的自由、平等在内涵上也有着本质上的不同。中华优秀传统文化是一个拥有丰富文化资源的宝库,其中表达自由之思想由来已久,可谓百家争鸣,《史记·货殖列传第六十九》记载:"言贫富自由,无予夺。"《击壤歌》则写道:"日出而作,日入而息,凿井而饮,耕田而食。"表达的是普通民众自由工作的美好场景。传统文化中的"爱无差等"是对平等观念的表达,历史发展到今天,我们需要的平等不再是在长幼尊卑的等级观念下的平等。随着社会的发展和进步,我们对自由和平等的内涵有了更加美好的新时代的表达，我们倡导的是惠及全体人民的真正的自由和平等。

3. 个人层面

爱国、敬业、诚信、友善是个人层面的价值准则，表达了社会主义制度下人民的价值诉求，体现了个人与国家、社会、家庭及他人之间关系的道德规范、价值标准，这是对优秀传统美德和革命文化的继承与超越。爱国是传统文化和革命文化共同的精神追求："天下兴亡，匹夫有责"（《日知录·正始》）、"人有恒言，皆曰'天下国家'"（《孟子·离娄上》）、"周君岂能无爱国哉"（《战国策·西周策》）、"亲民如子，爱国如家"（《汉纪·惠帝纪》）、林则徐的"苟利国家生死以，岂因祸福避趋之"、夏明翰的"砍头不要紧，只要主义真"等，中国人的爱国情怀在中华文化中有充分的表达，无数的仁人志士都用自己的实际行动表达了"天下兴亡，匹夫有责"的价值追求。习近平总书记说过："辛勤劳动、诚实劳动、创造性劳动。"❶爱国和敬业的崇高价值追求古已有之，在今天全面建设社会主义现代化国家的新征程中，它们依然是社会主义核心价值观的重要内容。《说文解字》曰："诚，信也……信，诚也。"诚信在中华传统文化中具有重要地位。"信，国之宝也，民之所庇也，得原失信，何以庇之？所亡滋多。"（《左传·僖公二十五年》），诚信在中华优秀传统文化中广为流传，是社会主义核心价值观的重要价值基础，也是优秀传统文化的重要道德体现。

"核心价值观是文化软实力的灵魂、文化软实力建设的重点。这是决定文化性质和方向的最深层次要素。一个国家的文化软实力，从根本上说，取决于其核心价值观的生命力、凝聚力、感召力。"❷这是习近平总书记在中央层面对社会主义核心价值观重要性做出的表达，称核心价值观是文化软实力的灵魂，并对培育和弘扬核心价

---

❶ 习近平. 习近平谈治国理政：第一卷［M］. 北京：外文出版社，2014：44.

❷ 习近平. 习近平谈治国理政：第一卷［M］. 北京：外文出版社，2014：163.

值观的重要性、核心价值观的独特性、核心价值观的价值理念的历史渊源和培育途径做了重要阐释。2014 年 5 月 30 日，习近平总书记在北京市海淀区民族小学主持召开座谈会时的讲话中进一步强调："一个民族的文明进步，一个国家的发展壮大，需要一代又一代人接力努力，需要很多力量来推动，核心价值观是其中最持久最深沉的力量。"❶ 对核心价值观主要性的反复强调，充分表达了习近平总书记对于社会主义核心价值观的自信以及对于中华文化的坚守和自信，向国内和国际传达着这个伟大民族和伟大国家对于自己文化的归属感、认同感以及坚定的文化自信。

对于拥有十几亿人口、56 个民族的大国，社会主义核心价值观承载的是实现民族复兴的精神追求和价值标准，反映的是各族人民价值观的"最大公约数"，体现的是国家和民族文化的竞争力、生命力、凝聚力和感召力，并且决定着社会主义文化的性质和前进方向。❷

社会主义核心价值观是对中国特色社会主义文化特色和精髓的凝聚与提炼，是文化自信的当代表达，体现的是中华民族共同体的意识，规范了现实生活中判断是非对错的道德观念和价值追求，符合传统、立足当代、面向未来，是中华民族在多元文化价值的交汇碰撞中形成的文化认同和价值基础。

第二节　文化自信理论的历史维度

中华优秀传统文化具有深厚的文化底蕴，独特向上的革命文化连接着历史和现实，社会主义先进文化是现实层面自信之根本，这三个层次从历史到现实的文化发展演进形成了中华民族独特的文化精神和气质。这种深厚的历史积淀和现实基础，为我国新时代文化

---

❶ 习近平. 习近平谈治国理政：第一卷［M］. 北京：外文出版社，2014：180.
❷ 中共中央宣传部. 习近平总书记系列重要讲话读本［M］. 学习出版社，人民出版社，2016：189.

发展提供了丰富的滋养和前进的方向。在5000多年深厚文明积淀中走来的优秀传统文化是文化自信的根基和源泉，在伟大的革命斗争中形成的革命文化是其精神坐标，在社会主义建设发展阶段形成的社会主义先进文化是其现实基础。

（一） 中华优秀传统文化是文化自信的根基和源泉

"中华文明5000多年绵延不断、经久不衰，在长期演进过程中，形成了中国人看待世界、看待社会、看待人生的独特价值体系、文化内涵和精神品质，这是我们区别于其他国家和民族的根本特征，也铸就了中华民族博采众长的文化自信。"❶ 源远流长和博大精深是中华民族优秀传统文化的两个鲜明特点，也是文化自信的根基和源泉。

1. 中华优秀传统文化是文化自信的坚实根基

中华传统文化具有源远流长的特点，中国因其优秀传统文化的强大生命力和影响力而成为世界四大文明古国中唯一一个文化没有中断的国家，其悠久的历史和灿烂的文化成为人类历史长河中一颗璀璨的明珠，为人类文化的发展进步做出了巨大贡献。

从夏朝算起，中华文化已经有4000余年的历史；从"二里头遗址"算起，中华历史已有5000余年；根据最新的考古发现，在距今约8000年前，我国的史前文化已经取得了十分显著的进步，进入了文明❷，早在七八千年前，中华民族的祖先就在长江流域和黄河流域进行生产生活，创造了早期的黄河文化和长江文化，中华优秀传统文化经历了一个漫长的演进发展过程，形成了一个以儒学为主、多元发展的文化有机体。

拥有优秀传统文化的民族具有强大的生命力，经历了数个学术

---

❶ 习近平. 习近平在敦煌研究院座谈时的讲话 [N]. 人民日报, 2019 – 08 – 20 (1).
❷ 王巍. 中华文明究竟有几千年 [N]. 人民日报, 2019 – 11 – 04 (22).

思想繁荣时期，伴随着历史的推进，中华民族涌现出一大批影响中外的著名人物：老子、孔子、庄子、孟子、墨子、荀子、韩非子、屈原、董仲舒、司马迁、王充、何晏、祖冲之、李白、杜甫、郑和、李时珍、曹雪芹、鲁迅等❶，这些中华民族的优秀代表人物为世界留下了浩如烟海的精品力作，丰富了中华民族的精神宝库，这些优秀文化遗产塑造了我们独特的民族品格，也蕴含着许多科学内容和治国理政的智慧。中华文化的博大精深可以从先秦子学的产生和发展，到宋明理学的升华这样一个发展演进过程来展现。

（1）先秦子学的产生

春秋战国时期是中国文化史中的兴盛时期，也是文化发展的"轴心时代"，出现了诸子百家争鸣的繁盛文化景象：儒家、道家、墨家、法家、兵家、名家、阴阳家、纵横家、杂家等学派纷纷著书立说表达自己的主张，大量经典著作都是在此期间脱颖而出的，构建了中华学术思想的根本精神。据《汉书·艺文志》记载："凡诸子百八十九家。"诸子学派在各自关注和思考的领域著书立说，宣传各自的思想主张，形成了百家争鸣的学术盛况，立足社会发展变革实践催生了先秦理性精神，是对原始巫术的超越，确立了以人为中心、以社会为中心的学说体系。这一历史时期变革剧烈、诸侯纷争，各国统治者为统一天下励精图治、实施变革，给各家各派的学者们提供了有利时机，他们因社会变革的需要而积极探求治国平天下的方案。因此，诸子百家的学说集中体现出强烈的责任感和政治功能。

先秦时期的诸子百家在众多领域形成了深刻而完备的理论。孔孟儒学的核心理念是"仁"，主张"仁者爱人""克己复礼"，蕴育了我国传统文化中的重要精神。老庄道家的"道"是天理，是宇宙规律，"无为而治""道法自然"的实质是尊重客观规律、崇尚自然，奠定了封建正统思想中的哲学基础。墨家学派的主要思想为

---

❶ 习近平. 在哲学社会科学工作座谈会上的讲话［EB/OL］.（2016 - 05 - 18）. http://www.xinhuanet.com//politics/2016 - 05/18/c_1118891128_4.htm.

"兼爱非攻",主张平等,反对战争和侵略,但其中包含了"尊天事鬼"的消极内容,战国后期,该学说消除了宗教迷信成分,具有唯物主义认识论的内容。法家学派的代表人物有管仲、商鞅和韩非等,其主张变法革新,以法治代替理治,以期达到富国强兵的目的。名家学派是以论证名实关系为核心的学派,"以非为是,以是为非",夸大了世界事物的同一性,名家学派的辩论虽然没有实际意义,但对古代逻辑学的发展具有启蒙作用。阴阳家学派的核心内容为"阴阳五行",即用阴阳五行的相互作用来阐释世界的产生和发展,是我国古典哲学的重要内容。这种通过阴阳五行相互作用来论证社会发展和事物转换的方式是阴阳家的独特视角,也是他们在时空的运动变化中把握世界、预测未来的独特思维方式,其思想理论对历史演进中我国政治形态和社会心理的发展都产生了普遍影响。先秦时期的不同学派共同建构了中华民族传统文化的基本文化和精神。

（2）两汉经学的发展演变

两汉时期是经学发展的一个重要阶段,确立了儒学的正统地位,把经学发展推进到一个繁荣时期。两汉时期,经学分为古文经学和今文经学,两种思想派别经过整合实现了经学的统一。汉朝兴起以后,社会发展要求作为意识形态的文化哲学思想随时而变、顺势而生。西汉初期,儒学的地位并不高,而是以"无为而治"的黄老思想为尊,经历了黄老学派和儒学的激烈斗争,随着时代的发展,在汉武帝采纳了董仲舒"罢黜百家,独尊儒术"的建议后,儒学才上升到正统思想的至尊地位,成为官方主流意识形态。汉朝初期的黄老之学对稳定政局、恢复发展起到了一定的作用,但是道家之学的安于现状与清心寡欲不符合汉武帝欲成就霸业的治国理政要求,经学便应运而生。汉代儒学家以先秦各家的原始经典为基础,根据当时社会实践的需要,对儒学进行修改、加工和重新解释而形成经学。汉代出现了中国古代思想文化史上第一次以儒学为主的思想大融合,确立了以儒学为主的文化基调,给2000多年封建社会的意识形态和传统教育以经学为主的模式带来了极其深远的影响。对经学进行研究、修改、补充和阐释的过程，也是其发展传播的过程，使经学的思想逐渐深入到广大民众之中，成为帝王治理国家、管理民众的思想基础。与先秦儒学比较，两汉经学有自己的特点：汉代的儒学其实是神圣化的儒学和经世致用的学问。其对皇权问题进行了合理性和合法性阐释："天子"的称谓就是由汉朝经学家创造的，其理论基础是君权来自神授。经学家利用儒学给皇权正名定分，满足了汉朝皇帝的政治需求。"三纲五常"理论也是在此时由汉代经学家确立的，"三纲"已被历史抛弃，而"五常"（仁、义、礼、智、信）则成为汉朝和汉朝以后重要的道德基础，2000多年来一直深刻地影响着中国人的文化心理。

（3）魏晋玄学的发展

到了汉末魏晋时期，儒家经学虽然依然是官方主流意识形态，但是一些文人不愿被儒家所倡导的理法规矩所束缚，追求一种自由之风，于是玄学之风逐渐流行。"玄"字最早出于道家经典《老子》，《老子》第一章指出："玄之又玄，众妙之门。"形容宇宙的奥妙在于不可理解，玄学实际上是研究不可知的古典哲学学说。魏晋玄学研究的著作主要为《周易》《老子》和《庄子》，这三部著作被称为"三玄"。

魏晋玄学的出现不是偶然的，汉末时期中央集权瓦解，作为正统思想的儒学走向了衰落，魏晋玄学学说顺势而为，对走向僵化的儒家经学进行了一次修正，把自然的生机加入了儒学范畴，在一定程度上可以说是把儒学变教条为适时。魏晋玄学的内容虽然和传统儒学相比增加了本体论，但是从实质上来说，它并没有脱离儒学的基本框架。

（4）隋唐佛学的发展和融合

早在汉朝时期，随着对外交往的加深和文化交流的增多，印度佛学开始传入中国，两汉时期只是少数人开始接触佛学，到了魏晋南北朝时规模逐步扩大，随着佛学的深入发展，高僧、佛学大师不断涌现，佛经翻译空前盛行，译注作品在朝廷的组织下规模十分庞大。隋唐时期佛学发展达到前所未有的繁盛时期，佛经教派众多，而学者、文士对佛学的兴趣也空前高涨，出现了许多专门从事译经工作的学者，他们翻译了大量佛教经典著作，推动了佛学的进一步发展。道教源自中国的宗教，在初创阶段，其宗教形态和内容还不够完备。在佛教传入中国以后，道教在宗教仪式和内容等方面对佛教进行学习借鉴，促进了其自身发展和完善。与此同时，韩愈提出道统论，强调指出儒家学说本身就有异于佛学、老子的"道"，韩愈等人关于"道"的新阐释对于后期宋代理学的产生起到了启蒙和理论奠基的作用。儒学理论对于道的这种阐释和思考，恰恰是佛学理论的发展和扩张给儒学带来的影响，可以说这也是融合的一种方式。

（5）宋明理学的升华

宋明理学是指两宋至明代的儒学，也称新儒学。新儒学是儒、释、道三家学派在发展中融合和完善的结果。

宋明时期的理学家们吸收借鉴了佛学中关于哲学本体论方面的内容，弥补了儒家形上学的不足，把儒学的心性论转变和提高到本体论之上，和佛教的心性本体论有密切的关联。同时，理学家们也在积极地从传统儒学中寻找能够用来支撑哲学形上学的内容，比如被称为"六经之首"的《周易》的道器观、儒家重要的"仁"学，以及儒家对于"性"与"天"的问题的思考及讨论。理学就是在此基础上出现的，对儒家的理论进行了创造性的发展，此时出现了一大批理学家，如周敦颐、张载、程颢、程颐、朱熹、王安石等，这些理学家各自提出了具有独特性的儒学形上学本体论概念，对后世产生了深远影响，如"太极""太虚""天理""道""心学"等，其思想内容对中国社会政治生态、文化教育方式和伦理道德等方面都具有深远的影响。

中华文化具有从未间断的悠久历史，积淀了源远流长、博大精深的中华优秀传统文化，它是中国特色社会主义文化的基因和精神命脉，是涵养文化自信的根基和源泉。无论是先秦子学、两汉经学，还是魏晋玄学、隋唐佛学以及宋明理学等思想流派的产生和发展，都为中华民族历史上思想文化的发展繁荣做出了贡献，是中华文化的重要内容。

2. 独特的精神气质

中华优秀传统文化蕴含的独特精神和伦理美德成为涵养文化自信的重要基础。这些独特精神和美德在中国特色社会主义文化建设中也发挥着重要作用。

（1）天下大同的精神

天下大同是古代人们希望构建的理想世界，《礼记·礼运》中对大同社会有着这样的记载："大道之行也，天下为公，选贤与能，讲信修睦。……故外户不闭，是为大同。"这是对大同社会的理想表达，代表着中国古代人民对未来美好社会的一种憧憬。儒家追求的最高境界是"天下大同"，这是天道精神的体现。近代以来，随着西方列强的入侵，中国处于社会剧烈动荡、民不聊生的境地，太平天国的"天朝田亩制度"代表了小生产者的大同理想。随着资产阶级革命的到来，资产阶级代表人物康有为和孙中山也都表明了自己的大同理想。孙中山的大同理想体现在"举政治革命、社会革命毕其功于一役"，主张民权的大同世界，达到土地国有，国家能够开展良好的公共福利事业，从而实现社会革命的目的。

在有着5000多年文明历史的中国，关于大同社会的传统文化底蕴是极其深厚的，大同社会精神包含着对朴素共产主义思想的追求，这是千百年来中华民族苦苦追寻的理想社会，也可以说，这是中华优秀传统文化最早对整个人类社会演进发展规律本质和内涵的揭示。深深植根于中华优秀传统文化的"大同"社会中的人与人之间那种平等的关系，体现了对于人类社会发展的美好愿景，是全人类的共同财富。

（2）尚和合的精神

中华传统文化历史悠久，在千载的传承中已经形成了诸多独具内涵的文化特色，而和合文化正是其中之一。这种文化首见于甲骨文中，在《易经》中也有对"和"的记录，主要体现为和谐、和善，而未见关于"合"的记录。同时阐述"和""合"首见于《尚书》，其中"和"主要体现为对矛盾冲突的化解，"合"则主要体现为现象与本质二者之间的统一性。

春秋时期，出现了"和合"二字的联用。《国语·郑语》中有相关记录："商契能和合五教，以保于百姓者也。""五教"主要说的是"父义、母慈、兄友、弟恭、子孝"这五个方面。"商契"主要是希望将上述五项内容与和合理念形成统一，使人民生活幸福安康。正如《国语·郑语》中所讲的那样："夫和实生物，同则不继。"为了实现和谐而万物生长发展，如果完全相同则会停止生长和发展。可见，古代的和合思想中已经萌生出辩证的思想，肯定不同事物的差异性和矛盾多样性的统一。

"和"是儒家思想的核心。《论语·学而》中强调："礼之用，和为贵。"这表达了孔子的一个重要思想：对于治国处事和典章制度，应将和谐作为价值标准。《中庸》强调："中也者，天下之大本也；和也者，天下之达道也。致中和，天地位焉，万物育焉。""中"是天下之根本，是世界万事万物的本来模样；"和"是天下通行之道；"中和"是先人们希翼达到的美好境界，使天地和万物各在其位、健康生长。《论语·子路》中孔子有言："君子和而不同，小人同而不和。"这句话体现出儒家在日常处事时所坚持的理念——承认不同人之间存在个性差异，同时君子更应坚持"和而不同"这一行为准则，将不同人内心与行为中的个性化内容实现互补，借此实现和睦与统一的关系。"和而不同"与"同而不和"忽略不同事物之间差异的狭隘观念形成了鲜明对照。"和而不同"在儒家理念中占据重要地位，这彰显了儒家学说所包含的哲思性与智慧性。

道家认为"和"是宇宙的本质，提出了"道法自然"的思想，其本质是揭示人与自然的和谐统一，如《老子》第四十二章指出："万物负阴而抱阳，冲气以为和。"即是说世界万物皆为阴阳相互作用的结果，阴阳两个方面既相互对立又相互统一，在对立中发展，最终归于统一，统一即"和"，因此道家认为"和"是自然界的本质。

《周易·乾·象传》指出："乾道变化，各正性命，保合大和，乃利贞。首出庶物，万国咸宁。"所以说，"中和"之道是恰当守中的适度原则，是不偏不倚的态度，是和气致祥的沉稳和力量，面对人与人、人与自然、人与社会的复杂关系，无论是治国理政，还是调和世界上不同国家之间的矛盾，都是把握了根本，守住了大道。对于"保合大和，乃利贞"，合与和的重要性在此彰显，而只要实现万事万物之间的和谐，也就可以顺应规律实现良好的进步。

在先秦时代，"和合"思想逐步衍生并完善。这样的理念能够认识到万物之间存在的不同，而在此基础上衍生出的"和合理念"则更为辩证，该理念将世间万物汇聚为一个能够相互容纳接受的和合体，同时在发展与变化中，将这些差异逐步淡化与消融，直到达到和谐与互补，在这样的发展中推动着世界前进。"和合"精神在我国文化体系中的地位十分重要，在今天的社会发展中，它依然具有促进整个社会进步的重要作用。古代圣贤先哲们对人与人、人与自然以及人类社会广泛存在的"和合"事物的表象进行了深入细致的观察、思考和概括，凝炼和抽象出"和合"的概念，这是对和合事物的本质性表达，在不断发展和交流中逐渐成为人们普遍认同的观念。

秦汉以后，"和合"思想被广泛接纳和运用，对后世产生了重要的影响。各家各派文化和宗教文化在"和合"思想的影响及带动下，在保持每种文化本身特色的同时，经过融合、改进的过程，促进了中国文化的发展进步，成为中华优秀传统文化的内核和精髓。"和合"精神不仅能和谐处理人与人、人与社会、人与自然的矛盾关系，也能为解决国与国、地区与地区之间的关系问题提供重要的参考和启迪。

习近平总书记强调："讲信修睦、协和万邦是中国周边外交的基本内涵。"❶ 在现实中，则体现为倡导建立"人类命运共同体"，反

---

❶ 习近平. 深化合作伙伴关系　共建亚洲美好家园：在新加坡国立大学的演讲[N]. 人民日报，2015－11－8（1）.

对霸权主义，反对个别发达国家以各种借口实行侵略或干涉别国内政。今天的中国始终牢记"国虽大，好战必亡"的信条，一以贯之地将和平发展作为主基调，这也是中国始终坚持的外交政策。一些别有用心者鼓吹渲染的"中国威胁论"不符合中国的国情、国策，是违背中国历史和现实的误解与偏见。习近平总书记在和平共处五项原则发表 60 周年纪念大会上讲道："中华民族历来崇尚'和为贵'、'和而不同'、'协和万邦'、'兼爱非攻'等理念。"❶ 强调我国尚和合、求大同的价值观，剖析世界形势深刻复杂的变化，强调"合则强，孤则弱"❷；倡导国际合作共赢，你中有我、我中有你，摒弃弱肉强食的丛林法则，建立美好的"人类命运共同体"。而"和合"文化正是其中的精髓之一。这种"贵和尚中、善解能容、厚德载物、和而不同"的宽容品格，是我们民族所追求的一种文化理念。❸

（3）中华传统美德

"中华传统美德是中华文化精髓，蕴含着丰富的思想道德资源。"❹ 习近平总书记深刻地揭示了中华传统文化的深刻内涵与当代价值，中华传统美德历经时代变迁深深地影响着中华民族的思想和行为模式，其蕴含的丰富思想道德资源作为中华文化精髓在当今时代依然具有鲜明的标识性和影响力。2014 年 5 月 4 日，在北京大学师生座谈会上，习近平总书记引用了《礼记·大学》中的名句："大学之道，在明明德。"再次强调了《礼记·大学》中揭示教育和办学理念的经典之语，分别从国家角度、社会角度以及个人角度对其进行了多方面的阐释，对传统以及现代的传承、扬弃理念进行了深度解读。

---

❶ 习近平．弘扬和平共处五项原则　建设合作共赢美好世界：在和平共处五项原则发表 60 周年纪念大会上的讲话［M］．北京：人民出版社，2014：2.

❷ 习近平．弘扬和平共处五项原则　建设合作共赢美好世界：在和平共处五项原则发表 60 周年纪念大会上的讲话［M］．北京：人民出版社，2014：13.

❸ 习近平．之江新语［M］．杭州：浙江人民出版社，2007：150.

❹ 习近平．习近平谈治国理政：第一卷［M］．北京：外文出版社，2014：164.

①以家风和家教为抓手，让每个家庭创设优异的文化氛围。习近平总书记强调"国无德不兴，人无德不立"❶的价值观在当代社会的价值。引用《管子》里的"四维不张，国乃灭亡"引出古代价值观和现代价值观的内在关联，对于"格物致知、诚意正心、修身齐家、治国平天下"❷做了国家层面、社会层面和个人层面的当代解读，深刻揭示了传统和现代的传承与转化的价值和内涵。

②注重家庭文化建设，强调家教和家风。习近平总书记重视家庭文化建设，并且身体力行地进行家教和家风的宣传与建设。他在会见第一届全国文明家庭代表时特别强调"天下之本在家"❸，家庭建设的重要意义正在于此，家是最小国，国是千万家，家和万事兴、厚德载物、父慈子孝等传统观念已经深深地印入中国人的思想灵魂和血脉基因，成为我们重要的道德价值资源。在许多场合，习近平总书记都表达了他的家庭观和文化自信观，他强调这些中华优秀传统美德在过去、现在乃至将来都将继续发挥其重要价值功能。随着时代的发展和人们生活水平的提高，家庭结构和生活方式也在发生深刻的变化，但家庭的功能和家庭的文明都不可以被削弱，家庭是社会的细胞，家庭文化建设不仅关乎每个家庭，也关系着国家的稳定与发展、民族的进步与和谐，文化建设和国家的未来紧密相连，千万个家庭好了国家才能好，同时，国家和民族好了家庭才能好。家庭文化建设就要注重家庭、注重家教、注重家风。

3. 中华优秀传统文化是文化自信的基因和底色

"优秀传统文化是一个国家、一个民族传承和发展的根本，如果丢掉了，就割断了精神命脉。"❹优秀传统文化是文化自信的重要源泉，是文化自信的基因和底色，没有这一基因和底色，就没有中国

---

❶ 习近平. 习近平谈治国理政：第一卷［M］. 北京：外文出版社，2014：168.
❷ 习近平. 习近平谈治国理政：第一卷［M］. 北京：外文出版社，2014：169.
❸ 习近平. 习近平谈治国理政：第二卷［M］. 北京：外文出版社，2017：353.
❹ 习近平. 习近平谈治国理政：第二卷［M］. 北京：外文出版社，2017：313.

特色社会主义文化自信，抛开优秀传统文化谈文化自信，就割断了精神命脉，失去了文化基因和文化根脉，文化自信和文化繁荣昌盛就失去了重要依据与灵魂。正如习近平总书记所说："优秀传统文化是一个国家、一个民族传承和发展的根本，如果丢掉了，就割断了精神命脉。"❶ 习近平总书记立足新时代，站在中华民族伟大复兴的视角，多次强调实现优秀传统文化创造性转化和创新性发展的重要性，指出经过5000多年积淀的深厚的优秀传统文化是中华民族的根脉和灵魂，是我们国家和中华民族在世界激烈的思想流变和文化竞争中的基石，只有把老祖宗留给我们的精神财富传承好、发展好，让博大精深的中华文化散发出其独特的魅力和时代的光芒，才能使中华文化在文化交流碰撞中站稳脚跟，这在很大程度上影响着国家的长久发展和文化安全。每个国家和民族都有自己的历史文化传统，都值得认可和尊重，不能因国家大小、民族强弱而区别对待，世界因不同而交流，在交流中取长补短，呈现出"百花齐放春满园"的景象。❷ 古今中外许多历史实践都揭示出这样一个不可辩驳的事实：凡是不能坚守本民族精神家园，抛弃甚至背叛本民族历史和文化的国家与民族，无一例外地会上演历史悲剧。不能坚守自己精神家园的国家和民族，对于国家和民族的发展相当于釜底抽薪，没有精神支撑的国家即使可以取得一时的成就，但当面对激烈竞争和需要深刻变革的复杂局面时，就会因缺少精神文化的支撑而难以为继。在国家和社会发展过程中，文化发展是一切发展的根基，没有对自身优秀传统文化的继承和发展，而一味地仰视西方文化，结果就是成为西方文化的"应声虫"，从而精神萎缩、文化矮小而失掉文化根基。只有坚守自身文化根本，厚植文化根基，才能实现中华文化的发展和繁荣，从而实现中华民族的伟大复兴。没有文化根基的支撑，不可能促使国家和民族走向真正的独立和强大。

---

❶ 习近平. 习近平谈治国理政：第二卷 [M]. 北京：外文出版社，2017：313.

❷ 习近平. 共同创造亚洲和世界的美好未来 [N]. 人民日报，2013－04－07（1）.

德国哲学家雅思贝斯在《论历史的起源与目标》中提出一个著名的理论学说：人类文明发展有一个重要历史时期，即"轴心时代"。[1]轴心时代处于公元前 500 年前后，存在于公元前 800 年到公元前 200 年间发生的精神进程之中，那里有最深刻的历史转折，我们今天理解的"人"从那时产生。这段时间简称轴心时代。轴心时代的特征是挤满了不寻常的实践：在中国生活着孔子和老子，产生了中国哲学的所有流派，包括墨子、庄子、列子和其他数不清的哲学家；在印度产生了《奥义书》，生活着释迦摩尼，就像在中国一样，哲学的所有可能性不断发展，形成了怀疑主义、唯物主义、诡辩派、虚无主义；在伊朗，琐罗亚斯德传播着一幅具有挑战性的世界图景，它描绘了善与恶的斗争；在巴勒斯坦，以利亚、以赛亚、耶利米、第二以赛亚等先知纷纷出现；在希腊，有荷马，有哲学家巴门尼德、赫拉克利特、柏拉图，许多悲剧作家以及修昔底德、阿基米德。这些名字所代表的一切，都在这短短几个世纪中几乎同时在中国、印度和西方形成，而且他们并不知道彼此的存在。

轴心时代是人类精神文明的重大突破时期，雅斯贝斯对三大不同文明：中国文明、印度文明和西方文明的价值都给予了充分肯定，这些文明在不同区域同时出现，虽然并不知道彼此，但是其核心确实具有很多共通的地方，特别是在中国出现了一批杰出的思想家，在印度和古希腊也纷纷涌现出一批杰出的思想家，这些杰出人物开辟了世界文化的文明时期，在不同区域产生了思想和精神世界，影响和塑造了不同的文化传统，也一直影响着人类的生活。而轴心时代所产生的文化一直延续到今天。雅斯贝斯对中国的哲学家孔子、老子以及诸子百家对世界文明的贡献给予了客观的评价和认可，对于中华文化和文明的产生与影响以及未来的发展都显得十分积极和充满美好期待。对于黑格尔所认为的东方文明成为西方文明"垫脚石"的说法，雅斯贝斯是持否定态度的，西方文明中心论虽然在欧

---

[1] 雅思贝斯. 论历史的起源与目标 [M]. 李夏菲，译. 桂林：漓江出版社，2019：9.

洲有广泛的市场，但雅斯贝斯透过中华文化的优秀传统看到了中华文明和中华文化的发展潜力。在《原子弹与人类的未来：文明时代的政治意识》中，雅斯贝斯坚信："长远来看，随着人类的持续发展，中国必将成为第一等的世界力量。"❶ 中华文化有5000多年的历史积淀，是中华民族的文化基因，也孕育了人类文明的最初形态。在中华民族早期文明中出现的各家学派：儒家、道家、法家、墨家、兵家、农家的确在中华文明史和世界文化发展中起到了重要的奠基作用，也是在国家与国家、民族与民族间交流的重要内容，不同的历史时期呈现出无数精品巨著，在世界上产生了广泛而深远的影响，从四书五经到楚辞、汉赋，其文辞精美、内容言简意赅、寓意深刻；唐诗、宋词、元曲以及明清小说在世界文学史上也写下了浓墨重彩的篇章。中华优秀传统文化是中华民族的文化基因和精神底色，在深层次上影响了中华民族的性格和特色，成为中华民族在漫长的文明历史中积累的宝贵精神财富，也是中华民族能够在百年未有之大变局下立于不败之地，在文化交流、碰撞中能够站稳脚跟的根本原因。

科学技术的发展进步为优秀传统文化的传承和创新提供了更为宽广的舞台，为了满足广大人民群众精神文化生活的需求，中华优秀传统文化可以与互联网技术的推广应用和人工智能的发展深度融合，用新兴的交流渠道和表达方式来传播文明，推动中华优秀传统文化的创造性转化和创新性发展，把握新兴科技带来的机遇，使中华优秀传统文化散发出时代光芒，使来自遥远国度的人们也可以感受到中华文化的强大影响力和感召力，使不同肤色的民族在新兴科技的支持下进行文化交流，同时保持民族性和独立精神。

面对西方文化，只有坚持中华民族的文化基因，坚持传统文化的发展路径，才能屹立于世界民族之林。这些优秀传统文化是中华

---

❶ 雅斯贝斯. 原子弹与人类未来：文明时代的政治意识［M］. 合肥：安徽出版社，1962：172.

民族的瑰宝，不仅属于中国也属于世界。中国特色社会主义文化想要发展，必须植根于这块土壤，贴近人民，才能在世界文化发展的洪流中扬帆起航。对于未来历史潮流发展的认知，源自对过往历史的记忆，依赖于一个民族强劲的创新能力。中华优秀传统文化是整个民族发展的精神源泉，在新时代中国特色社会主义文化发展中，没有优秀传统文化的奠基，社会主义先进文化就会成为空中楼阁，社会主义核心价值观将会变得空洞；没有优秀传统文化的支撑，就是没有民族基因和民族之魂的文化，将在世界文化的交流碰撞中失去话语权和自信心。这样来看，将中华优秀文化传承好和发展好至关重要。"中国有坚定的道路自信、理论自信、制度自信，其本质是建立在5000多年文明传承基础上的文化自信。"❶习近平总书记在多个场合强调文化自信与道路自信、理论自信、制度自信的关系，强调文化自信在四个自信中处于更加重要的地位，没有文化自信，就没有道路自信、理论自信和制度自信。

文化自信的本质在于对5000多年积淀下来的优秀传统文化的自信，没有对优秀传统文化的继承和发展，文化自信就失去了根基和依托。中华优秀传统文化是中华民族文化自信的基因和底色，失去了对中华优秀传统文化的发掘和认可，文化自信就是釜底抽薪，不仅难以建立真正的文化自信，也难以有文化发展和繁荣，终将沦为西方强势文化的附庸而失去发展空间，成为其他文化的陪衬。出于保持民族文化发展的独立性和国家安全的考虑，为了弘扬优秀传统文化和提升文化自信，习近平总书记在主持十九届中央政治局第二十三次集体学习时，强调探索考古未知领域工作的重要性：第一，要继续对夏代史研究进行探索，对中华文明起源要重视人物和事件的探源与考证。第二，要做好重大考古成果的挖掘、整理、阐释工作，更好地将中华优秀传统文化呈现给世界。第三，要保护好历史文化遗产，这既是历史责任，也是新的历史时期满足人民物质文化

---

❶ 习近平. 习近平谈治国理政：第四卷［M］. 北京：外文出版社，2022：312.

需要使然。第四，加强考古能力建设和学科建设。提升中国考古学在世界文化和文明中的影响力，增强中国特色和大国气派的考古学科文化话语权。在传承5000多年的优秀传统文化中，文明溯源和文化历史古迹的保护均为重要文化工作和政治工作。历史文化领域的斗争非旦没有停止，在百年未有之大变局下，将会变得更加激烈，正如习近平总书记所说："我们必须高度重视考古工作，用事实回击对中华民族历史的各种歪曲污蔑，为弘扬中华优秀传统文化、增强文化自信提供坚强支撑。"❶ 考古工作是一项重要的文化事业，能够为证明中华文明的源远流长提供更多有价值的依据，在考古发掘和阐释中发现更多呈现中华民族优秀文化的源和流，使人们更加深刻地感知中华民族的悠久历史和灿烂文化，以及其对世界文明史的重大贡献，增强我们作为中华民族成员的自豪感和自信心，增强中华民族的共同体意识和文化自觉及文化自信。

习近平总书记以强烈的文化自觉和文化自信强调传承和发展中华优秀传统文化的时代价值，在国内外的多次重要讲话中，习近平总书记凭借其深厚的传统文化功底，对中华优秀传统文化信手拈来、引经据典，起到了画龙点睛的作用，言语之间彰显着对中华优秀文化的自信与自豪。比如，习近平总书记多次倡导"大道之行也，天下为公"这一思想，展现了中华民族的开放胸襟，进一步提出国际规则应由各国共同制定，并依照规则共同描绘未来。正如习近平总书记所提出的那样，"德不孤，必有邻"，中国始终强调地区和平与稳定，并始终在世界舞台上扮演着促进和平、保卫和平的使者形象。习近平总书记曾用《管子·正世》中的"利莫大于治，害莫大于乱"，以及《离骚》中的"路漫漫其修远兮，吾将上下而求索"来倡导党和人民应当具备求索精神，对和平与发展永远坚定的、永不放弃的精神。诸如此类的引经据典在习近平总书记的讲话和报告中不胜枚举，彰显着其高度的文化自信。在纪念孔子诞辰2565周年国

---

❶ 习近平. 习近平谈治国理政：第四卷 ［M］. 北京：外文出版社，2022：312.

际学术研讨会暨国际儒学联合会第五届会员大会开幕会上，习近平总书记饱含深情地表达了他对中华沃土滋养的独特文化的深厚情感和自信之情："吸吮着中华民族漫长奋斗积累的文化养分，……中国人民应该有这个信心，每一个中国人都应该有这个信心。"❶

习近平总书记运用唯物辩证法来看待中华传统文化，"以古人之规矩，开自己之生面"❷，坚持创造性转化和创新性发展。习近平总书记对中华优秀传统文化进行继承和创新，以扬弃的精神去粗取精、革故鼎新，杜绝传统的盲从与机械式的复制。特别是在面对西方文化的渗透、交流与冲撞时，能够坚守民族性，并在此基础上吸收西方文化中能够为我所用的部分，从而对我国文化进行发展和创新，不至于在比较中丢失自己的文化根基而陷入历史文化虚无的泥潭中。基于传统文化的内容与形式，习近平总书记又进一步做了阐释，从内容角度来看，应当积极汲取中华优秀传统文化中的精华，以爱国主义为核心的民族精神至关重要，以改革创新为核心的时代精神作用显著，我们更应基于这两种核心精神来推崇仁义、民生、诚信、道德、和合精神、大同精神等，打造人们喜闻乐见、乐于接受的文化形式与文化内涵。这为中华优秀传统文化在新时代中国特色社会主义文化建设的转化和发展指明了正确的方向。

（二）革命文化是文化自信的精神坐标

革命文化是在中国共产党领导下的伟大革命和建设阶段创造的具有鲜明民族特性和强大生命力的先进文化，它代表着人民的诉求，反映着时代的特征，高扬着马克思主义旗帜，推动着中华民族发展，实现了民族独立和人民解放，把百年的屈辱和民族的期盼转变成一种独特的精神力量，穿越历史的洪流构筑起伟大的革命精神，在中华民族伟大复兴的征程中留下了浓墨重彩的篇章，形成了伟大的建

---

❶ 习近平. 习近平谈治国理政：第一卷［M］. 北京：外文出版社，2014：29.
❷ 习近平讲故事："以古人之规矩，开自己之生面"［N］. 人民网，2019 – 08 – 15 (1).

党精神、井冈山精神、延安精神和硬骨头精神等革命精神谱系。自党的十八大开始，习近平总书记就把文化自信作为文化发展的重点来论证和阐释。他认为，中华民族5000多年的优秀历史文化，以及国家在革命与建设中所凝结出的优秀文化，都是中华民族精神的核心内在。革命文化形成于革命战争年代，但在社会主义现代化建设和改革时期依然具有鲜明的时代价值和精神魅力，革命文化应当将历史与时代紧密结合，成为中国特色主义文化的精神气质代表。革命文化的重要价值体现在独特的精神继承和价值引领，既承前历史的基因，又连接着未来的发展精神，创新发展了中华民族的精神特色和顽强生命力，是中国文化自信的精神标识。

1. 革命文化是马克思主义指导的特色文化

中国共产党的创立是开天辟地式的重要历史事件，革命文化是在伟大革命实践中形成的特色文化，以爱国主义为核心的革命文化将革命和爱国作为中华民族优秀文化精神的重要标识，也体现着中华民族文化在发展过程中的创新性与先进性。伟大的中国共产党与中国人民坚持马克思主义，以海纳百川的胸怀吸纳世界优秀文化，在中国这片沃土上写下了壮美的篇章，彰显了卓越的民族精神与文化品格，是新时代实现中国梦的精神动力。革命文化的形成可分为三个阶段。

（1）第一个阶段：从五四运动到中国共产党创立时期

为了挽救民族于危亡，近代中国的志士仁人历尽千辛万苦探索国家的出路，经历了从器物层面、制度层面到文化层面的探索和变革的实践，但无论是太平天国运动、洋务运动、戊戌变法还是辛亥革命，这些探索都一次次地遭遇失败，人民生活困苦不堪。中国的先进知识分子总结早期探索失败的教训，进行了一场彻底的、毫不妥协的、反帝反封建的五四爱国运动，这场爱国运动是由爱国青年与知识分子为先导所发起的，是在民族尊严受到侵犯、国家面临危机时发起的一场重要革命，对新文化的传播、新思想的启蒙有着重要意义，也让许多炎黄子孙进一步开眼看世界，开始思索未来的中华民族应该走向何方。而在此期间，以爱国主义为核心，依据民主、科学等理念也形成了五四精神，其直至今日依旧熠熠生辉，成为中华民族伟大复兴的思想文化先导。五四运动具有坚决的革命性和彻底的进步性，这对于国民思想的启迪至关重要，也让马克思主义走入了国民的视野之中，由此星星之火开始逐步成为燎原之势，这对于共产党的发展以及新中国的建立都有着重要意义。经过五四运动的革命洗礼，越来越多的先进知识分子和革命青年开始研究并宣传马克思主义，促进了马克思主义与工人运动的进一步结合，进而中国共产党应运而生。中国共产党的诞生对世界和中国都产生了深刻和广泛的影响，揭开了中国革命的崭新篇章，开启了马克思主义与中国文化深度融合和发展的重要进程。在此历史时期孕育出的"红船精神"是振奋鼓舞民族精神的重要滋养，是继续前行的动力源泉。

（2）第二个阶段：用马克思主义理论武装自己

从1921年嘉兴南湖红船宣誓以来，中国共产党就坚守马克思主义立场，坚定革命理想，对实现中华民族伟大复兴的历史使命矢志不渝。革命文化就是在革命运动中逐步总结经验所形成的精神，深深地印刻在中华民族的历史传统当中。正如习近平总书记所强调的那样，中华民族向前探索绝不能忘记曾经的来路，即使在未来取得再多的成就，也依然应当以史为鉴，不忘初心，"不能忘记为什么出发"❶。在艰苦的革命时期，无论是在艰难重重的上海石库门、南湖红船，还是在一夫当关万夫莫开的井冈山；无论是在飞鸟难飞的夹金山，还是在敌人严密封锁的泸定桥；无论是在艰苦的延安，还是在偏僻的小村庄西柏坡，中国共产党人在马克思主义科学理论的指导下，相信人民群众、依靠人民群众，化解了无数威胁中国前途命运的危机，取得了一次又一次伟大胜利，形成了内涵丰富、具有鲜

---

❶ 习近平．习近平谈治国理政：第二卷［M］．北京：外文出版社，2017：32－33．

明民族特色的革命文化的红色精神谱系。习近平总书记在庆祝中国共产党成立 100 周年大会上的讲话中指出："一百年前，中国共产党的先驱们创建了中国共产党，形成了坚持真理、坚守理想，践行初心、担当使命，不怕牺牲、英勇斗争，对党忠诚、不负人民的伟大建党精神，这是中国共产党的精神之源。"❶

这些宝贵的革命文化是中国共产党的巨大精神宝藏，任何时候都不会过时，在新时代仍继续发挥着其精神感召力和凝聚力，推动马克思主义中国化不断向前发展，马克思主义只有和各国国情相结合，才能不断开辟新境界。马克思主义具有真理性和科学性，一旦被中国人所掌握，就会产生巨大的精神力量，具有坚定信仰的中国共产党人高举马克思主义旗帜，从中国共产党第一次全国代表大会开始，从上海石库门出发，在南湖红船宣誓中国共产党成立，开辟了中国革命的新篇章，到建立井冈山革命根据地，形成了中国革命早期的伟大精神："红船精神"、井冈山精神和长征精神。其中，"红船精神"是中国共产党的建党精神，中国共产党进行了艰苦卓绝的伟大长征，粉碎了国民党反动派的数次围剿，凭借坚定的信仰和强大的精神力量战胜了极其险恶的环境，成功摆脱了敌人的围追堵截，实现了伟大的战略转移，取得了新民主主义革命的胜利。长征的胜利实践再次验证了马克思主义的真理性和科学性，在此过程中形成了伟大的长征精神，长征精神是中国革命的宝贵财富，激励了一代代革命者勇毅前行。在长征精神的感召下，中国革命一往无前，不断实现突破和取得胜利。长征精神给后来的革命实践带来了重要的影响，正如毛泽东所说："长征是宣言书，长征是宣传队，长征是播种机。"❷ 长征精神为不断到来的革命提供了强大的精神力量。抗日战争胜利和解放战争胜利的革命实践又催生了新的革命精神：延安精神和抗战精神等。延安精神这种独具特色的革命文化，是在特

---

❶ 习近平. 在庆祝中国共产党成立 100 周年大会上的讲话 [J]. 求是，2021 (14)：封 2.

❷ 毛泽东. 毛泽东选集：第一卷 [M]. 北京：人民出版社，1991：140.

定的革命斗争实践中产生的，闪耀着民族特色和马克思主义的光芒；革命文化是马克思主义和中国优秀传统文化相结合的产物，具有鲜明的精神标识，可以说是中国共产党和全国各族人民在革命中不怕牺牲、敢于抗争、敢于胜利、团结一心、拼搏进取的缩影，也是中华民族几千年来传统文化的升华和民族精神的集中体现。革命文化是中华民族伟大复兴的重要精神力量，不仅能在新民主主义革命时期激励广大党员和革命群众为了革命理想矢志不渝，以坚定的信心和坚强的意志写下彪炳史册的辉煌历史，在百年未有之大变局下，其精神价值和时代光芒依然是新时代中国共产党人和中华民族团结奋进与化危为机的重要动力之源。

虽然历史的车轮滚滚向前，但革命文化穿越岁月之河在今天依然熠熠生辉，新时代面临的世情与国情异常复杂严峻，依然会有许多"娄山关"和"腊子口"，坚定理想和信念，坚持国家和民族利益至上，不怕任何艰难险阻的革命精神在各种文化互相激荡的今天显得尤为重要。习近平总书记多次强调在新时代弘扬革命文化的现实意义，在纪念长征胜利80周年大会上，他强调指出："长征进发出的激荡人心的强大力量，跨越时空，跨越民族，是人类为追求真理和光明而不懈努力的伟大史诗。"❶ 长征以及长征为人类留下的宝贵财富不仅属于中国和中国人民，也对整个世界产生了广泛而积极的影响，长征精神是用鲜血和生命铸就的伟大精神，将跨越时空和民族震撼更多的奋进者和向往幸福与和平的人们。在庆祝中国共产党成立100周年大会上的重要讲话中，习近平总书记首次提出了伟大建党精神，在建党100周年的重要历史时间节点上对伟大建党精神的深刻论述具有特别重要和深远的意义与影响，标志着中国共产党对自身革命和建设发展的深刻认同，以及中国共产党文化发展到了一个新阶段；同时也是中国共产党对自身文化充分肯定的重要成果，表现出深刻的文化自信和文化自觉。

---

❶ 习近平. 在纪念长征胜利80周年大会上的讲话［N］. 人民日报, 2016-10-22 (1).

（3）第三个阶段：在实践中不断丰富与发展

伴随着中华人民共和国的成立，中国告别了近代被压迫、被侵略、被奴役的历史，这个拥有5000多年文明的国家开启了近代以来中华民族伟大复兴的序曲，成功实现民族独立、人民解放的第一个历史使命，同时也开启了新中国发展国力、追求富强的新篇章。这是近代以来历经苦难的中华民族在人类历史上的伟大转折点，标志着中华民族实现了真正站起来的历史飞跃，这是在马克思主义的指导下、在中国共产党的领导下实现的，新民主主义革命的胜利无论对中国还是世界都产生了深远的影响和积极的意义，深刻地改变了已经形成许久的世界政治格局和文化格局，壮大了世界无产阶级的革命力量。但同时新生的共和国还面临着严峻的考验，中国共产党面临着能否维护国家独立和安全以及能否经受住执政考验的难题，毛泽东把当时的情况概括为："有困难、有办法、有希望。"❶ 中国共产党人在毛泽东的领导下，完成了民主革命的遗留任务，使建国初期的经济水平逐步稳定和提高。在巩固民族独立和人民安全方面，中国共产党废止了西方帝国主义在条约中享有的特权，结束了外国控制我国海关以及关税收入的屈辱局面，我们重新掌握了自己国门的钥匙。抗美援朝战争的胜利捍卫了国家的主权和安全，抗美援朝运动是在调动全国人民集体力量的条件下完成的，全国人民的捐款可以购买战斗机3710架❷。对于中国共产党自身执政考验问题，毛泽东提出进京"赶考"和"两个务必"的要求，并在全党开展了整风运动、整党运动，批判居功自傲的思想和行为，指出面对复杂的国际国内考验，中国共产党要继续发扬革命年代的文化精神，在马克思主义指导下，客观地、实事求是地直面问题，保持头脑清醒，满怀信心地迎接困难和挑战。在毛泽东的领导下，中国共产党人解决了新中国成立之初面临的困难和挑战，迅速取得了显著的效果，

---

❶　毛泽东. 毛泽东文集：第六卷 [M]. 北京：人民出版社，1999：24.

❷　中共中央党史研究室. 中国共产党的九十年 [M]. 北京：中共党史出版社，2016：379.

创造了令世界惊叹的成就。在从新民主主义向社会主义过渡的过程中，中国共产党成功地领导了社会主义改造和建设，在改革开放中取得了丰硕成果，这是属于新中国的重要改革历程，这样的改革对整个中国的改变是巨大的，对整个世界的影响也是深远的。可以说，改革开放是"中国的第二次革命"，它向世界昭示着属于这个伟大国家的信念。

中国共产党对优秀的传统文化进行了继承、发扬和创造，并对时代文化、革命文化、社会主义文化以及当代世界各文化元素进行汲取和内化，形成了新时代的中国精神，使我国的文化自信得以进一步确立，文化软实力得以进一步增强。

2. 革命文化是文化自信的重要精神支柱

革命文化对中华优秀传统文化的继承和发展，同优秀传统文化一起，构成了文化自信的重要组成部分。革命文化是文化自信的精神支柱和重要来源。中国近代社会的发展历程，自中华人民共和国成立伊始，中国人民从站起来到富起来，再从富起来到强起来，经历了一个又一个伟大的历史时刻，拥有了丰富的发展经验，这些都是用汗水与鲜血铸成的丰碑。在时代演进过程中，中华优秀传统文化与革命历史对于社会主义文化的发展至关重要，在国家政治经济发展中，文化发展在革命战争年代起到了决定性作用。在和平建设阶段，文化发展也能够对社会发展起到重要的推动作用，成为经济发展和政治发展的重要推动因素。革命文化具有独特的精神标识作用，它是在特定的历史阶段形成的独具特色的红色文化谱系。革命文化虽然来自特定的革命战争年代，但这种精神力量能够穿越历史的时空，在今天建设中国特色社会主义的伟大历史征程中，依然承担着重要的价值指引和价值激励作用，是承接历史、面向未来的一个重要价值枢纽；革命文化是独具特色的文化，既是对中华优秀传统文化的继承和发展，又是先进文化的重要内容，也为文化发展开辟了道路。

革命文化展现了自信特质，是文化自信的重要源头，也是独具特色的精神旗帜。革命文化自信是特殊时期的产物，是文化自信的重要表达方式。在革命战争年代，正是凭借着革命文化自信，中华民族冲破了层层阻挠，坚定理想，不畏艰险，最终赢得了新民主主义革命的胜利。革命文化是在马克思主义的指引下，群众广泛参与而形成的，它具有广泛的群众基础，表现出强大的感召力和凝聚力。革命文化是马克思主义文化中国化的结果，是中国精神的集中体现，也是在革命历程中积累的宝贵精神财富，是中华民族近代发展历程中的重要推动元素，已经深深地植入每一个共产党人和革命群众的心中，指引着整个中华民族开启了伟大征程。中国革命历史是最好的营养剂，是传承红色基因的正能量，对历史的尊重和敬畏是当代中国人文化认同和精神传承的重要标志，习近平总书记曾在多个场合强调红色资源的当代价值，他在讲话中明确提出，应当把红色资源、红色传统、红色精神、红色基因作为国家发展的重要助推力。在习近平总书记心目中，建党精神是我国革命精神的源泉，在我国的发展道路上作用极大，在未来的国家发展中意义深远，激励着长征精神、航天精神等一系列精神谱系在不同时期熠熠生辉。

不同历史时期创造的不同革命文化内容，都是在马克思主义的指引下，在中国共产党的领导下、在伟大人民参与的革命斗争中孕育和发展的，是由英勇顽强的中华儿女和革命先烈的智慧、鲜血乃至生命铸就的，是对中国民族精神的传承与创造，在过去、现在和未来，都闪耀着光芒，涌动着力量，体现着马克思主义的真理性和科学性。

3. 革命文化是连接历史和未来的人民文化

革命文化是由一系列红色精神组成的，以爱国主义精神和革命精神等为精神特质，也体现在文物、革命遗存等革命实践方面，体现了特定时期革命历史和革命实践对未来现实的影响。革命文化是对传统文化的继承，是对马克思主义文化的发展。革命文化在历史上是精神火炬，在现实中是先进文化的重要组成部分，是中华民族的精神坐标，连接历史、观照现实，照亮中华民族伟大复兴之路。

（三）社会主义先进文化是文化自信的现实基础

中国特色社会主义文化源自中国人民在中国共产党的领导下建设社会主义的伟大实践，体现了社会主义的本质特点，表现出中国共产党的领导特色，具有西方文化所不可比拟的优越性。

1. 社会主义先进文化是文化自信的现实依据

社会主义先进文化不是无源之水，它是在探索中国道路的过程中逐步形成的，是在马克思主义的指导下，与中华优秀传统文化相结合而产生的，是在社会主义建设的伟大实践中发展的，是中国人民努力奋斗的文化反映，是中华民族在中国共产党领导下的自信壮举的呈现和精神表达。社会主义先进文化是人民的文化，反映了人民的需求，具有崇高的价值追求；反映了中华民族的精神特质和追求，以鲜明的民族性昭示于世界，同时也以开放的胸怀关注人类社会的发展。它是以马克思主义为指导的，具有超越资本主义文化的优势。在社会生产力水平相对低的阶段，资本主义文化曾经起过重要的作用，但是随着世界经济的发展，以个人主义为中心的资本主义文化的局限性越来越明显，导致资本主义内部和外部矛盾重重，社会矛盾、民族矛盾、环境问题、宗教冲突不断加剧。而社会主义先进文化为解决这些矛盾和问题提供了重要的解决方案，它关注的是人类社会和人的全面发展，这是社会主义先进文化和其他文化的本质区别。马克思主义的科学性和真理性已经在中国特色社会主义伟大实践中得到证明，并使其在新的实践中继续呈现出这一特点，以确保社会主义先进文化的进步性。

社会主义先进文化具有丰富的内涵，体现在其不竭的理论源泉，以及持久的生命力和影响力上。没有根脉的文化是没有生命力的文化，社会主义先进文化是在 5000 多年文化底蕴的基础上发展演进而来的，并在传承中不断发展。社会主义先进文化是实践的文化，能够给社会主义伟大实践以科学指导，具有科学实践特质。它源自马克思主义文化，因此和马克思主义具有共同性：科学性和先进性，其在本质上属于马克思主义性质的文化。同时，社会主义先进文化是大众的文化，是满足人民对美好精神生活需求的文化，在社会主义文化体系中占有重要地位。社会主义先进文化不仅具有丰富的内涵，还具有"三个面向"❶的视野。面向世界是对社会主义文化的必然要求，社会主义文化是为人类社会解放事业服务的，它以开放的胸襟拥抱来自不同地区和国家的文化，在交流互鉴中发展和提升，在与异质文化的动态交流中展现自身文化的优势。面向现代化是必不可少的文化方向，社会主义先进文化的产生和发展都是与社会主义现代化建设紧密联系在一起的，是在伟大的社会主义实践中产生的，同时服务于社会主义现代化建设，使其内涵更加丰富、方向更加明确、使命更加光荣。社会主义先进文化具有丰富的内涵和明确的发展方向，是具有鲜明特色的、先进的社会主义文化，是中华民族的精神财富和文化自信的重要内容与现实依据。社会主义先进文化是与时俱进的文化，将在实践的推进中展现出更为强大的精神力量。

2. 中国特色社会主义的巨大成功是先进文化的重要依据

历史唯物主义认为：物质决定意识，意识反过来也对物质具有能动作用。中国特色社会主义的巨大成功是作为意识形态的文化自信的现实基础，文化作为观念的意识形态是对经济和社会发展的能动反映。人类社会的发展有其特定的历史规律，马克思主义作为科学的世界观和方法论，是对社会实践的深刻总结，正确揭示了人类发展的历史规律，而历史发展的规律一旦被人们掌握并利用便会产生强大的力量。特别是马克思主义和中国实践的结合，使社会主义

---

❶ 习近平. 习近平谈治国理政：第三卷 [M]. 北京：外文出版社，2020：32.

取得了巨大的发展和成就，进一步证明了这一理论的科学性和真理性，正是中国共产党领导中国人民成功地把马克思主义普遍原理与中国的具体实际相结合，使马克思主义以其科学的理论和强大的精神力量激发了中华民族实现民族复兴的活力，使中国在几十年的时间里取得了其他国家需要花费几百年才能取得的发展成就，展现了举世瞩目的经济发展奇迹和政治稳定奇迹。改革开放以来，我国始终坚定不移地坚持和发展马克思主义，中国共产党带领中国人民不断推进中国特色社会主义建设，坚持理论创新，推动实践创新，在此基础上不断进行结合国情的制度创新和文化创新，丰富和发展了马克思主义，使中国特色社会主义充满了生机和活力，使科学社会主义的伟大旗帜放射出耀眼的光芒，在中国这块神奇的土地上扬帆起航、高歌猛进，继续发展和创新，最终开创了马克思主义新境界，赋予了马克思主义中国特色和中国气派的精神气度。

在中国特色的伟大社会主义实践中，特别是党的十一届三中全会以来，我们在复杂的国际国内形势下，始终坚定不移地坚持和发展马克思主义，践行其真理，坚持解放思想、实事求是，不断根据人民对美好生活的向往和追求最大限度地解放与发展社会生产力，使我国国内生产总值实现了飞速发展和提高，由改革开放之初的"3679 亿元增长到 2017 年的 82.7 万亿元，年均实际增长 9.5%，远高于同期世界经济 2.9% 左右的年均增速"❶。中国人民在站起来、富起来、强起来的历史进步中感受到了马克思主义与中国实践相结合的力量。这些成就的取得充分彰显了马克思主义的力量，体现了文化发展的强大感召力和生命力，为坚定文化自信提供了现实基础。

3. 马克思主义中国化的不断推进是不竭源泉

马克思主义是中华民族伟大复兴的行动指南和立党立国的根本指导思想，也是习近平文化自信理论的重要来源。马克思主义是中

---

❶ 习近平. 在庆祝改革开放 40 周年大会上的讲话 [N]. 人民日报, 2018–12–19 (01).

华民族实现伟大复兴的精神旗帜，并在不断推进的伟大实践中得到丰富和发展。马克思主义传入中国以前，中华民族的志士仁人在艰难困苦中前仆后继、苦苦求索，屡次探索却屡次失败，中华文化也伴随着探索的失败在国运兴衰中几经沉浮挣扎，从技不如人、制度不如人，再到文化不如人，在与来势汹汹的西方文化的较量中一步步丧失了自信心，甚至有人提出全盘抛弃传统文化的主张。马克思主义给近代苦闷彷徨的中华儿女带来了光明和希望，也给中华文化的传承发展带来了曙光。在马克思主义科学理论的指导下，中华文化不仅在历经劫难后浴火重生，还在艰苦卓绝的伟大实践中孕育出一系列精神谱系，它们反映了中华民族的伟大抗争实践，具有深厚的民族精神特质，如具有深刻内涵和深远影响的"红船精神"、彰显实事求是闯新路的井冈山精神、融入中华民族血脉和灵魂的伟大长征精神，以及用生命书写的抗震救灾精神等革命文化和社会主义先进文化，其中饱含了民族精神和时代精神。

文化自信是马克思主义在中国大地上践行其真理性和科学性的胜利，也是中国共产党领导中国人民将马克思主义中国化和时代化的胜利，中国特色社会主义文化自信首先是对马克思主义的自信。只有坚定对马克思主义的信仰，才能不畏艰险，在极其险恶的社会条件下开辟出中国特色社会主义道路，带领中国人民实现从积贫积弱走向繁荣小康、从仰人鼻息到站起来，再从富起来到强起来的伟大跨越。没有马克思主义的指导，就不会使具有5000多年文明的中华文化获得巨大升级，从而指引中华民族走向全面发展，取得伟大的经济发展和社会全面进步，使中华文化和中华民族在现代化进程中焕发出新的蓬勃生机。

第三节　文化自信理论的整体性维度

习近平总书记站在中华民族伟大复兴的战略制高点，强调指出文化自信在国家发展和社会进步中的重要作用，文化自信关乎文选择和发展方向及路径，要做到制度自信和理论自信，首先需要强调的就是文化自信，文化自信是更基础、更广泛、更深厚的自信。文化自信是事关全局的重大根本性问题，不能孤立地看待文化自信，必须明确"四个自信"的联系与发展。文化自信决定道路自信的生成逻辑，正是因为拥有了文化自信，才能形成制度自信，而文化自信和理论自信之间有着非常紧密的联系，总体来看，文化自信是其他"三个自信"的基础和支撑。

（一）文化自信是道路自信的内核和源泉

文化自信和道路自信具有密不可分的关系，文化自信为中国特色社会主义道路的选择提供了思想指引和精神源泉。只有坚定文化自信，才能使道路自信拥有坚实的基础；只有以文化自信为前提，才能保证道路自信的持续性，这对于中国特色社会主义的发展和国家整体凝聚力的提升来说都是至关重要的。目前的国际局势正在变得越来越复杂，在这种情况下保持定力、增强活力尤为重要，道路自信不是盲目自信，而是来源于实践的自信，社会主义实践证明，只有坚持走中国特色社会主义道路，才能发展中国、振兴中国。

1. 道路自信也是文化选择

中国特色社会主义道路是中国人民的选择，也是中国特色社会主义文化选择的必然结果。从世界范围看，不同国家的发展道路和本国经济模式、政治模式密切关联，但从根本上说是一种文化选择。所有的文化都来源于实践，所以文化自信从本质上看都属于实践自信，从一定意义上讲，有什么样的实践，就有什么样的文化思想、文化认同与价值理念。在实现中华民族伟大复兴的历史进程中，我们有过失败的探索和文化的迷失，在中国特色社会主义实践中，我们高度重视文化自信，中国特色社会主义道路的选择究其本质，是中国特色社会主义文化的选择。

在人类社会不断发展演进的过程中，是文化选择在深层次上发挥着作用，推动其从低级社会向高级社会发展。例如，原始社会适合的文化形态和封建社会不同，资本主义所包含的各种文化在本质上也和封建主义文化具有较大的区别。之所以选择资本主义道路，主要原因在于资本主义文化的支撑，其文化形态是建立在生产资料私人所有基础上的，是为资产阶级的利益和统治服务的文化形态与文化制度。这种文化遵循以个人主义为中心的价值理念，追求个人价值，标榜自由、平等、博爱的生活方式，倡导价值取向多元化，其所倡导的资本文化和消费文化也必然会给文化创造和创新发展带来单纯追求文化的经济价值和个人感官享受的局限，不可避免地诱发了资本主义的文化矛盾。

中国特色社会主义实践有力地证明了道路选择不只是一种政治选择，从深层次看更是一种文化选择，道路自信背后有文化自信的支撑。习近平总书记曾经明确指出，"我们开辟了中国特色社会主义道路不是偶然的，是我国历史传承和文化传统决定的"❶。中国经历了几千年的发展，最终选择的发展道路与其他的国家和民族不同，即中国特色社会主义道路，做出这种选择是由中国历史传承以及中国传统文化决定的。近代中国，伴随着西方列强的入侵，国家和民族陷入危亡的境地，此时中华民族的志士仁人勇挑时代重担、奋勇抗争，既对自身文化进行深刻反思，又积极到世界各地去找寻救国安邦、强国富民之良策。从魏源的"师夷长技以制夷"❷到洋务派提出的"中体西用"，从戊戌变法到辛亥革命，从胡适提出的"全盘西化"到辜鸿铭所提倡的"儒学复兴"，中华儿女屡次探索屡次失败，未能使中华民族走上正确的道路，没有改变中国人民受压迫、受欺凌的命运，主要原因在于这些探索缺乏科学的思想指引，因此未能走出适合中国国情的正确道路，陷入了盲目照搬或者过于激进的艰难境地。

---

❶ 中共中央文献研究室. 习近平关于社会主义文化建设论述摘编 ［M］. 北京：中央文献出版社，2017：23.

❷ 魏源. 魏源集：上册 ［M］. 上海：中华书局，1976：207.

在历史的关键节点，涌现出一批具有文化自觉的先进知识分子，他们基于对中国国情的深刻洞察和强烈的历史使命，坚定地选择了马克思主义，这一选择对于积贫积弱的中国来说是最正确的判断和最重要的方向指引，正是在此基础上才有了中国共产党的创立，为中华民族的伟大复兴提供了坚强领导。马克思主义文化道路的选择指明了中华民族伟大复兴的正确方向，标志着我国文化发展进入决定性阶段。"方向决定道路，道路决定命运。"❶ 马克思主义是鸦片战争以后中国人民在屡次碰壁后的历史性选择，对马克思主义的选择确定了社会主义的道路和发展方向。"自从中国人学会了马克思列宁主义以后，中国人在精神上就由被动转入主动。"❷ 新思想给我们带来了新的思维方式和做事方法，给苦苦探索出路的中国人民指明了前进方向，带来了巨大的精神力量，正是在马克思主义的指导下，中国人民做出了正确的判断和抉择，使人民有了对社会发展更高的追求，产生了中国特色社会主义道路，没有对马克思主义的选择，就没有中国共产党的创立和引领，也就不可能有今天具有鲜明中国特色的社会主义道路。中国共产党的创立是中国人民坚定选择和应用马克思主义的必然结果，自此揭开了马克思主义发展的新篇章，马克思主义在中国大地上得到了更为深度的传播、应用和发展，创造了世所罕见的历史奇迹，不仅走出了一条"农村包围城市、武装夺取政权"的独特革命道路，而且带领中国人民走出了积贫积弱，走向了繁荣富强，不仅实现了民族独立和人民解放，而且从站起来走向了富起来，又从富起来走向了强起来，实现了中国特色社会主义的跨越式发展和伟大飞跃。在历史不断发展的过程中，中国共产党人将马克思主义应用到中国的伟大实践中也丰富和发展了马克思主义，毛泽东思想的诞生是马克思主义在中国发展的重要里程牌；党的十一届三中全会以后中国特色社会主义理论的提出，标志着马

---

❶ 习近平. 在纪念中国人民抗日战争暨世界反法西斯战争胜利 69 周年座谈会上的讲话［N］. 人民日报，2014 – 09 – 04（1）.

❷ 毛泽东. 毛泽东选集：第四卷［M］. 北京：人民出版社，1991：1516.

克思主义中国化进入了又一重要阶段。

中国特色社会主义道路是中国人民的选择，也是中国特色社会主义文化选择的必然结果。从世界范围看，不同国家的发展道路和本国经济模式、政治模式密切关联，但更为根本的影响因素是文化选择。近代以来，我国在探索民族复兴的征程上，曾做过多种道路选择和多次尝试，不同的政治力量提出了不同的救国主张，而实践证明，中国特色社会主义道路是唯一正确的道路，是中国人民共同选择了这条道路，这也是由中国文化所决定的。

2. 文化自信是道路自信的源头和基础

中国共产党人的道路选择面临着复杂的形势和许多困难，之所以能够在每一次关键抉择中找到正确的道路，是因为道路自信的背后有文化自信的支撑。在新民主主义革命时期，中华儿女在复杂的斗争实践中创造性地运用马克思主义，以实事求是的观点，立足我国国情，逐渐摸索出一条适合我国自己的革命道路。抗日战争时期，面对日本的疯狂进攻和战争的失利，许多人未能坚持以全面、辩证的观点分析当时的国内外形势，一叶障目不见森林，认为抗战必败，导致全国上下弥漫着一种失败情绪。在历史的紧要关头，毛泽东发表了《论持久战》，对于亡国论和速胜论的错误论调进行了全面、辩证的分析，驱散了亡国乌云，确定了持久抗战的战略目标和方针，自信、豪迈地指出胜利属于中国的战争结局，体现了中国共产党人对马克思主义的信心，为抗日战争的最终胜利指明了方向，这背后靠的正是马克思主义的文化支撑。党的十一届三中全会以后，中国共产党人也是凭借马克思主义的指导，成功地进行了改革开放和中国特色社会主义建设，特别是中国特色社会主义市场经济的发展，释放了社会主义的生产活力，使中国社会主义市场经济充满了生机，调动了中国人民的生产积极性，激发了中国人民的创造力，使中国经济实力迅速提升，成为世界第二大经济体，极大地影响了冷战以后的国际格局。进入新时代以来，习近平总书记坚持以人民为中心，带领中华民族实现了从富起来到强起来的历史性飞跃，坚持协调发展，既不走封闭僵化的老路，也不走改旗易帜的邪路，守正创新，创造了彪炳史册的人间奇迹，在中国共产党成立 100 周年之际，成功完成了在现行标准下对 9899 万农村贫困人口的脱贫任务，实现了第一个百年奋斗目标；与此同时，中国的发展经验也伴随着"一带一路"的推进惠及着更多的国家和民族。对于中国特色社会主义道路的开辟、坚持和坚守是马克思主义的支撑和引领，正如习近平总书记在庆祝中国共产党成立 100 周年大会上强调的，归根结底是因为"马克思主义行"。

具有深厚积淀的中华文化，为世界文明，也为中国特色社会主义道路的开辟提供了深厚的文化滋养。习近平总书记指出，"坚定文化自信，离不开对中华民族历史的认知和运用"❶，从历史中汲取治国理政大智慧为道路自信提供了文化支撑，比如"天下为公""天人合一""大同世界"的理想，"修身、齐家、治国、平天下"的担当意识和爱国情怀，"仁者爱人"的智慧，"安不忘危""居安思危"的忧患意识等，中华民族从古至今就怀有家国情怀、爱民信民的思想，信奉天下为公的原则，它们穿越历史隧道在当今时代依然闪耀着光芒。2020 年突如其来的新冠肺炎疫情是对人类的一次巨大考验，在抗疫斗争中，14 亿中国人民团结一心、众志成城，以高度的文化自信凝聚整个中华民族的力量取得了抗疫斗争的阶段性胜利，并为全球抗疫做出了重要贡献。在抗击疫情的过程中，体现了中国特色社会主义文化的魅力和中国特色社会主义道路的优越性，疫情面前没有国别和民族之分，要想战胜疫情，只有各国团结起来面对人类共同的敌人，才能取得最终的胜利。地球是人类共同的家园，新冠肺炎病毒传染性极强，并且具有不断变异的特点，严重威胁人类健康，习近平总书记倡导构建"人类命运共同体"："宇宙只有一个地

---

❶ 习近平. 在中国文联十大、中国作协九大开幕式上的讲话 [M]. 北京：人民出版社，2016：7.

球，人类共有一个家园。"❶

深厚的中华优秀传统文化在历史和现实的交汇中闪耀着其人文精神的光芒，中国特色社会主义伟大实践应从其中汲取政治智慧和精神营养。中华优秀传统文化是中国特色社会主义文化自信的内容支撑，也为道路自信提供了丰富的文化资源，是涵养中国特色社会主义道路的重要文化养分。中国特色社会主义道路是从5000多年悠久文明的传承中走出来的，所以这条道路更具有中国特色，更为中国人民所接纳和认同，从而充满了生命力和凝聚力。

3. 文化自信为道路自信提供精神动力

文化自信和文化的繁荣发展密切相关，而能否实现文化的繁荣昌盛直接决定着中国特色社会主义道路能否乘风破浪稳步前行和能否如期实现中华民族的伟大复兴。国家和民族的强盛离不开文化的支撑，对于正处于民族复兴关键节点上的中国，更加需要树立和强化文化自信，为道路选择提供文化精神动力，文化自信助力道路自信，在中国特色社会主义道路的创立和发展中发挥着其强大的吸引力和影响力，激发出中华民族的内在活力和强大的凝聚力。在中国特色社会主义道路上前行的过程中，改革是主题，不同思想观念竞相碰撞，必然需要一种强大而具有统摄力、整合力的文化价值观来凝聚人心，汇聚正能量，引导国人解读矛盾，辩证地看待世界。具有深厚积淀的中华文化体现的高度精神追求，内在地影响着中国特色社会主义道路的选择和发展，以党的十一届三中全会为伟大改革开放的重要起点，"两大奇迹"已经向世界展现出中国特色社会主义道路无可辩驳的时代性和科学性，是对马克思主义"过时论"的有力回击。

在中国共产党带领中华民族从站起来、富起来到强起来的探索过程中，中国人民创造了具有高扬的理想主义色彩、敢闯敢拼、不

---

❶ 习近平. 共同构建人类命运共同体 [J]. 求是，2021（1）：20.

怕牺牲的革命文化和具有中国特色、开放包容、向上向善的社会主义先进文化。从红船精神到西柏坡精神，从雷锋精神到抗疫精神，等等，这些精神体现的就是文化自信精神，彰显了一代代志士仁人坚定理想、为国为民、敢于奋斗、勇于创新、不怕牺牲、甘于奉献的具有鲜明中国特色、中国气派的精神特质，展现了民族精神和时代精神的本质与内涵，是中国特色社会主义道路得以确立的强大精神力量，其文化特点和内在精神气质与马克思主义具有相互贯通性，因此，中国特色社会主义文化自信一直都是中国特色社会主义道路的精神动力。在中国特色社会主义道路上奋勇前进的过程中，更加需要文化自信提供持久的精神力量，需要中华民族在中国共产党的领导下不忘初心，坚定文化自信。

4. 文化自信在一定程度上决定着道路自信

没有文化自信，就谈不上对中国道路的自信；没有道路自信，就丧失了前进的方向，无法坚持走中国道路。中国特色社会主义道路产生于中华民族优秀文化的沃土，在中国道路上每前行一步都凝聚着民族精神和时代精神。中国近现代历史的发展演变已经有力地证明，对马克思主义的信仰和信念是我们取得成功的根本前提，而没有中华文化的滋养，中国道路的思想基础就会弱化，没有对道路自信的坚守，一旦遇到挑战与危机，就容易否定来路和找不到去路。

文化自信对道路自信起着指引作用。当前中国发展面临着在全球化和现代化双重语境下进行新道路探索的挑战，不确定因素增加、矛盾日益凸显。为了更好地走中国道路，需要在构建和提升文化自信中巩固与增强道路自信。必须在世界范围内传播和呈现中国现代化发展道路的根本价值与核心理念，推动改革发展，引领中国道路的进一步探索。对内而言，应发挥文化的凝聚力，凝聚共识，强化道路自信的领航作用，在价值观层面要对中国特色社会主义道路本身进行深刻的把握和审视，对中国特色社会主义核心理念进行确认和充实，构建起强大的文化自信体系。对外而言，应发挥文化的张力，文化自信能强化身份认同，提升道路自信的深刻内涵。近代以来，面对强势的西方文化的冲击，我国始终处于弱势，全盘否定或全盘接受的变革运动，其背后是文化的自我否定。经过百余年来历代志士仁人的不懈奋斗，尤其是新中国成立以来，坚定走中国特色社会主义道路的中国，已经给世界带来了深刻的改变。对此，我们应重拾文化自信，在全球多元价值博弈中更好地向世界阐明和宣介中国道路的独特价值，以此为世界现代化发展提供新的理论与借鉴，也强化我国与世界其他发展中国家进一步前行所必需的同行意识。

（二）文化自信和理论自信相辅相成

文化自信定义了文化的发展方向和特点，是推动文化发展的深层因素，在文化发展内涵、文化发展特点、文化的性质和目标等方面都处于主导地位。文化自信是推动理论发展的重要因素，在坚定文化自信的前提下，才会有理论体系的产生和发展，中国特色社会主义理论体系首先源自对马克思主义的自信，在此基础上开启了实践探索，可以说这一理论体系的性质和方向是由马克思主义决定的。同时，这一理论体系是中国共产党立足中国社会发展实践，在中华优秀传统文化的基础上，由全体中华儿女创造创新不断发展出来的理论体系。中国特色社会主义理论体系具有马克思主义理论的本质特征，体现了其崇高理想和全球化特征，超越了世俗的、狭隘的个人主义思维，以开阔的视野去思考社会发展前景，对社会发展规律性进行深刻揭示；同时，它也是在对中华优秀传统文化继承发展和转化的基础上形成的，具有鲜明的中国特色和中国气派。没有对马克思主义的科学性和真理性的自信，就没有对这一理论体系的坚持和坚守；没有对中华优秀传统文化的融合与转化，就失去了创新的基础和源泉。理论自信源自文化自信，同时理论自信又是对文化自信进行凝炼而得到的精髓，为道路自信、制度自信提供了思想基础与制度基础。

1. 文化自信是推动理论发展的前提

理论是对实践的总结和概括，理论本身属于文化的范畴，并且是文化中较为重要和深化的部分，理论是文化中的文化，它来源于文化，同时又对文化发展具有重要的指导作用。马克思主义虽然不是对中国发展经验的总结，但它是对整个人类社会发展规律的本质揭示，对整个人类社会具有价值引领作用，有助于对社会变革的系统性和全局性进行分析与判断，因此可以推动中国特色社会主义实践发展，化解发展中的矛盾，带动中国不断从一个胜利走向另一个胜利。对马克思主义的自信，是我们走上中国道路的文化前提，基于这一文化前提，中国共产党人敢于坚持和发展中国特色社会主义，在遇到发展难题和改革中的障碍时能够不畏惧、不退缩，在面临国际社会主义低潮时期能够勇敢、坚定地继续高举社会主义大旗，并在艰难的国际国内环境下化解危机，冲破层层艰难阻碍，迎来了中国特色社会主义的广阔前景。

以邓小平为代表的中国共产党人以开阔的视野，坚持和发展马克思主义，立足中国发展现实，借鉴国际成功经验，解放思想、实事求是，提出了建设有中国特色社会主义的重大命题，推动了中国社会各个领域的发展，加快了中国现代化的步伐，使中国的政治、经济、文化和外交得到了全方位发展，人民的生活水平逐步得到改善，我国的国际影响力与日俱增。理论总是在实践中发展，面对新的实践要求，必须与时俱进地发展理论，根据中国特色社会主义发展实践的要求，江泽民提出了"三个代表"重要思想。"三个代表"重要思想是在中国特色社会主义发展中进行的理论创造，这一理论创造是为了解决当时党的建设问题，面对国际上各种思想的渗透和国内一些党员存在的问题，党的建设工作必须得到重视，建设一个为人民服务的政党是必须解决的时代课题，在复杂的国际国内环境中产生这一重要思想理论是坚持文化自信的必然结果，是中国共产党在面临新课题、解决新矛盾的过程中坚持和发展马克思主义的重要理论成果。2003 年，我国遭遇了一场非典型肺炎疫情，成功抗击"非典"获得了人民的点赞和国际社会的关注与认可，这场疫情也引发了人们的更多思考，暴露了发展中的一些问题：发展不够协调、应急机制不够完善等。如何在先进文化的支撑下实现科学发展？科学发展观就是在此背景下提出的，以胡锦涛为代表的中国共产党人面对发展中存在的问题，提出了"科学发展观"的重要概念。

多年来，中国共产党的几代领导人始终坚持马克思主义，不断结合国情发展马克思主义，坚持用先进文化科学引领中国特色社会主义实践发展，取得了可喜的成就，在新的历史机遇下，研究内涵丰富的文化自信理论有利于更好地建设中国特色社会主义事业。改革开放 40 多年来的探索实践的巨大成功，让"中国道路、中国理论、中国精神"在世界范围内产生了广泛而深刻的影响，同时中国的崛起也引起了全球的关注、思考和研究，中国的发展是否具有可持续性？中华民族伟大复兴的目标能否如期实现？如何看待世界社会主义事业低潮时期的中国崛起？习近平总书记站在新的历史方位，以宏大的历史视野，在战略全局上对这些问题做出了科学回答。面对国际风云变幻和国内复杂的经济政治形势，习近平总书记立足中国、放眼世界，以开放的胸怀、宽广的视野和强烈的使命感、责任感提出了一系列治国理政思想，形成了习近平新时代中国特色社会主义思想，这是在世界百年未有之大变局下立足民族复兴伟大梦想的伟大理论创新，开创了马克思主义的新境界，其内涵十分丰富，不仅涵盖政治、经济、文化领域，而且在外交、党建等方面都有新的突破。这一深邃的思想理论体系将指导中国发展再创辉煌，使我们越来越接近民族复兴的梦想，同时，它将为人类命运共同体的构建提供理论支撑。

中国共产党自成立以来，一直坚持对马克思主义的信仰，无论遇到多少艰难险阻，都能以坚定的文化自信化解危机，无论是在革命时期、建设时期还是在改革开放时期，文化自信都对文化发展起着重要推动作用。在新民主主义革命早期，毛泽东就十分重视发挥文化的引领作用，他以高度的文化自信，在客观条件有限的情况下加强文化建设。正是在新民主主义文化的指导下，中华民族同各种反动派进行了英勇顽强的抗争，为新民主主义革命的最后胜利做好了思想文化上的准备。在中华人民共和国成立前的中国人民政治协商会议的开幕词中，毛泽东自信地表达了他对我国文化建设的期盼，指出文化建设将会出现新阶段，强调经济建设和文化建设都是中国特色社会主义实践的重要内容。有了这种对文化建设的信心，在中华人民共和国成立以后，中国共产党结合新的实践进行了卓有成效的社会主义文化建设，尽管经历了一定的曲折，但是总体上文化建设取得的成就卓著，为后期中国的文化发展起到了重要的借鉴作用。党的十一届三中全会以后，文化发展接续推进，坚持马克思主义先进思想的指导，中国共产党人以强烈的文化自觉和文化自信，不断探索新的实践，引领中华民族坚持和发展马克思主义，在改革开放和社会主义发展前沿，依然会遇到新的问题，解决新问题的突破口在于在坚持中发展，在新的形势下，面对西方的文化渗透和干扰，在坚持四项基本原则、坚持改革开放的基础上，加强物质文明和精神文明建设，并进一步形成文化建设理论。特别是党的十八大以来，面对世界百年未有之大变局，如何发挥文化的功能，实现文化复兴，进而推动中国特色社会主义事业的全面发展，成为时代课题。习近平总书记站在民族复兴的战略高度，多次强调文化自信的重要性，强调其为"四个自信"中更基础、更广泛、更深厚的自信；并坚信中华民族独特的文化基因一定能够在中国特色社会主义伟大实践中再创中华文化新辉煌。

文化自信的提出为新形势下复杂的意识形态发展坚定了方向，坚定了"三个自信"的根基，激发了中国共产党、中国人民乃至整个中华民族对本民族的历史和文化发展方向的更多关注与思考，振奋了民族精神，凝聚了中国力量，为中国特色社会主义文化的进一步发展提供了方向和保障。没有文化自信就没有中国特色社会主义理论的推进发展，只有充满高度的文化自信，才能不断提高中国特

就会产生稳定的心理支撑，从而形成强大的精神力量，在无形中支配着行动。文化自信提升人的精神和文化素质，激发人的潜力，使其能力得到强化和提升，使人具有改变世界、创造奇迹的能力与智慧。所以高度的文化自信在建设中国特色社会主义伟大事业中具有重要的精神价值，可以凝聚民心、启迪思想，为实现第二个百年奋斗目标提供精神力量，为中华民族点燃思想之光、注入精神之钙，从显意识进入潜意识直抵心灵深处，形成坚定的目标与信仰。

当今世界正经历百年未有之大变局，政治多极化、经济全球化、信息社会化和文化多样化的态势在逐步形成和深化，一个国家、一个民族、一个政党如何在激烈的文化交流碰撞中坚守自身核心价值观？如何在不确定的世界格局下保持经济的发展进步和人民生活水平的稳步提高？如何化解危机、孕育新机？答案就蕴含在文化之中，只有坚定文化自信，方能为中华民族提供源源不绝的动力，在具备比较良好的物质基础以后，国家与国家、民族与民族以及政党与政党之间的较量更取决于自身文化的吸引力、感召力和凝聚力，而文化的这种魅力与文化自觉和文化自信的程度密不可分，文化自信具有恒久的价值和作用，在"四个自信"中具有基石和价值引领的作用。

文化自信被放在如此重要的地位不是偶然的，在历史与现实、国内与国外的社会发展实践中，反复证明正确的思想文化能够引领和促进社会经济、政治、军事、民生的和谐发展与进步，错误的思想文化则会阻碍社会发展，严重时将导致国家没落、民族蒙难。只有坚定文化自信才能稳固文化根脉，推动文化积极稳定地繁荣进步。习近平总书记多次强调文化自信在构建民族心理、提振民族精神上的重要作用，深刻指出在历史的发展演进中形成的优秀传统文化、由中国共产党带领中国人民创造的革命文化，以及在社会主义建设、改革和发展中形成的社会主义先进文化在塑造民族性格、民族心理中的独特作用和深远影响，这三种文化从历史中走来，贯通过去、现在和未来，向世界传递着一个民族的伟大精神追求和独特的精神标识，这些文化特质已经深入每个中华儿女的血脉和灵魂，建构了中华民族深厚的民族自信。中华民族文化自信是建立在文化自觉基础上的自信，是根植于党和人民的革命斗争实践中的自信，是经历中华民族漫长历史浸润而形成的文化基因和民族灵魂，因此不管经历怎样的山河破碎、苦痛撕裂、挣扎彷徨，由于内心深处凝结的文化自信，中华民族终将涅槃重生，再造辉煌。

文化自信是中华民族的心理根基，是中华儿女心中对优秀文化基因的记忆，是革命文化的精神烙印，是先进文化的现实心理关照。文化自信是一个国家和民族的集体自信，是心理层面潜意识的表达，中华民族能够在屡遭艰难困苦、屡受艰险挫折后抱定必胜的信念克敌制胜，在革命和改革开放中、在国际国内困局中勇于迎接挑战、再创辉煌，都是由于中华民族强大而深沉的文化自信在托底、在发力。中华民族饱经磨难却敢于抗争，在各种复杂、严峻的历史关头能够保持民族生机和活力的密码就在于中华儿女内心深处的文化自信，文化自信是中华民族克服重重艰险、浴火重生的根本支撑，是"中华民族内心深处的自信和自豪"❶。

（一）文化自信是更基础的自信

文化自信是中国人民、中国共产党在实现中华民族伟大复兴征程中的心理根基，没有坚定的文化自信，中华民族就不可能在积贫积弱的条件下推翻"三座大山"，建立中华人民共和国；没有坚定的文化自信，中华民族就不可能在整个社会主义事业陷入低潮之时，独立地走出具有鲜明中国特色的、蓬勃向上的社会主义道路；没有坚定的文化自信，就不可能成功应对突如其来的新冠肺炎疫情，取得抗击新冠肺炎疫情的阶段性胜利，保护人民群众的生命安全，稳定国内的经济发展，同时为世界抗击疫情提供力所能及的帮助，成

---

❶ 习近平. 在中国文联十大、中国作协九大开幕式上的讲话［M］. 北京：人民出版社，2016：4.

为世界上抗击疫情的典范。文化自信不是无水之源、无本之木，它来源于在 5000 多年的漫长历史长河中积淀出的博大精深的中国文化，以儒学为主，儒、释、道并存于中国文化之中，形成了一元为主、多元共生的繁荣文化形态。有学者认为，中国文化的主要价值在于六经：《诗》《书》《礼》《易》《乐》《春秋》❶，其中《易》是中国文化的源头，也是对大千世界以及人类文化的哲学思考，如《易·系辞》里所阐述的："是故易有太极，始生两仪，两仪生四象，四象生八卦。"短短数词囊括了世界的起源以及人类文化的承转启合和生生不息的动态密码，其言简意赅、内涵丰富、博大精深。中华文化以浩如烟海的经、史、子、集讲述着历史的辉煌，它以各种方式经过岁月的洗礼和沉淀被历史保留下来；四大发明彰显着古代的辉煌及其对现代的影响，敦煌莫高窟的艺术，历史名城中令人叹为观止的各种文物、遗迹和建筑，以及那些不断被发掘出来的考古文字、遗迹等为文化自信提供了更多支持，奠定了中国特色社会主义道路自信的人民群众思想根基。正如《老子》所言："合抱之木，生于毫末；九层之台，起于垒土。"文化自信在个人、民族乃至国家的交往中，润物细无声地发挥着建设国民和社会之精神大厦的基础性作用。文化自信具有强大的生命力，它可以使一个国家和民族在面对困难和遭遇危难时依然坚定信心。这种基础性作用可以为中国特色社会主义道路提供文明的滋养、精神的支撑和智力的支持，使其转化为当代中国人、中华民族的文化自觉、精神坐标和价值取向。

（二）文化自信是更广泛的自信

文化自信是更广泛的自信，因为文化自信虽然无声无形，但的确时时刻刻深入地影响着人们的需求、思维活动、价值判断等，发挥着独特的心理功能。而且文化自信强调的主体更为广泛，既包括

---

❶ 刘梦溪. 中国文化的张力［M］. 北京：中信出版社，2019：105.

中国共产党，也包括广大中国人民乃至中华民族，它是中国共产党、中国人民、整个中华民族在文化自觉基础上的文化认同、文化自豪、文化吸引和文化创造，文化作为广大人民群众普遍认可的意识形态，可以在春风化雨中深入人们的精神世界，渐进式地担负着以文化人的功能，从而进一步影响政治经济社会以及生活的各个领域。习近平总书记为强调文化的育人使命，在全国宣传思想工作会议上特别指出，宣传思想工作要自觉承担起这样的文化使命：举旗帜、聚民心、育新人、兴文化、展形象，就是要在新时代高举马克思主义大旗、在实现中华民族伟大复兴的中国梦下凝聚中华民族的磅礴力量，促进全体中华儿女在共产主义远大理想、中国特色社会主义信念、社会主义核心价值理念以及荣辱道德观念上团结在一起，为服务和奉献整个国家的百年大业做出更大贡献。特别是在互联网日益发达、人工智能等科学技术突飞猛进的当代，国家与国家之间、不同民族之间以及不同肤色、语言的社会成员个体之间的交往更加方便快捷，互动更加频繁，较之于经济和政治，文化在很大程度上更适合成为国家、民族乃至个人之间互相交流的桥梁和纽带，更多的人倾向于借助文化来定位自己的身份属性和族群认同。面对世界百年未有之大变局，对内如何提振国人的文化自信，建设好中华民族的共同精神家园，从而应对瞬息万变的互联网世界的纷扰；对外如何讲好中国故事，提升中国的文化形象，已成为民族复兴道路上的关键性问题。

习近平总书记强调：中华民族"每到重大历史关头，文化都能感国运之变化、立时代之潮头、发时代之先声，为亿万人民、为伟大祖国鼓与呼。"❶ 马克思也强调问题是时代的口号和呼声，伟大理论的产生离不开丰富的社会实践。正是在生动的、多姿多彩的生产实践、劳动创造中，理论应运而生。在提振中国人的文化自信方面，需要文艺工作者和哲学社会科学工作者立足时代潮流创造精品，提

---

❶ 习近平. 在文艺工作座谈会上的讲话［N］. 人民日报，2014–10–15（1）.

升文化在国内和国际上的地位。切实处理好文化自信与文化他信的辩证关系，其根本落脚点在于深入挖掘和阐发优秀传统文化的独特魅力和现代价值，将其独特的文化价值以人民易于接受的形式展现出来，让每一个走进它的人都能被它的独特魅力所吸引、折服、接纳，使中国特色社会主义文化放射出时代的光芒，扩大其辐射力和感召力。要实现文化自信，需要广大人民群众真正信任自身文化，承认它的价值，对自身文化怀有坚定的信心，只有做到坚定文化自信，才能为文化他信提供可能。应该推动文化产业升级，结合新形势，加快培育新型文化产品以及新的文化消费模式。在文化自信的提升上，起引领作用的是文艺工作者、哲学社会工作者以及各级教育工作者，要使其坚定文化自信，用正确的文化观观察社会、创作精品、陶冶情操、启迪心灵、引领风尚，自觉做到有品位、有格局、有担当、有情怀。教育要以培养具有担当、志存高远、为实现中国梦而奋斗的新时代人才为根本，注重用文化滋养心灵，加强在日常生活中进行爱国主义、集体主义教育和思想引导，把以社会主义核心价值观为核心的中国特色社会主义文化融入社会生产和生活，使之成为人们的价值自觉和情感认同，不断增强文化自信的辐射面和吸引力。

增强文化他信是文化自信的另一表达方式和目标。文化自信可以使自身文化发展更具民族性、时代性和创造力，增强凝聚力以及内心深处的价值感和自豪感，文化自信程度越高，越容易形成文化他信；反过来，文化他信又可以增进本国人民的文化自信。习近平总书记勇立时代潮头，顺应时代发展规律，以高度的历史责任感和强烈的文化自信提出"人类命运共同体"思想，这是关系到在人类共同面临资源短缺、环境污染、疾病流行等严峻挑战的关键时刻对人类未来走向何方的重要全球价值理念。我们身处的地球越来越接近世界一体化、经济全球化，不论身处何处、讲何种语言、信仰如何，都不可避免地处于同一个人类命运共同体中。这种源于中华优秀传统文化"和合"思想的共同体意识、关注未来安全发展的全球价值理念正逐步达成国际共识。促进和而不同、兼收并蓄的文明交流，中国要始终做世界和平的建设者、全球发展的贡献者、国际秩序的维护者，摆脱"国强必霸"的霸权逻辑，通过强调和而不同、共同发展来维护世界和平发展、共享繁荣，这既是共产主义的价值追求，也是对人类社会发展规律的揭示，同时也是辩证、发展地认识和理解文化自信和文化他信、确立更好的当代大国形象的自信之举。

中华优秀传统文化是历久弥新的文化，它不仅影响了一代代中国人，也对世界上许多国家的人民产生了广泛而深刻的影响。革命文化是具有鲜明时代印记的独特红色文化，它的革命乐观主义精神、浓郁的爱国情怀、不怕牺牲敢叫日月换新天的英雄气概穿越时代，永不褪色，独特的革命文化精神已经融入中国特色社会主义的伟大实践中，激发出更为动人的精神力量。文化自信是更广泛的自信，体现的是国家自信、民族自信、人民自信，实现中华民族伟大复兴中国梦的提出初步展现出这种自信的广泛性特点。不仅如此，作为负责任的大国，我国不仅在经济上跃居世界第二，在文化上也要发挥应有的影响力。中华文化以开放而包容的心态，坚持"和而不同"的原则，以自信和豁达的胸怀积极参与世界文明的发展和交流对话，既坚持在开放中借鉴吸收人类丰富的文明成果；更表现在结合不断变化的世情国情适时地发展创新文化引领世界潮流，促进人类奔向更加繁荣和美好的未来，让世界听到中国的声音，让人类感受中华文化润物无声的感染力、吸引力与影响力，让世界了解中国特色社会主义文化的科学性与发展性。只有这样，我们才能够在坚定文化自信之际也坚定了文化他信，同时借助文化自信推动国内和国际的文化发展，为实现中华民族伟大复兴的中国梦创造更加和平、宽松的国际环境和更加健康的国际秩序，最终实现人类命运共同体的构建。

（三）文化自信是更深厚的自信

文化自信是"四个自信"中更深厚的自信，其精神标识是在传承发展中确立的，不是在短期内形成的，对中华民族的民族心理起着深层次的潜移默化作用。❶中国特色社会主义文化自信是中国雄厚的软实力和强大的精神力量，也是当代民族精神和时代精神的深刻表达。习近平总书记在多个场合强调优秀传统文化与文化自信的重要性，坚定文化自信既是立足时代发展与推动社会进步的审时度势的需要，也是中华民族文化基因和血脉的传承发展与创新的战略考量。文化自信贯通过去、现在和未来，连接中华优秀传统文化、革命文化与社会主义先进文化，是中华民族得以傲立于世界的丰富文化内涵与独特精神标识，是族群归属与文化认同的共同民族记忆和价值基础。文化自信是从深厚的历史中走来，是穿越时空依然闪烁时代魅力的精神之钙、文化之根、民族之魂，是比道路自信、理论自信和制度自信更深厚的自信。纵观中国历史，越是在战乱纷争时期，越是呼唤大一统，特别是面临国破家亡的危急时刻，这种潜意识的思维模式和行为习惯会自动激发起中华民族的共同心理基础：深厚的文化自信驱动整个中华民族不怕牺牲、敢于抗争，直至取得最终胜利。

习近平总书记对优秀传统文化有深刻的理解，并对优秀传统文化的转化和创新充满自信，"对文化发展前景充满自信"❷。正是基于对深厚的优秀传统文化的自信，习近平总书记提出构建"人类命运共同体"的倡议，为人类发展问题提供了解决方案，有利于推动世界建立平等相待、和谐共进的关系，体现了我国大道之行、天下为公、公道正义、共建共享的发展格局，向世界发出了中国声音。中国声音是中国文化的表达，在信息交流、文化碰撞的新时代发出中国声音是文化自信的体现，中国理念、中国模式将给更多发展中国家带来希望，使世界在中国声音中了解真正的中国，凭借深厚的

---

❶ 习近平. 在纪念红军长征胜利80周年大会上的讲话［M］. 北京：人民出版社，2016：13－14.

❷ 习近平. 在纪念中国人民抗日战争暨世界反法西斯战争胜利70周年大会上的讲话［N］. 人民日报，2015－09－04（1）.

文化自信展现出新时代中国的文化魅力。面对多极和多文明的世界，不同思想文化交流、交融甚至碰撞、交锋的形势将会更趋激烈，中国共产党、中华民族、中国人民应坚定中国特色社会主义文化自信，在古今中外文化中汲取更多力量，坚持古为今用、推陈出新地进行创造性转化和创新性发展，不断提升我们的精气神，让中国特色社会主义文化自信的精神厚度不断拓展，为实现民族复兴的中国梦汇聚十几亿中华儿女的磅礴力量。

没有中国特色社会主义文化自信作为强大的文化心理支撑，我们的行动就难免受到不同思想文化、意识形态的严重干扰，甚至会被改旗易帜。正是出于此战略考虑，习近平总书记在历史的重要节点上提出了文化自信是更基础、更深厚的自信，为广大人民群众更好地进行文化认同提供了基础，使文化自信具有了现实根基，为其他"三个自信"提供了文化心理上的重要支撑，既是完善和发展中国特色社会主义文化理论的使然，更是坚持和发展中国特色社会主义正确方向的要求。

第四章 文化自信践行路径分析

新时代文化自信的理论内涵丰富，坚定文化自信可以在新时代机遇与挑战共存之际发挥巨大的精神力量。精神力量如何转化成动力？必须研究文化自信的实现路径，使其成为推动中华民族伟大复兴的强大动力。文化自信是文化复兴的重要标识和民族复兴的重要支撑，只有坚定文化自信，才能在复杂的形势下具有保持定力的心理支撑。因此，应在理解文化自信理论的基础上，重点研究如何实现文化自信的现实功能。

第一节 在理论创新中提升文化自信

伟大的时代需要伟大的理论指引，这是一个需要理论而且能够产生理论的时代，不管是回望过去的历史还是展望未来发展都反复印证了这样的理论逻辑和实践逻辑，伟大的时代呼唤伟大的理论产生，伟大的理论会产生强大的思想指引作用。"一个理论要走在时代前列，就一刻不能没有理论思维。"❶ 新时代要在社会主义伟大实践中始终有自信自豪的底气，必须在理论创新中提升文化自信。理论创新是一个结合伟大实践的重要阶段，创新是发展的最好推动力，理论创新必须是基于国情的，要坚持马克思主义的指导，只有坚持在伟大实践中创新理论，这样的理论才能具有更强的实践性和科学

---

❶ 人民日报社. 江山就是人民　人民就是江山：习近平总书记系列重要论述综述（2020—2021）［M］. 北京：人民日报出版社，2022：25.

性，才能不断提升文化自信的内涵和魅力。

（一）坚持中国特色社会主义道路

坚持走自己的道路已被实践证明是正确的选择，无论是弘扬中华优秀传统文化还是革命文化，必须坚持以马克思主义为基本指导。文化自信不只是对中华文化的自信，其最基本的理论源泉是马克思主义，它为我国民族发展和社会进步提供了精神力量。中国特色社会主义文化自信理论立足中华民族伟大复兴的制高点，其探讨的是如何坚持和发展社会主义，如何为社会主义提供源源不断的动力支撑和精神支撑等问题。要实现中华民族的伟大复兴，离不开对文化自信的正确理解，必须坚持马克思主义，坚持走中国特色社会主义发展道路，这是中国道路，这是中国自信，这是文化选择，这是被历史实践证明的正确选择。无数事实证明了马克思主义行，马克思主义具有强大的生命力，它是在中国共产党的实践中得到验证的真理，因此必须坚持这一道路选择和文化选择，这是关乎中国发展前途和命运的关键所在。道路的选择是向世界宣告我们举什么旗、向何处去的核心问题，因此应坚定文化自信，运用马克思主义的科学真理，在中国大地上发展马克思主义，在意识形态的斗争中应对西方腐朽思想的渗透和抹黑，利用辩证唯物主义和历史唯物主义破除各种错误言论，确保社会主义的方向。❶ 马克思主义非常善于批判各种反动的、错误的社会思想和学说，中国人民也要拿起这一理论武器，既要坚定对马克思主义的选择，弘扬社会主义精神，又要让世界听到来自成功的社会主义发出的声音，批驳那些意欲抹黑中国、歪曲中国发展道路的各种歪理邪说。

中国共产党从成立之初就把实现共产主义作为党的最高理想和奋斗目标，坚定地肩负起实现中华民族伟大复兴的重任，而实现这

---

❶ 马克思，恩格斯．马克思恩格斯选集：第一卷［M］．中共中央马克思恩格斯列宁斯大林著作编译局，译．北京：人民出版社，1995：9.

一重任需要一代代中国共产党人的持续奋斗。在革命战争时期，中国共产党经过 28 年的艰苦奋斗，带领中国人民取得了新民主主义革命的伟大胜利，实现了民族独立和人民解放的伟大历史跨越，中国人民站了起来。在社会主义革命的建设阶段，我们继续保持艰难奋斗的作风，不但确立了社会主义基本制度，也为当代中国的发展和进步奠定了政治、经济和思想文化基础，逐步实现了从传统的农业国家向工业国家的转变，进一步扩大了我国在国际社会中的影响力，实现了我国由被动到主动、由落后走向持续繁荣富强的重大发展。

党的十一届三中全会以后，我国步入了改革开放和社会主义现代化建设阶段，中国共产党继续发扬艰苦奋斗的优良传统，以非凡的政治勇气和超常的改革魄力，不断破除各种思想藩篱和体制机制弊端，创造了中国特色社会主义的新辉煌，社会生产力得到进一步解放和发展，呈现出蓬勃的社会活力，人民群众的物质和文化生活得到显著改善，综合国力和国际影响力不断提升，实现了从富起来到强起来的伟大飞跃。国家统计局于 2019 年 8 月 29 日发布新中国成立 70 周年经济社会发展成就系列报告之二十三——《国际地位显著提高　国际影响力持续增强》，报告显示，新中国成立 70 年来，经济社会发生了翻天覆地的历史性变化，主要经济社会指标占世界的比重大幅度提高，居世界的位次不断前移，国际地位和国际影响力显著提升。在国际形势复杂多变、国际竞争压力不断加大的情况下，我国经济社会发展经受住了各种重大挑战，取得了举世瞩目的发展成就，深刻地改变了世界经济发展格局。我国经济实力显著增强，主要总量指标跃居世界前列，2010 年，我国超越日本成为世界第二大经济体，并在此后稳居世界第二位，占世界经济总量的比重持续提升；2012 年，我国国内生产总值（GDP）占世界总量的 11.4%；2018 年，我国 GDP 占世界总量的 11.4%。人均国民总收入（GNI）水平显著提升，在世界银行公布的人均 GNI 排名中，2018 年中国排名第 71 位（共计 192 个经济体），比 1978 年（共计 188 个经

济体）提前 104 位。❶

这些伟大成就是一代代共产党人带领全国人民持续奋斗出来的。"幸福都是奋斗出来的，……只有奋斗的人生才称得上幸福的人生。"❷ 在党的十九大报告中，习近平总书记 30 次提到"奋斗"；在 2018 年春节团拜会上则提到 22 次。新时代是奋斗者的时代，坚持把人民对美好生活的向往作为奋斗目标，坚持始终不渝为人民奋斗、坚持始终不渝同人民一起奋斗，并把奋斗精神贯穿到推进"四个伟大"的全过程，为夺取新时代中国特色社会主义伟大胜利努力奋斗。作为中国特色社会主义的建设者，在践行初心、担当使命的历史进程中，唯有不断涵养、厚植和践行"奋斗幸福观"，秉持初心、至诚奋斗，才能收获幸福、实现使命。首先，要把握"奋斗幸福观"的政治品格，坚定理想信念。共产党人坚守的初心，源于对中国特色社会主义共同理想和共产主义远大理想的坚定信仰，源于对党和人民事业的永远忠诚。我们要始终不渝、百折不挠地为实现既定目标而奋斗。其次，要倡导"奋斗幸福观"的作风品格，坚持真抓实干。党员干部要做真抓实干的表率，倡导"马上就办，办就办好"的工作作风，崇尚"功成不必在我"的境界，树立"为敢于担当者撑腰鼓劲"的正确导向，大力营造"幸福都是奋斗出来的"浓厚氛围，形成为建功新时代、争创新业绩而努力奋斗的生动局面。最后，要恪守"奋斗幸福观"的廉洁品格，坚持严于律己。中国共产党党员在奋斗的过程中，要增强政治定力、道德定力、文化定力、抵腐定力，坚守法律底线、纪律底线、道德底线，保持共产党人的高尚品格和廉洁风范。坚守初心使命，就必须具有强烈的历史自觉和行动自觉，带头牢固树立"奋斗幸福观"，带领广大人民群众脚踏实地一

---

❶ 国家统计局. 国际地位显著提高　国际影响力持续增强：新中国成立 70 周年经济社会发展成就系列报告之二十三［EB/OL］.（2019 – 10 – 14）［2022 – 04 – 23］. http：//www. stats. gov. cn/index. aspx？menuid = 11&type = articleinfo&lanmuid = 25&infoid = 3341&language = cn.

❷ 习近平. 在 2018 年春节团拜会上的讲话.［EB/OL］.（2018 – 02 – 14）［2022 – 04 – 23］. http：//www. gov. cn/xinwen/2018 – 02/14/content_5266872. htm.

起奋斗，将具体工作与远大目标联系起来，积极投身到人民对美好生活的向往的使命中去，继续推进各项改革向纵深发展，进而为建设富强、民主、文明、和谐的社会主义现代化强国而努力奋斗，坚定中国共产党长期执政最可靠的阶级基础和群众根基，确保把党的十九大绘就的宏伟蓝图一步一步变为美好现实。

党的十九届四中全会提出要"建立不忘初心、牢记使命的制度"❶。建立不忘初心、牢记使命的制度是为了防止党员特别是领导干部躺在功劳簿上沾沾自喜、居功自傲，丧失崇高理想和奋斗精神。新形势下，新矛盾和新问题层出不穷，全体党员作为先进生产力的代表、先进文化的代表、人民利益的代表务必遵守党章，恪守党的性质和宗旨，时时刻刻勿忘共产主义远大理想和中国特色社会主义共同理想，用以激励自我、凝心聚力、鼓舞人民。习近平新时代中国特色社会主义思想是当代中国的马克思主义，面对世情、党情、国情的深刻变化，我们必须用其武装全党、统一思想、指导工作，筑牢中华民族的共同思想文化意识，确保中国共产党执政的思想基础。

随着中国特色社会主义进入新时代，中国共产党人初心和使命的具体内涵也变得不断丰富，面对百年未有之大变局，必须把"不忘初心、牢记使命"作为长效机制，并将其作为锤炼党员清正廉洁、忠诚为民的政治品格的制度。中国共产党只有不忘初心、牢记使命，才能无愧于人民重托和历史选择，确保中国共产党在新时代的伟大社会主义实践中始终走在前列。

（二）坚持在伟大社会主义实践的基础上创新理论

时代是思想之母，伟大的理论来源于伟大的实践，无论是马克思主义理论还是中国特色社会主义理论，都不是僵化的封闭体系，

---

❶ 习近平．坚持和完善中国特色社会主义制度推进国家治理体系和治理能力现代化［J］．求是，2020（1）：5．

因此提升文化自信必须立足中国特色社会主义伟大实践进行理论创造。创新理论不是闭门造车，而是对中华优秀传统文化和独具特色的革命文化的继承与升华，这一理论还以开放的胸怀借鉴了许多国家的先进经验，科学地总结了世界社会主义发展中的深刻教训，避免了社会主义发展中的许多问题，是指导我国社会主义发展道路的正确结论，并将随着实践的发展进行新的发展和创新。

毛泽东同志在革命胜利前夕曾经说过："谢谢马克思、恩格斯、列宁和斯大林，他们给了我们以武器。这武器不是机关枪，而是马克思列宁主义。"❶ 一代伟人毛泽东提出"唯物史观是吾党哲学的根据"❷，他以坚定的文化自信高举马克思主义旗帜，立足中国国情，创造性地坚持和发展马克思主义，并形成了毛泽东思想。在毛泽东思想的指引下，积贫积弱的中国摆脱了帝国主义的控制和封建主义的剥削，让中国人民站了起来。改革开放的总设计师邓小平同志解放思想、实事求是，大胆改革、锐意创新，继续坚持和发展马克思主义，创立了中国化的马克思主义——邓小平理论。在邓小平理论的指导下，中国人民富了起来。随着改革开放的深入和国际国内形势的变化，以江泽民同志为核心的党的第三代中央领导集体为保证中国共产党始终走在时代前列，坚持用马克思主义解决发展中的问题，基于"建设什么样的党，怎样建设党"的现实关切提出了"三个代表"重要思想。以胡锦涛同志为总书记的党中央坚持和发展了马克思主义，对于中国"实现什么样的发展，怎样发展"的重大问题做出了回答，形成了科学发展观。

党的十八大以来，以习近平同志为核心的党中央以高度的文化自觉与自信继续坚持和推进马克思主义在中国的发展，着重回答了新形势下党和国家社会发展的重大理论和现实问题，形成了新时代中国特色社会主义思想。在新思想的指引下，中国共产党坚定文化

❶ 毛泽东. 毛泽东选集：第四卷［M］. 北京：人民出版社，1991：1469.
❷ 毛泽东. 毛泽东文集：第一卷［M］. 北京：人民出版社，1993：4.

自信，不忘初心、牢记使命，带领中国人民统筹推进经济建设、政治建设、文化建设、社会建设和生态文明建设"五位一体"的总体布局以及全面建成小康社会、全面深化改革、全面依法治国、全面从严治党的战略布局，推动中国特色社会主义事业迈上新台阶，实现了从富起来到强起来的伟大历史跨越。习近平新时代中国特色社会主义思想内涵丰富，主体内容体系为"八个明确"和"十四个坚持"，内容涵盖了中国特色社会主义在新时代的战略布局和发展方向、方式、动力以及战略步骤、政治保证等基本问题，还包含着坚持和完善党的领导、"五位一体"总体布局和"四个全面"战略布局，这些重要思想和原则是实现"两个一百年"奋斗目标的思想和制度保证，也是实现中华民族伟大复兴的根本理论和实践要求，是以习近平同志为核心的党中央对新的伟大社会主义实践探索的理论升华，是对马克思主义中国化规律性认识的深化和升华。习近平新时代中国特色社会主义思想贯通过去、现在和未来，贯通改革和发展、治党和治军、内政和国防等重大领域，标志着以马克思主义为指导的中国特色社会主义理论创新达到了一个更高的水平。

时代发展要求必须随着实践的发展更新理论内容，将实践升华为更加先进的理论。同时，具有鲜明民族特征的文化理论的产生能够促进实践的发展，并对实践进行指导，而实践成果的凝炼又进一步推动文化理论进步。中国特色社会主义伟大事业需要伟大精神的引领，在中国共产党带领中国人民实现民族复兴的道路上，必须坚定马克思主义，始终将其作为我们的坚定信仰和行动指南，在实践发展中不断实现理论创新，不断赋予其鲜明的时代特色和民族特色，这是使马克思主义不断发展、展现强大生命力的根本途径，是中国共产党能够带领中国人民始终引领先进文化发展的根本途径，是新时代提升文化自信的根本途径。中华文化也要与时俱地进传承和发展，没有马克思主义的指导，没有中华优秀传统文化的滋养，就没有中国特色社会主义文化的产生；与此同时也开辟了马克思主义的新境界，马克思主义在与中国文化互相融合的过程中得到发展和提升，激发出强大的创新动力。在这个意义上，在实践基础上进行的理论创新成为我们提升文化自信的重要途径和坚实支撑。因为只有与时俱进，根据时代的要求倾听群众的诉求，不断融入新的生长点和要素，才能使先进的理论被群众接受和认可，才能充分发挥先进文化的吸引力和凝聚力，转化为民族复兴的重要力量，成为文化自信的有力支撑。

第二节　在核心价值魅力上提升文化自信

（一）社会主义核心价值观是凝聚人心的价值符号

社会主义核心价值观的践行对于坚定文化自信具有至关重要的作用。增强社会主义核心价值观的传播力、吸引力和凝聚力是保证文化自信理论能够真正落地生根的关键，在凝聚人心的价值符号上下功夫是决定文化自信理论发展的重中之重。我们应该深入挖掘社会主义核心价值观的丰富内涵，更好地表达其目标和追求。"富强、民主、文明、和谐"表达了国家层面建设社会主义强国的价值目标，国家层面的核心价值观在优秀传统文化中有重要体现。因此，为了实现社会主义核心价值观国家层面的价值追求，可以在优秀传统文化宣传表达的价值符号上下功夫，力求将具有丰富内涵的优秀传统文化转换为新的表现形式，让传统文化焕发新活力。"自由、平等、公正、法治"是社会层面的价值取向；"爱国、敬业、诚信、友善"则是表达个人与国家、社会以及个人之间关系的个人层面的价值准则。三个层面的价值内涵紧密联系，成为凝聚人心的关键价值符号，被人民群众广泛接受和认同。要提升文化自信，就要善于运用多种手段、多种形式表达出核心价值观内涵的丰富内容，提升核心价值魅力，以更容易被人民群众接受的方式切实推动核心价值观的内化，逐步转化为人们的自觉行动，变为人们自己的理想追求和价值追求，使这些价值符号逐渐变成美好、丰盈的心灵体验。同时，文化自信的提升将强化社会主义核心价值观的价值认同感，发挥核心价值观的巨大凝聚力和感召力。

（二）筑牢社会主义核心价值观的根基

中华民族5000多年的悠久历史积淀了大量的文化经典，蕴藏着丰富、独特的文化营养，筑牢社会主义核心价值观的根基需要萃取其中的思想精华，展现民族精神魅力，形成富有时代气息和鲜活生命力的、能够满足人民群众文化需求的作品，充分搭建并运用各种新型教育平台、有效利用互联网平台的媒体宣传阵地，加快利用新科技、新方法、新手段来加强文艺作品创作和宣传等，久久为功，使富有独特魅力的中华优秀传统文化在涵养社会主义核心价值观方面发挥重要作用，使社会主义核心价值观发挥出强大的精神力量。习近平总书记注重引导和践行社会主义核心价值观，他指出中华优秀传统文化是涵养社会主义核心价值观的重要源泉，并对践行社会主义核心价值观提出了具体要求，指出要有重点、分层次地对核心价值观进行宣传教育。对核心价值观的宣传教育不能高高在上，而是要贴近人民群众的实际生活，"在落实、落细、落小上下功夫"❶，用人民群众喜欢的方式表达核心价值观，创新表达模式。他要求文化文艺工作者走进人民群众火热的生活中，把中国特色社会主义的伟大实践融入优秀作品中，以人民喜欢的方式表现出来。

习近平总书记多次表达了其对核心价值观宣传工作的重视：在主持中共中央政治局集体学习时提出提升价值观自信；2014年5月4日，在北京大学师生座谈会上强调宣传社会主义核心价值观的重要性；在2014年"六一"儿童节前夕，对广大青少年如何践行社会主义核心价值观、提升核心价值观的影响力做了重要的讲述；等等。对于青年学生，强调如何树立和弘扬社会主义核心价值观，以及对于中华民族伟大复兴的重要意义；对于少年儿童，强调"扣好人生

❶ 习近平. 习近平谈治国理政：第一卷 [M]. 北京：外文出版社，2014：165.

第一粒扣子"的重要性；对于文艺工作者，要求坚持马克思主义的文艺方针，筑牢社会主义核心价值观的根基，多出优秀作品，在全社会形成弘扬和践行社会主义核心价值观的良好生态；对于领导干部，要求其在践行和弘扬社会主义核心价值观的过程中以身作则；对于广大教育工作者，要求发挥学校的教育功能，弘扬和践行社会主义核心价值观，润物细无声地将社会主义核心价值观深入人心。对于核心价值观的弘扬要发动全国各族人民的力量，做到人人有责、人人都是生力军，在弘扬和践行社会主义核心价值观的过程中，形成磅礴的力量，共同建设中国特色社会主义伟大事业。筑牢社会主义核心价值观的过程，也是自觉抵制西方价值观渗透的过程，只有真正自觉地践行社会主义核心价值观，才能坚定文化自信，才能走向文化自强，实现中华民族的伟大复兴。

第三节　在优秀传统文化的创造性转化和创新性发展中提升文化自信

（一）对中华优秀传统文化进行转化和创新

习近平总书记在多个场合强调珍视中华优秀传统文化，进行创造性转化和创新性发展的必要性与重要性。2014 年习近平总书记在主持中央政治局第十三次集体学习时指出："抛弃传统、丢掉根本，就等于割断了自己的精神命脉。"❶ 强调了博大精深的中华优秀传统的重要思想资源和道德价值，对于塑造核心价值观和涵养中华民族精神的重要作用，只有做好对传统文化的传承，才能更好地发展和弘扬传统文化，否则就会陷入文化虚无主义的泥潭，丢掉民族文化的根本。失去民族特色的文化发展是不可能持续的，没有根基的文化必然会在复杂的世界中渐渐淹没，或者在文化交流碰撞中搁浅。

---

❶ 习近平. 习近平谈治国理政：第一卷［M］. 北京：外文出版社，2014：164.

新时代，习近平总书记高瞻远瞩，提出进一步对中华优秀传统文化进行溯源和继承，强调在重视中华优秀传统文化挖掘的同时，要"处理好继承和创造性发展的关系，重点做好创造性转化和创新性发展。"❶ 中华优秀传统文化经过历史的沉淀，凝聚了丰富的思想精华和道德精髓，构建了中华民族的精神世界和思维方式，已经熔铸在民族的血液和灵魂当中，"讲仁爱、重民本"的思想已经深深植根于中华民族的精神世界，造就了爱好和平、喜爱平等的民族特质，这一思想在今天依然具有很强的时代价值和世界影响力，也是在百年未有之大变局的世界形势下的一种人类共同价值，立足世界共同发展、共谋和平、共享美好的基础之上，"讲仁爱、重民本"的思想在新时代具有很强的现实意义，这种思想不仅可以塑造中华民族的精神世界，也能在世界文化激荡中发挥更广泛的影响力，为推动构建人类命运共同体提供重要借鉴。

对于如何实现创造性发展和创新性转化，在 2016 年的哲学社会科学座谈会上，习近平总书记也给予了科学回答，他指出："要加强对优秀传统文化的挖掘和阐发，使中华民族最基本的文化基因与当代文化相适应、与现代文化相协调，把跨越时空、超越国界、富有永恒魅力、具有当代价值的文化精神弘扬，要推动中华文明创造性转化、创新性发展。"❷ 习近平总书记强调中华优秀传统文化的挖掘与阐发，基于对其价值的深刻认识和认同，守好中华民族的文化根脉对于文化安全和文化发展具有非同寻常的意义，如何推动中华优秀传统文化的创造性转化和创新性发展，加强对优秀传统文化的挖掘和阐发，在文化认同和文化继承转化中是非常关键的一个环节。博大精深的优秀传统文化需要我们在马克思主义的指导下进行挖掘和阐发，不能让优秀传统文化蒙尘，不能让优秀传统文化在学习外来文化中变得暗淡，这是中华民族的文化基因和丰厚源泉，是历经

---

❶ 习近平. 习近平谈治国理政：第一卷 [M]. 北京：外文出版社，2014：164.

❷ 习近平. 在哲学社会科学工作座谈会上的讲话 [N]. 人民日报，2016–05–18 (3).

风雨洗礼后中华民族依然屹立不倒的根本原因所在，只有坚持对中华优秀传统文化进行挖掘和阐发，才能让中华优秀传统文化的优秀基因在中国特色社会主义实践中生根发芽，进一步枝繁叶茂，开出美丽的文化之花。只有实现中华优秀传统文化的转化和创新，才能走出中国特色社会主义文化发展强国之道路，为实现中华民族伟大复兴提供合适的文化土壤，而不是跟在西方国家后面做"应声虫"，才可以真正赢得世界的尊重。正如习近平总书记所阐述的："不忘本来才能开辟未来，善于继承才能更好创新。"❶

中华优秀传统文化中包含了延续几千年的文化瑰宝，早已融入中华民族的血脉和灵魂，这种独特的价值理念和思维方式已经成为中华民族的独特民族印记，比如"修身齐家治国平天下"的思想；"天人合一"的宇宙观；"协和万邦""水可载舟，亦可覆舟"的民族思想；"大道之行，天下为公""君子和而不同，小人同而不和""厚德载物""仁者爱人""与人为善""己所不欲，勿施与人""德不孤，必有邻""天行健，君子自强不息""先天下之忧而忧，后天下之乐而乐"的社会道德观；"百善孝为先""家和万事兴"的家庭观念，成为影响中华民族数千年的价值遵循和文化观念，也是中华民族在各种文化激荡的世界中得以安身立命的文化基础，这些丰富的文化滋养不仅是我们文化自信的重要源泉，也是中华文化走向未来实现更强发展的依据。

提升文化自信固然需要对博大精深的优秀传统文化进行溯源，但绝对不是躺在前人的文化成就上得意洋洋、自我陶醉，而是要在新时代进行符合世情与国情的创造性转化和创新性发展，在中国特色社会主义伟大实践中不忘本来，在继承、创新、发展中不断铸就中华文化新辉煌。不忘本来就必须系统地、深入地挖掘传统文化的历史起源、发展脉络和基本走向，确定它的独特价值标识和精神气度，同时鉴别它的历史作用和现实局限性，也就是站在新时代的历

---

❶ 习近平. 在哲学社会科学工作座谈会上的讲话［N］. 人民日报, 2016-05-18 (3).

史舞台上，在马克思主义的指导下，对浩如烟海的传统文化取其精华、去其糟粕，对真正优秀的传统文化进行创造性转化和创新性发展，让其穿越时空焕发出新时代的生命力和活力，将优秀传统文化中具有鲜明民族特色、永恒价值和艺术魅力的内容，通过现代科技和艺术方式转化为富有新时代特色、能够展现中国特色社会主义改革和发展实践的富有生命力与传播力的新时代文化。例如，讲述中华民族文化历史的舞台剧《国家宝藏》好评如潮，使人在休闲娱乐中对博大精深的中华文明肃然起敬，由衷地产生一种文化自信。《上新了·故宫》也是一档对优秀传统文化进行转化创新的节目，这档节目以历史文物为载体传播历史文化知识，采用"文化探秘加文创运营"的现代化形式解读文物背后的历史，展现历史发展和文化密码，给予观众视觉和文化知识的盛宴。《衣尚中国》节目通过对传统文化服饰的探寻，展示独具特色和标识的文化符号，寻找礼仪之邦的源与流，展现大国服饰之魅力和色彩。《登场了！敦煌》作为一档原创性文化探索节目，采用的依然是历史与现实结合的方式，以十个不同维度展现了敦煌的独特文化魅力。《上线吧！华彩少年》是一个面向青少年群体打造的对优秀传统文化进行现代化展示的舞台。《青春守艺人》也成功地对传统艺术进行了有效的传承和传播。《朗读者》《中国诗词大会》《中国成语大会》《见字如面》《典籍里的中国》《中国汉字听写大会》《诗画中国》《古韵新声》《最爱是中华》《汉字英雄》《中华好诗词》等有文化内涵的节目都产生了广泛影响，这些节目就是对优秀传统文化的成功转化和创新。

对于创新性发展，就是立足中国国情，结合时代发展的新要求，对传统文化中的优秀思想内容进行完善、拓展和提高，使其具有更强的现实功能，从而提升文化的传播力和影响力。推动优秀传统文化的转化和创新还必须在挖掘优秀传统文化的基础上，做到在形式和内容上满足现代化条件下人民对精神生活的时代要求，通过创新，"让收藏在禁宫里的文物、陈列在广阔大地上的遗产、书写在古籍里的文字都活起来。"❶否则，传统文化就会失去其价值，现代文化的发展就会没有根基和底气。特别是在文化交流日益频繁、文化交融碰撞的时代背景下，立足中华立场，在马克思主义的指导下进行传统文化的转化和发展更为必要，优秀传统文化是为我们提供文化自信之动力源泉，失去这一基础和源泉，我们就会失去文化前进的方向，断掉我们的精神根脉，而可悲地沦为历史虚无主义者和文化虚无主义者，成为西方文化的"应声虫"。

坚定文化自信，提升文化认同感和自觉意识，必须对优秀传统文化进行挖掘、提炼、继承和发展创新，只有这样，才能在新时代感受到中华优秀传统文化的魅力、影响力和感召力。概括起来有以下三点：第一，要对5000多年文明积累下来的传统文化下大力气进行深入细致的挖掘、溯源、分析、判断，在此基础上辩证取舍，去粗取精，去伪存真。第二，对挖掘出的优秀传统文化进行创造性转化和创新性发展，在此过程中坚持马克思主义方向，结合中国特色社会主义实践的需要和新的科技发展蓝图创造出新的文化，而不是简单地复制其内容、改变其形式，一定要有新突破和新思考，在新的文化实践中不断进行检验和发展。与此同时会催生新的认识和理念，反过来又会推动新理论和新文化的发展与提升。面对世界百年未有之大变局，各种思潮和价值观并存，只有坚定对自身文化基因的认同，并在此基础上进行结合时代的创新发展，才能真正做到立足传统，不忘本来，开辟未来，在中国特色社会主义伟大实践中实现文化的新辉煌，坚持和扬升文化自信，在国际交流中具有足够的底气，形成强大的影响力和吸引力，这是实现文化强国的必由之路和提升文化自信的坚定选择。第三，在坚持与实现对中华优秀传统文化创造性转化和创新性发展的过程中，坚持对中华优秀传统文化的继承和发展，绝不是厚古薄今，如果认为只要是传统的就是好的，

---

❶ 习近平在中共中央政治局第十二次集体学习时强调：建设社会主义文化强国　着力提高国家文化软实力［EB/OL］.（2013－12－31）［2022－04－23］. https://www. idcpc. org. cn/zgzc/zyhy/201912/t20191216_105914. html.

便是对创造性转化和创新性发展的严重误解，不仅不会促进中国特色社会主义的发展，反而会成为一股逆流，严重阻碍社会主义的发展和进步，不是促进文化发展而是使文化僵化倒退，这种现象一定要杜绝。对中华优秀传统文化进行"双创"的过程中，一定要坚持马克思主义的基本观点，处理好继承与创新的关系。提升文化自信，一定要坚持民族性，但必须以开放的胸怀对待传统文化与外来文化，不能盲目自信、唯我独尊。在坚持文化基因的前提下，保持与不同文化的交流与互鉴，在交流和碰撞中时刻充满活力与张力，坚持美人之美、美美与共，在和而不同中知进退谋发展，增强其影响力和创造力，为世界文化发展做出重要贡献。

（二）坚持从中国实际出发创造振奋民族精神的精品力作

坚定文化自信离不开文化、文艺的繁荣和哲学社会科学的发展。发展哲学社会科学是提升文化自信的一个重要手段，也是增强世界影响力和学术话语权的一种重要方式。在人类社会的发展中，文化起到了重要的推动作用，人类社会的每一次重大跃进都和文化的推进密不可分，而哲学社会科学和文艺的创作发展总是引领文化的发展，从而推动着社会进步。哲学社会科学的发展离不开对中华优秀传统文化的传承，在传承优秀文化基因的基础上，立足中国的伟大社会主义实践，进行贴近生活、贴近人民群众的创作；哲学社会科学的发展离不开马克思主义的指导，离不开人类文明的先进成果，更离不开火热的生活实践，实践是创作的源泉，只有在中国特色社会主义的伟大实践中，以马克思主义为指导，才能创造出具有鲜明民族特色、中国气派的哲学社会科学，进而引领中国文化的发展繁荣。发展哲学社会科学不仅要立足本国，还要有博大的胸怀拥抱来自世界各地的哲学思想，汲取适合我国社会发展的积极因素，为发展中国特色的哲学社会科学提供必要的借鉴。需要注意的是，无论是中华优秀传统文化还是世界优秀文化，都不能生搬硬套，而是要在马克思主义的指引下进行转化、吸收，创造出体现中国价值、中国气派、中国特色的哲学社会科学，为中国的文化发展和世界文明的发展进步做出新贡献。

第四节　在构建中国特色学科体系和话语体系中提升文化自信

（一）构建具有鲜明中国特色的哲学社会科学体系

习近平总书记多次强调中国特色学科体系要体现中国特色、中国风格和中国气派，构建具有鲜明中国特色的哲学社会科学体系是提升文化自信的重要路径，这不仅需要高屋建瓴，而且需要注重其与中华优秀传统文化的融合创新发展。当今世界，中国文化与西方文化互动、传统文化与现代文化并存，来自不同国家、不同地区的各种思潮、学术流派和研究范式相互激荡，在这样的大背景下，必须坚持以马克思主义为指导思想，立于中国实际，进行中国特色学科体系建设，这样才能抢占国际学术话语权，推动中国哲学社会科学与西方主流学术思想展开平等、有尊严的对话。中国学者要努力构建具有鲜明特色、权威性和说服力的评价体系，《人文社会科学期刊评价》（GB/T 40108—2021）和《人文社会科学智库评价指标体系》（GB/T 40106—2021）两项国家标准的制定与发布，是哲学社会科学评价体系构建方面的重要研究成果，是哲学社会科学评价向标准化、科学化、精准化发展迈出的重要一步。

我国学术界虽然在哲学社会科学方面还深受西方评价体系的影响，在很大范围内难以摆脱其框架和制约，但是我们有义务、有能力在新时代中国特色社会主义伟大实践的基础上实现理论的创新和突破，构建起具有鲜明中国特色和标识的新时代哲学社会科学评价体系，在国际哲学社会科学评价中清晰而响亮地发出中国学者自己的声音。中国哲学社会科学评价体系的构建是一个复杂的工程，需要注意以下三个方面：一是要深刻认识构建中国特色哲学社会科学评价体系的重大意义和适用范围，既要体现当代中国特色社会主义发展的特点，又要具有国际推广价值；二是要准确把握构建中国特色哲学社会科学评价体系的原则和方法，既要坚持马克思主义又要发展马克思主义，既要保持民族性又要具有世界视野；三是要以高度的文化自信和家国情怀实现中国特色哲学社会科学评价事业的高质量发展，在国际舞台上彰显新时代文化自信。

（二）构建具有中国气派的国际话语体系

提升文化自信需要构建具有中国气派的国际话语体系。伴随着经济实力和科技实力的增强，中国逐渐在国际舞台上展现出负责任大国的历史担当，发挥着越来越重要的作用。但是，由于各种历史和现实因素的影响，中国的国际话语权和影响力还远远落后于其经济社会发展速度。中国的学术话语权未能与其经济社会发展相匹配的原因在于西方中心主义的严重制约，一个言必称西方的话语体系无法满足中国社会的发展需要，更无法指导中国特色社会主义道路的发展推进。跟在西方话语体系后面亦步亦趋只能成为西方国家的附庸，只能将话语权主动放弃。因此，需要打破西方话语体系的制约，构建和确立自身在国际舞台上的话语权体系，这影响到中华民族伟大复兴和构建人类命运共同体的进程。

构建具有中国气派的国际话语体系需要以高度的理论创新和雄厚的学术成果为支撑。独立、科学的学术话语体系必须建立在相对成熟的理论体系之上，中国和平崛起的伟大社会主义实践为理论创新和学术成果的积淀提供了丰厚的现实土壤，成为宝贵的创作源泉。世界正在以前所未有的眼光聚焦中国的发展奇迹，国际社会在以极大的热情关注和倾听中国声音，我们要抓住这一机遇，把中国发展的成功经验上升为理论并进行推广。中国道路的成功经验蕴含着深刻的道理，中国特色社会主义发展道路具有世界意义，为人类发展路径提供了现实选择。目前，西方提供的模式已经陷入困境，中国的经验与和平发展道路为发展中国家的国家建设和对外关系处理提供了一种可以借鉴和推广的可能性，为世界社会科学话语体系把目光投向中国创造了机会。一种独立的学术话语体系还应建立在比较成熟的理论和丰富的学术成果基础上，必须采用具有中国特色，既包含民族历史文化又具有鲜明国际话语辨识度的表达方式，这是一个复杂的工程，不是一蹴而就的，需要具备坚定的文化自信来承担这一使命。新时代构建具有中国特色、中国气派的话语体系需要做好如下两点：首先，在马克思主义指导下，把具有中国特色的社会主义实践升华为理论，用科学的、融通中外的新概念、新范畴、新提法将这些理论鲜活生动地展现出来。其次，要以开放的视野和宽广的胸怀对接世界话语体系，充分吸收和借鉴世界不同国家的进步思想文化，加强与国际学术话语体系的交流和合作，既不盲目自尊自大也不妄自菲薄，在交流互鉴中提升具有中国特色、中国气派的学术话语体系的水平，实现西方学术话语的中国化和中国学术话语的世界化表达。

总之，构建当代中国特色国际话语体系是一个发展的过程，其根本目的是总结中国特色社会主义发展经验，服务于中国现实和着眼于中华民族伟大复兴，同时推广中国经验服务于人类社会的未来前途和命运。具有中国特色、中国气派的国际话语体系构建是面向世界的，是让世界聆听中国发展的声音，让拥有5000多年历史底蕴的中华文明再创辉煌、巍然屹立。

第五节　在加强宣传思想工作中提升文化自信

（一）创新宣传手段，大力推进宣传思想工作

提升文化自信不仅需要以深厚的文化底蕴和丰富的文化内涵为基础，还需要借助先进的宣传媒体优化内容来提升文化的吸引力和传播力。新时代的宣传思想工作要做到"举旗帜、聚民心、育新人、

兴文化、展形象"❶，高举马克思主义旗帜，加强对主流价值观的宣传，增强马克思主义的舆论影响力，这是各级宣传思想工作者的历史使命和新时期推进宣传思想工作的着力点。正如习近平总书记所说："信息化为中华民族带来了千载难逢的机遇。"❷ 我们要抓住这一千载难逢的机遇有效占领网络空间，重视和发展互联网空间的传播渠道，把中国发展圆梦的故事通过动漫、动画、短视频、微电影、电影、电视等各种现代形式展现出来，把中国故事和现代科技、人工智能深度融合，增加讲好中国故事、传播好中国声音的渠道，满足不同国家、不同民族、不同年龄和不同职业群体的文化需求，构建起立体的、全面的文化传播方式。创新宣传形式不是一句简单的口号，而是需要宣传工作者花费大力气去研究、思考、学习、超越和创新，不仅要掌握良好的科技融合技术，还必须具备创新的理念、国际的视野以及深厚的文化底蕴和家国情怀。只有具备了创新的理念，才能融合现代科技手段，真正实现宣传手段的创新和突破。

　　创新宣传手段需要做到以下几点：第一，创新宣传手段的出发点和最终指向都是服务于人民群众，因此，塑造一批具有共产主义远大理想和坚定践行中国特色社会主义道路的宣传思想工作者是关键，"重中之重是要以坚定的理想信念筑牢精神之基"❸。第二，积极发挥"互联网＋"的强大功能，创造出具有鲜明中国标识的文化载体，创新传播手段，扩大受众范围，增强中华文化的传播力和吸引力。例如，《花木兰》《功夫熊猫》等带有明显中国元素的电影，由于动漫元素的加入而获得了不错的票房和影响力；而电影《阿凡达》则融合了现代科技元素，增强了其表达效果和影响力。这些创新手段可以为我们的宣传思想工作提供一些借鉴。第三，坚持做到虚实结合、点面结合。重视重大理论的主题宣传，同时要善于抓住关键细节的基层典型示范，使主题宣传的引领作用与基层典型

❶ 习近平. 习近平谈治国理政：第一卷［M］. 北京：外文出版社，2014：312.
❷ 习近平. 习近平谈治国理政：第三卷［M］. 北京：外文出版社，2020：305.
❸ 习近平. 习近平谈治国理政：第一卷［M］. 北京：外文出版社，2014：313.

的示范作用有机结合，做到有点有面，增强宣传实效性。

（二）讲好中国故事，积极推进文化交流

"讲好中国故事、传播好中国声音，向世界展现真实、立体、全面的中国"❶是新时代宣传工作者展现中国形象的责任和使命。讲好中国故事首先要讲真实的中国发展故事，伴随着中国经济的快速发展和综合国力的日益提升，中华民族实现了从站起来、富起来到强起来的伟大跨越。中华民族已经在实现伟大复兴的道路上进入一个不可逆转的阶段，越接近这一目标，越需要凝聚中国人民的力量，从而需要坚定文化自信，讲好中国在发展圆梦过程中的故事，这些故事要充分体现中华民族在中国共产党的坚强领导下，呈现出的巨大革命热情和顽强拼搏精神，如何战胜了前进道路上一个个看似不可战胜的艰难险阻，如何成功实现了"第一个百年"奋斗目标，以及中国共产党如何贯彻以人民为中心的发展战略，如何在世界风云变幻的环境下坚定地走出了中国特色社会主义道路。

讲好中国故事，是树立中国负责任大国形象的需要，是凝聚中华民族力量的需要，是推动构建人类命运共同体的需要；与此同时，也是对曲解和质疑中国特色社会主义的有力回击。尽管中国的经济发展和社会进步有目共睹，但质疑中国特色社会主义道路的声音仍不绝于耳，"中国威胁论""中国崩溃论""马克思主义过时论"仍在一定范围内传播，因此更加迫切地需要我们发出中国的响亮声音。西方学者、智库研究者乃至政府情报分析部门以及基金经理人等都在投入时间和金钱研究中国，然而他们得出的结论却是大相径庭，不管是预测未来中国崩溃还是中国崛起威胁的理论，都不是依据全面的、真实的中国做出的理性预判，不管是经济学家、政治学家还是社会学家的分析，都是基于其本身的立场而不是客观的立场，这样的研究和分析是雾里看花、一叶障目不见泰山，不仅脱离中国实

---

❶ 习近平. 习近平谈治国理政：第一卷［M］. 北京：外文出版社，2014：312.

际，而且是带着有色眼镜的片面分析，具有很大的迷惑性和局限性。中华人民共和国成立后，面对非常复杂和艰难的国内外环境，在一穷二白的情况下克服了种种困难，奠定了工业化基础，在科技和国防方面也实现了突破。在改革开放以前，中国面临着严重的经济和政治问题，改革开放后又经历了价格双轨制、国有企业重大改革等考验。现在鼓吹"中国崩溃论"的那些依据根本不能与当时中国面临的困难相提并论，当时各方面相对落后的中国都没有崩溃，今天作为世界第二大经济体的中国所面临的困难相对还不那么严重，怎么就能够确定中国"即将崩溃"？● 西方国家对中国的看法多数来源于这些不确定、不全面的理论，让西方了解一个全面、立体的中国，让中国特色社会主义文化发挥应有的影响力，必须破除西方文化中心论，反对文化霸权主义。

在世界百年未有之大变局下讲好中国故事、传播好中国声音显得更为重要，这是新时代宣传工作者的重要使命和责任，正如习近平总书记所说："我们有本事做好中国的事情，还没有本事讲好中国的故事？"● 讲好中国发展故事、圆梦故事是中国日益走向世界舞台中心、展现中国文化自信的必经之路，也是提升中华文化影响力、拥有国际话语权的时代要求。讲好中国故事，提升国际话语权，首先要求宣传工作者弘扬时代主旋律，在国内的各个宣传平台和全球范围内广泛传播具有中国特色、中国风格、中国气派的中国故事，在此基础上积极推进文化交流，同时也广泛吸纳、借鉴其他国家的积极内容来发展中国特色社会主义文化，在文化的交流中增加共识，让更多国家和地区理解发展中的中国，读懂中国故事，展现中国特色社会主义的魅力，更好地参加全球话语权的争夺，向全世界展现中国价值和中国力量。

● 刘杉. 2015 年以来西方当代中国研究的两个热点："中国崩溃论"和对华政策反思［J］. 国外社会科学，2016（3）：72-81.

● 习近平. 当前工作中需要注意的几个问题［N］. 人民日报，2014-10-23（1）.

第六节　在交流镜鉴中提升文化自信

（一）展现中华文化的独特魅力和影响力

中华文化源远流长、博大精深，在悠久的历史中积淀出独具特色的深厚文化底蕴，铸就了文化自信的底气。文化的发展不是孤立的，它和经济、政治发展密切相关，以史为鉴可知兴替，中华文化的发展离不开中国经济的腾飞。与此同时，要实现文化的发展也不能盲目自大和固步自封，文化自信需要在展现中华文化独特魅力的基础上扩大其影响力，推动中华优秀传统文化的转化和创新，使其更具时代特色和影响力；应对独具特色的革命文化进行广泛、深入的传播，使其丰富的精神内涵惠及更多人。中华文化是一个完整的独特文化体系，坚定文化自信就要展现其独特性，正如习近平总书记所说："提高国家文化软实力，要努力展示中华文化独特魅力。"❶这就要求我们主动开放、双向开放、公平开放、全面开放、共赢开放，全面提高对外开放质量和水平，文化发展亦应如此。历史和实践表明，要实现中华民族伟大复兴的中国梦，就必须主动顺应全球化进程，积极融入国际社会。

中国文化曾在一个相当长的历史时期荣耀于世界，那时的中国人对本国文化自信满满。究其原因，关键就在于中国文化通过对外开放吸收借鉴了其他文化的有益之处，使文化体系内部始终因为新鲜血液的注入而充满活力。当今的世界依旧是一个开放的世界，这是中国文化全面复兴的有利契机，也是提升文化自信的历史机遇。因此，我们要"促进不同文明、不同发展模式交流对话，在竞争比

---

❶ 习近平在中共中央政治局第十二次集体学习时强调 建设社会主义文化强国　着力提高国家文化软实力［N］．人民日报，2014－01－01（1）．

较中取长补短，在交流互鉴中共同发展。"❶

（二）提升文化自信要"引进来"和"走出去"

任何一个民族和国家的文化都有其存在的价值与意义，都有值得我们学习的有益之处。"我们不仅要了解中国的历史文化，还要睁眼看世界，了解世界上不同民族的历史文化，去其糟粕，取其精华，从中获得启发，为我所用。"❷ 新时期中国最鲜明的特征是实施了改革开放政策，践行文化自信，就是要增强与世界各国文化和文明的交流。我们要信心满满地向世界介绍中国的道路、理论和制度，向世界介绍中国悠久的历史和灿烂的文化，向世界阐释能够展示中国发展雄心和自信的"中国方案"。每一个中国人都是中国故事的讲解者，我们要时刻怀有一颗赤诚之心，以自己的行动向世界展示中国的美好。文化自信最终要体现在人民群众对自身文化的认同和满足上。人类需求像阶梯一样从低到高按层次分为生理需求、安全需求、社交需求、尊重需求和自我实现需求，文化需求属于一种较高的需求，因而我们在大力发展经济的同时，也要大力发展文化教育事业，让每一个公民都能够享受到文化的滋养，不断提升人们的精神品位和价值追求，使人民群众坚定文化自信。

推动中国文化走向世界，就要创新文化传播方式，综合运用传统媒体和新媒体，增强中国文化的传播力；要用通俗易懂的话语全面、透彻地阐述中国精神，让更多外国民众了解真实的中国、立体的中国，增加中国文化的亲和力；要围绕世界发展面临的重大问题阐发中国理念，提出中国方案，构筑中国文化影响力。

---

❶ 中共中央宣传部．习近平总书记系列重要讲话读本［M］．北京：学习出版社，人民出版社，2016：266．

❷ 习近平．在中央党校建校 80 周年庆祝大会暨 2013 年春季学期开学典礼上的讲话［M］．北京：人民出版社，2013：10．

（三）在镜鉴外来文化中提升文化自信

在国际交流日益频繁的情况下，我们应当立足发展中国特色社会主义文化的实际，吸收借鉴外来文化中的精华，使中国特色社会主义文化具有更强的吸引力和发展潜力，为文化自信理论增添新内容和新元素。提升文化自信必须反对文化自卑、妄自菲薄，同时也不能固步自封、夜郎自大。国外对文化的研究较多，许多学者的文化理论已经形成独立、系统的体系，引起了学术界的关注与思考，虽然这些学者没有提出文化自信的概念，但是他们关于文化的一些观点对于我们研究新时代文化自信理论具有一定的借鉴意义。其中比较有代表性的有文明冲突论、葛兰西的霸权理论、"软实力"理论和历史终结论。

1. 文明冲突论

20 世纪以来，特别是冷战后，世界格局的决定因素越来越复杂，在这种复杂的经济政治秩序中，文明被认为是对冲突最具决定性影响的因素。虽然世界上不只有中华文明，但中华文明在世界文化发展中发挥了重要的引领作用，为推动世界文化传播做出了不可磨灭的贡献。哈佛大学教授塞缪尔·亨廷顿认为，冷战后世界格局发生了深刻的变化，冲突的根源是文明的冲突而不是意识形态的冲突。他指出，西方文明的重要价值体系比较完备，而新兴文明也不可忽视。❶亨廷顿特别强调文化对冷战后世界的影响不可忽视，它既可以分裂世界又可以统一世界。

2. 葛兰西的霸权理论

葛兰西的霸权理论是在 20 世纪初提出来的。葛兰西是一位意大

---

❶ 亨廷顿. 文明的冲突与世界秩序的重建（修订版）[M]. 周琪，刘绯，张立平，等译. 北京：新华出版社，2010：6.

利政治家和马克思主义理论家，他的《狱中札记》被英国第二代新左派理论家佩里·安德森称为"西方马克思主义传统中最伟大的作品"。葛兰西的霸权理论初见于其未完稿的论文《南方问题笔记》，他所阐述的霸权包括政治领导权与文化领导权，早期理论偏重于政治霸权，后期则偏重于文化霸权。葛兰西所阐述的政治霸权和文化霸权是针对不同阶级而言的，政治霸权针对的主要是敌对阶级，而文化霸权针对的则是从属阶级和属下阶层。他认为无论哪一个统治集团，如果想进行有效的统治，首先就要掌握文化领导权。他把领导权认定为智识和道德的领导权，这超出了单一的阶级意识形态的概念，带有阶级联盟的色彩，因而使主导阶级和从属阶级在很多领域，如思想文化和经济利益方面达成了一定的妥协或者统一。其早期的理论指出，政治霸权依靠的是"暴力"，而文化霸权依靠的是"共识"。❶

3."软实力"理论

"软实力"的概念来源于西方，是由美国学者约瑟夫·奈在新的时代背景下，根据政治、经济和文化发展水平的影响力的此消彼长提出的。20世纪90年代，随着美国国力的增强，文化的影响力也在与时剧增，为了阐释文化影响力的重要价值，约瑟夫·奈在其于《外交杂志》上发表的论文"软实力"中第一次提到"软实力"的概念。软实力是相对于硬实力而言的，主要指国家的文化吸引力，软实力与文化的性质和表达形式密切相关，软实力的发展和经济、政治、科技实力互为支撑，没有经济的支撑，没有科技的发展，就没有文化影响力。软实力以无形的力量控制着有形的力量，主要是以行为模式、价值观念和国民素质等综合指标来衡量文化软实力的强弱，无形的力量和有形的力量互为前提、互相支撑，共同实现影响他人的目的。

---

❶ 陶水平.文化研究的学术谱系与理论建构［M］.北京：社会科学文献出版社，2019：980－983.

4. 历史终结论

随着苏联解体和东欧剧变，一些学者开始重新思考人类未来社会的走向，冷战结束以后，有些人认为共产主义的失败似乎不可避免，其中日裔美籍政治学者弗朗西斯·福山就是持这一观点的典型代表，他提出的历史终结论的本质就是共产主义失败论。其"历史的终结"一文标志着历史终结论作为一个完整理论的出现，面对苏联的解体、东欧的剧变，虽然马克思主义的信仰者可能还会在一些地方出现，但资本主义在当时获得了全面胜利。历史终结论带有一种对西方意识形态的傲慢和自信，弗朗西斯·福山试图断言历史，但其理论体系存在很多漏洞，冷战结束后的和谐注定是一种错觉。在 20 世纪 90 年代初，正如亨廷顿所说："发生了大量的种族冲突和'种族清洗'，不同文明带来很大的差异和冲突，有的甚至是灾难，与此同时，一个正在兴起的中国日益自信。"❶

---

❶ 亨廷顿. 文明的冲突与世界秩序的重建（修订版）[M]. 周琪，刘绯，张立平，等译. 北京：新华出版社，2010：10.

第五章　新时代文化自信理论的特点及重要价值

　　新时代文化自信理论是立足中华民族伟大复兴的国内现实需要提出的，在中国特色社会主义的丰富实践中不断发展完善，逐步构建起内涵丰富、立体多面的新时代文化自信理论。这一理论是新时代中国特色社会主义思想的重要组成部分，具有马克思主义理论的本质特征，具有鲜明的中国特色和时代特色，是中国的也是世界的，可以为中国特色社会主义文化指明发展方向，同时也为世界文化大花园贡献具有鲜明民族特色的文化思想，为人类社会的发展指出一个新的方向。新时代文化自信理论具有鲜明的政治性、与时俱进的时代性、持久的人民性和独具特色的民族性特点。新时代文化自信理论既是对中华优秀传统文化的继承和转化创新，也包含了对革命文化的传承和弘扬，在时代的发展中再现革命文化的非凡感召力和激扬的革命精神。社会主义先进文化具有资本主义文化和封建文化无可比拟的优越性，它以马克思主义为指导，因其科学性和真理性而显示出伟大的生命力与感召力，社会主义先进文化是全体中国人民共同奋斗的思想基础。新时代文化自信理论内涵丰富，但是其各个组成部分是紧密联系的统一整体，其核心是价值观自信，统一服务于中华民族伟大复兴的总目标，为新时代中国特色社会主义文化发展指明方向，带领中华民族走向第二个百年奋斗目标，为世界发展的繁荣稳定提供重要价值。

第一节　新时代文化自信理论的特点

新时代文化自信理论立足中国特色社会主义的伟大实践，具有鲜明的政治性、时代性、民族性和人民性。

（一）政治性

新时代文化自信理论的提出是新时代中国共产党思想建党、理论强党新探索的一个重要组成部分，它立足中华民族伟大复兴的政治命题，不仅是一个学术问题，同时也具有鲜明的政治性。首先，文化自信概念是在复杂的国际国内背景下提出的，面对国际上西方国家各种形式的文化侵略、无孔不入的文化渗透，一些国人对西方文化盲目崇拜，以洋为尊、以洋为美，一切以西方价值观为评判标准，与此同时对中国悠久的历史和灿烂的文化则不屑一顾，因不了解中国而陷入矮化中国历史和文化的泥潭，严重者甚至陷入了文化虚无和历史虚无的陷阱，割断了历史，阻断了中华民族的精神命脉。"一个抛弃了或者背叛了自己历史文化的民族，不仅不可能发展起来，而且很可能上演一场历史悲剧。"❶ 从这个意义上说，文化自信概念的提出具有重要的政治意义，它关乎国家的未来发展和文化安全。

其次，新时代文化自信理论是一个系统的和动态的整体性理论。文化自信不单纯是中国特色社会主义文化层面的自信，它作为一个更基础、更广泛、更深厚的自信支撑着其他"三个自信"，同时道路自信、理论自信和制度自信也在不同层面和不同程度上对文化自信的内涵和外延进行补充、丰富与发展。文化自信反映出我们对道路自信、理论自信和制度自信的自信程度，也反映出政治、经济、文

---

❶ 中共中央文献研究室．习近平关于社会主义文化建设论述摘编［M］．北京：中央文献出版社，2017：12.

化和社会的协调发展水平，是实现中华民族伟大复兴的思想基础和精神指引，没有文化自信的支撑，就不可能实现民族复兴的伟大梦想。相较于其他三个自信，文化自信更基础、更广泛、更深厚，只有真正做到文化自信，才能把我国建设成社会主义文化强国，推动我国社会主义现代化事业再创辉煌，实现民族复兴的梦想。

文化自信关乎民族复兴大业能否实现，关乎民族精神是否独立，关乎国家的文化是否安全。在推进中华民族伟大复兴中国梦的历史进程和伟大实践中，我们面临着西方敌对势力的西化、分化陷阱，以及西方各种社会思潮的干扰：新自由主义、新官僚资本主义、国家资本主义、民主社会主义、宪政民主以及"普世价值"等。面对新兴大国与守成大国之间的所谓"修昔底德陷阱"，国际社会抹黑、唱衰、污蔑中国的言论不绝于耳，比如有些西方学者抛出"中国威胁论"，试图遏制中国发展，唱衰中国的"中国崩溃论"也在一定范围内存在。这些言论恶意歪曲事实、制造假象，丑化社会主义中国的形象，引导社会舆论对抗中国，消解中国道路在亚洲、欧洲、美洲等地区的影响力，使中国的国际形象大打折扣，在国际社会上造成了对中国的严重负面影响，在国内则企图动摇民心，进行意识形态的渗透和干扰，误导舆论妄图动摇中国共产党的执政基础，分裂国家和颠覆中国共产党的领导，最终目的是阻止中国的进一步发展和超越。因此，文化自信具有鲜明的政治意义，它和其他"三个自信"一起发力，共同推动中国特色社会主义伟大实践的发展，并为之注入精神动力。

（二）时代性

新时代文化自信理论的提出和形成绝非偶然，它是立足民族复兴的时代条件下实现文化繁荣的必然结果，具有鲜明的时代性。文化自信不是从来就有的，而是伴随国家实力的增强而产生的，与此同时又随着综合国力的提升而发展强大，助力综合国力达到新阶段。在积贫积弱的年代，我们处于对自身文化持续怀疑的阶段，文化自卑和文化失落伴随着中国近代的早期探索。从器物选择到制度选择再到文化选择，从抛弃传统文化到出现"全盘西化"的思潮，直至最终坚定地选择了马克思主义。马克思主义作为一面精神旗帜，指导中国人民取得了新民主主义革命的胜利以及社会主义建设和改革的巨大成功。社会主义伟大实践给予了我们自信的底气，伴随着中国人民富起来和强起来的过程，文化的地位日益彰显。特别是进入新时代以来，中华民族伟大复兴的光明前景展现在我们面前，此时文化自信被提升到"四个自信"中的基础性地位，没有文化自信的支撑，就难以实现真正的现代化。中国特色社会主义事业已经发展进入一个关键时期，国内经济发展进入高质量发展阶段，人民对物质文化生活水平的要求在不断提高，不管是生活品质需要，还是科技发展创新之急迫，都热切呼唤高度文化自信和文化的繁荣发展，在实现中华民族伟大复兴的道路上创造文化新辉煌。审视复杂的国际环境，出于国家文化地位与国家安全的考虑，必须坚定文化自信，只有做到文化自信，才能有效面对来势汹汹的强势文化之冲击与渗透，才能在不同意识形态之间的交流与碰撞中站稳脚跟，才能在国际共产主义运动的低迷期坚定中国特色社会主义道路。文化自信是道路自信、理论自信和制度自信的基础，没有文化自信的支撑，其他自信就没有赖以实现的基础；失去文化自信，"四个自信"就会不复存在。因此，习近平总书记多次强调文化自信的基础性地位，深刻指出文化自信是更基础、更广泛和更深刻的自信。文化发展与政治发展、经济发展、生态文明都有密切的关系，社会越发展，文化的地位就越重要。

文化自信的时代性表现在随着时代发展，文化自信的内容也在与时俱进地发展。新时代文化自信理论的形成过程就是一个文化自信由创立到发展的渐进过程。这一理论是在新时代民族复兴的光明前景展现在我们面前的情况下提出的，与时代同步推进，与实践一起发展，具有鲜明的时代性。坚守初心和使命，就要明确"干什么"的问题。如何为中国人民谋幸福、为中华民族谋复兴？其根本途径就是要坚持和发展中国特色社会主义。中国特色社会主义不是照搬照抄的舶来品，它在马克思主义的指导下从历史中走来，在中国焕发出强大的生机和活力。这一具有鲜明中国特色的社会主义是在中国共产党领导的近百年的伟大革命实践中孕育成长的，是在改革开放四十多年的伟大实践中得来的，是在中华人民共和国成立 70 多年的持续探索中得来的，同时也是在鸦片战争以来整个中华民族由被动挨打走向强大复兴的艰难历史进程中得来的，是对悠久灿烂的中华传统文化的继承与发展，是中国共产党和各族人民历经苦难、付出巨大代价后取得的硕果。

在世界文明发展史上，中华民族以高度的文明著称于世，虽几经磨难但绵延至今，影响深远。在"文景之治""贞观之治""康乾盛世"等繁荣时期，整个经济社会空前发展，带动了亚洲周边的交流和发展，"丝绸之路"架起了中外经济、文化交流的桥梁，书写了人类文明繁荣的壮丽篇章。鸦片战争以来，腐朽没落的清末统治阶级闭关锁国安于现状，使中国错失工业化机遇，落后于世界发展脚步，民族复兴成了中国人民的梦想。为了实现民族复兴，无数仁人志士上下求索，探求民族独立和人民解放，但却一次又一次地以失败告终。在历史的关键时刻，中国共产党在马克思主义的指导下应运而生，这一开天辟地的重要历史事件对近代以后中华民族发展的方向和进程影响深远，对中国人民和中华民族的前途与命运影响深远，对世界发展的趋势和格局也影响深远。

文化自信必须坚持中国道路和中国气派，中华民族的伟大复兴是坚持中国道路的结果，其光辉历程彰显出鲜明的中国气派；中国特色的革命道路和建设道路符合马克思主义的理论逻辑与中国社会发展的历史逻辑，从农村包围城市、武装夺取政权的革命道路的开辟到中国特色社会主义道路的提出，从揭开改革开放的序幕到进入中国特色社会主义新时代，中国共产党一直都是在初心使命的引领下探索如何让中国人民过上好日子、如何实现民族复兴的中国特色道路。在探求适合中国国情道路的历史进程中，中国共产党扎根人民、依靠人民，跨过一道道坎、越过一座座山，冲破层层阻碍才取得了一个又一个胜利，为中华民族的发展做出了卓越贡献，实现了伟大的历史性飞跃。习近平总书记在多个场合强调指出："当今世界，要说哪个政党、哪个国家、哪个民族能够自信的话，那中国共产党、中华人民共和国、中华民族是最有理由自信的。"❶ "今天我们比历史上任何时期都更接近中华民族伟大复兴的目标，比历史上任何时期都更有信心、有能力实现这个目标。"❷ 国家统计局报告称，2013—2018 年我国经济年均增长率为 7.0%，明显高于世界同期 2.9% 的平均增长率，我国对世界经济增长的年均贡献率为 28.1%，居世界第一位，成为世界经济增长第一引擎。这些成就充分说明中国特色社会主义道路是中国人民实现美好生活、实现中国梦的必由之路，中国特色社会主义理论体系是被历史证明符合中国国情的正确理论。根据时代发展的要求，我们必须在中国共产党的领导下坚持和完善中国特色社会主义制度，这是当代中国发展进步的根本制度保障。中国特色社会主义文化反映了中华民族最深沉、最持久的精神追求，是激励中国人民奋勇前进的精神动力，是推进社会主义现代化建设和取得"四个伟大"胜利的强大精神动力。❸ 面对世情、国情、党情的深刻变化，每个中国共产党人更要坚守初心使命，抓住历史机遇，坚定走中国特色社会主义道路，以中国特色社会主义先进文化凝聚起十几亿中华儿女的磅礴力量，推动中国特色社会主义走向更光辉的未来，不断创造更多奇迹，向世界展现中国特色社会主义道路的强大生命力。

---

❶ 习近平. 在庆祝中国共产党成立 95 周年大会上的讲话 [M]. 北京：人民出版社，2016：12.

❷ 习近平. 在庆祝中国共产党成立 95 周年大会上的讲话 [M]. 北京：人民出版社，2016：27－28.

❸ 李庆. 初心·自信·理性：关于新时代中国共产党精神的新思考 [J]. 重庆理工大学学报（社会科学版），2018（8）：125.

（三）民族性

新时代文化自信理论的一个重要内容就是中华优秀传统文化，优秀传统文化所蕴含的丰富民族精神资源是我们能够立足世界文化之林的重要精神支撑。坚持对优秀传统文化进行创造性转化和创新性发展既符合时代发展与社会主义现代化建设的要求，也符合中华优秀文化自身的发展规律。优秀传统文化具有民族性，经过5000多年的传承与发展，逐步形成了具有中国独特价值和独特标识的文化体系。中华优秀传统文化的独特标识——汉字以及以汉字为载体的文学、艺术等已成为具有中国特色的世界文化景观。中华优秀文化以开放的胸怀融通各种资源，立足中国特色社会主义伟大实践不断创新和发展，其独特的价值理念和精神力量对中华民族产生了深刻的影响，这种影响不仅体现在历史长河中，在新时代也展现出其穿越时空的魅力，在文化交流激荡的世界舞台上展现出中华民族独特的价值观和影响力，给中国和世界带来了更为广泛和深远的影响。中华优秀传统文化历经几千年的洗礼和沉淀，其丰富的民族精神和独特的价值是中华民族在世界文化激荡中保持自信的深厚文化根基。

文化是不断发展变化的，中华优秀传统文化具有鲜明的民族特色，只有赋予其时代性的内容，才能在新时期社会主义现代化建设中发挥巨大的文化精神力量。民族性是文化的重要特征之一，也是对外交流中的重要文化支撑。没有民族文化的支撑，就难以实现民族的独立和发展。对于具有鲜明民族特色的优秀传统文化和革命文化，我们要在继承中发展，在发展中创新。

（四）人民性

新时代文化自信理论要回答的一个重要问题是"为了谁"，这是文化自信理论的主体性问题。文化自信程度和国家政治、经济的发展紧密联系、互相促进，在国际竞争日益加剧的今天，国家与国家之间的竞争越来越依赖于国民文化自信程度，它也直接影响着国民文化素质以及文化的影响力、吸引力和凝聚力。

为中国人民谋幸福实际上回答了"为了谁"的问题。"时代是出卷人，我们是答卷人，人民是阅卷人。"❶ 这一论述充分彰显了中国共产党人的为民情怀和强烈的使命担当。事实证明，坚守初心使命，坚持人民至上，就必须始终与人民同呼吸、共命运、心连心，践行以人民为中心的发展思想，自觉把群众路线贯穿于治国理政全过程，把人民当家作主落实到国家政治生活和社会生活之中，把人民拥护不拥护、赞成不赞成、高兴不高兴作为检验工作的根本标准。"中国执政者的首要使命就是集中力量提高人民生活水平，逐步实现共同富裕"❷，"人民对美好生活的向往就是我们的奋斗目标"❸，要使党的根基永远深扎在人民之中。习近平总书记明确指出："我的执政理念，概括起来说就是：为人民服务，担当起该担当的责任"❹，"我将无我，不负人民"❺。党的十八大以来，习近平总书记作为国家和社会发展的领航者，始终坚持以人民为中心的根本立场，把以人民为中心的发展思想作为基本施政准则，把实现人民对美好生活的向往作为根本价值追求，着力解决人民反映最强烈、最现实的问题，人民的幸福指数和满意度持续提升、国家主人翁意识明显增强，民族复兴的伟大力量在不断汇聚。

"为中国人民谋幸福"充分体现了马克思主义的唯物史观，也是对中华优秀传统文化的继承和发展。从中华传统文化来看，民本思想源远流长，是我国自古以来治国理政的精髓，肇始于夏商周时期，发展于春秋战国时期，定型于汉代，此后历朝历代虽有所演变，但其思想主旨始终没有变化。从历史唯物主义来看，马克思主义的重

---

❶ 习近平. 习近平新时代中国特色社会主义思想学习纲要［M］. 北京：学习出版社，人民出版社，2019：43.

❷ 习近平. 习近平谈治国理政：第二卷［M］. 北京：人民出版社，2017：30.

❸ 习近平. 习近平谈治国理政：第一卷［M］. 北京：外文出版社，2014：3.

❹ 习近平谈执政理念：为人民服务，担当起该担当的责任［N］. 人民日报，2014－02－19（2）.

❺ 习近平. 习近平谈治国理政：第三卷［M］. 北京：外文出版社，2020：144.

大贡献就是强调了人民在推动历史发展中的主体地位和根本作用，这一思想成为马克思主义的理论基石之一。马克思主义是人民的理论，人民性是其最鲜明的品格，强调群众给历史规定了它的"任务"和它的"活动"，历史活动是群众的活动，"历史本来不是帝王将相创造的，而是劳动人民创造的"❶，承认人民的主体地位，明确人民群众是历史的真正创造者，是推动社会进步的决定性力量。"世间一切事物中，人是第一个可宝贵的。在共产党领导下，只要有了人，什么人间奇迹也可以造出来。"❷ "人民，只有人民，才是创造世界历史的动力。"❸

毛泽东在多个场合强调全心全意为人民服务的重要性，他在"两个中国之命运"中指出："我们应该谦虚，谨慎，戒骄，戒躁，全心全意地为中国人民服务。"❹ 1945 年，毛泽东在"论联合政府"报告中说道："全心全意地为人民服务，一刻也不脱离群众。"❺ 他在"关于重庆谈判"里曾经形象地把共产党人比作种子，把人民比喻为土地，强调共产党人无论到了哪里都要同那里的人民结合起来，并且要在人民中间生根、开花。毛泽东作为中国共产党的第一代领导核心，坚持密切联系群众，一切从人民的根本利益出发，一切言论和行动以符合最广大人民的利益为根本标准。邓小平在"关于国防工业企业的整顿"里强调："一定要关心群众生活。这个问题不是说一句话就可以解决的，要做许多踏踏实实的工作。"❻ 在"高级干部要带头发扬党的优良传统"中，他用幽默生动的实例阐述密切联系群众的重要性，多次指出要关心群众，"只要你关心群众，同群众打成一片，不仅不搞特殊化，而且同群众一块吃苦，任何问题都容

---

❶　毛泽东. 毛泽东文集：第四卷［M］. 北京：人民出版社，1996：325.
❷　毛泽东. 毛泽东选集：第四卷［M］. 北京：人民出版社，1991：1401.
❸　毛泽东. 毛泽东选集：第三卷［M］. 北京：人民出版社，1991：1031.
❹　毛泽东. 毛泽东选集：第三卷［M］. 北京：人民出版社，1991：1027.
❺　毛泽东. 毛泽东选集：第三卷［M］. 北京：人民出版社，1991：1094.
❻　邓小平. 邓小平文选：第二卷［M］. 北京：人民出版社，1994：27.

易解决，任何困难都能够克服"❶。江泽民在党的十五大报告中指出："我们党来自人民，植根于人民，服务于人民。建设有中国特色社会主义全部工作的出发点和落脚点，就是全心全意为人民谋利益。"❷ 他还强调，共产党员要善于倾听群众呼声，关心群众疾苦，为广大人民群众办实事、办好事；为人民服务是中国共产党人的优良传统，已经成为共产党的基因，我们手中的权力是党和人民赋予的，只能用来为广大人民谋利益；要树立正确的权力观，坚持立党为公，执政为民，真正为人民掌好权、用好权，做到夙兴夜寐、勤奋工作❸。中国共产党最根本的法宝就是始终坚持马克思主义，始终坚持一切为了人民，一切依靠人民，并一以贯之地体现到党的全部奋斗之中。中国共产党始终代表最广大人民群众的根本利益，始终紧紧依靠最广大的人民群众，这是万里长征时国民党无法战胜共产党和红军的根本原因，是解放战争中共产党只用3年就取得胜利的根本原因，更是中华人民共和国成立70多年来、改革开放40多年来取得辉煌成就的根本原因。以人民为中心是中国共产党人奋勇前行的动力源泉和法宝，其已经熔铸到党的血液中，生成了独特的制胜基因。

第二节　为实现中华民族伟大复兴提供内在精神动力和根本支撑力量

党的十八大以来，文化自信概念的提出反映了时代发展的新要求，反映出中国人民对精神发展的新期待。在世界百年未有之大变局下，文化的交流、交融、碰撞在不断深化，西方文化的主导地位

---

❶ 邓小平. 邓小平文选：第二卷［M］. 北京：人民出版社，1994：246.

❷ 江泽民. 高举邓小平理论伟大旗帜　把建设有中国特色社会主义事业全面推向二十一世纪：在中国共产党第十五次全国代表大会上的报告［M］. 北京：党委宣传部，1997：62.

❸ 中共中央文献研究室. 十六大以来重要文献选编：上［M］. 北京：中央文献出版社，2004：85.

没有发生根本性变化，各种质疑中国道路的声音没有停止，只有坚定文化自信，才能坚持和发展我们选择的正确道路。中华民族伟大复兴的光明前景已经展现在我们面前，我们必须坚定自己的选择，在取得经济发展奇迹的同时破解文化发展的困局，坚定文化自信，为民族复兴提供强大的精神动力。习近平总书记关注全局，立足中国人民日益增长的美好生活需要来推动社会全面发展，构建了新时代文化自信理论。这一理论体现了对中华优秀传统文化的深刻接纳和自豪，也对当代社会主义核心价值的重要作用进行了深刻论述，同时对国家发展以及文化的发展和繁荣做了特别强调："文化兴则国运兴，文化强则民族强"❶，充分体现了文化发展的战略意义。习近平总书记在党的十九大报告中把文化建设的地位提升到关系国运兴衰的高度，凸显了在民族复兴的重要历史时刻，文化复兴的紧迫性和重要性，指出要坚定文化自信，推动中华民族文化繁荣兴盛。文化是更深厚的软实力，在一定程度上能够深刻反映综合国力的发展水平，文化自信的提出本身也是文化发展的新境界。实现中华民族的伟大复兴不能没有强有力的文化发展来奠定基础，没有文化支撑的民族不可能屹立于世界之林，没有文化发展的国家没有前途和未来，没有强大精神的人民就不能凝聚共识而形成强大的吸引力和凝聚力。因此，在越来越接近民族复兴的重要节点，只有坚定文化自信、实现文化发展，才能凝聚十几亿人民的共识，汇聚成磅礴之力筑牢文化之基，为民族复兴的伟大梦想提供精神力量。

（一）文化自信寄托中华民族伟大复兴的梦想

中华民族的伟大复兴是近代以来无数志士仁人一直在为之奋斗的崇高追求和伟大梦想，为了实现这一伟大梦想，中华民族历经磨难，攻克了一个又一个难关，付出了巨大的牺牲和艰苦的努力，终

---

❶ 习近平. 决胜全面建成小康社会 夺取新时代中国特色社会主义伟大胜利：在中国共产党第十九次全国代表大会上的报告 [M]. 北京：人民出版社，2017：40–41.

于迎来了强起来的新时代。中华民族伟大复兴的光明前景已经展现在我们面前，但是前进的道路上充满着各种机遇和挑战，把握机遇、迎接挑战需要智慧，需要在动荡的世界环境中保持文化定力。文化自信的辐射力和影响力表现在多个层面，在深层次上体现的是国家和民族的综合国力与持续发展的动能。要实现中华民族的伟大复兴和全面进步，必须发挥文化自信的支撑和引领作用，确保自身文化的主体地位，捍卫文化的民族特色，保障文化安全，不走改旗易帜的邪路，这是事关国运兴衰和民族精神独立性的问题。因此，实现民族复兴坚决不能忽视文化自信在其中所起的决定性作用。

党的十八大以后，习近平总书记在参观《复兴之路》展览时提出中华民族伟大复兴的中国梦，在这样一个重要的历史时刻提出中国梦的概念不是偶然的，这一梦想是中国经济社会发展进入特定阶段的必然，向世界展现出的不仅是我国发展中强大的物质力量，其本身就是对我国文化发展的重要展示，是文化自信的现实表达和中华民族对未来发展的热烈期盼。中华民族伟大复兴的中国梦昭示的是中国共产党有能力和信心带领中华民族走向伟大复兴，昭示的是对马克思主义的坚定信仰，是对中国特色社会主义道路的坚定自信，本质上是对中国特色社会主义文化的坚定自信。与此同时，实现中华民族伟大复兴进入关键时刻，需要坚定的文化自信托起民族复兴的梦想，中国人民、中国共产党、中华民族都迫切需要文化自信来建构一种深沉的精神大厦，需要一种高品质的民族文化重塑大国形象和强国精神，彻底清除文化自卑的毒瘤，奏响中华民族伟大复兴的文化乐章。

中华民族伟大复兴的目标必须以文化自信和文化自觉为前提和基础，从中国共产党对国家和社会发展的战略角度出发，实现文化繁荣发展能够持续推动"五位一体"和"四个全面"的协调发展；从中华民族整体利益来看，维护国家安全和保持精神独立性需要文化自信，硬实力不行一打就败，软实力不行无需枪炮就会乱了方寸，不打自败，只有文化自信才能荡涤文化自卑的逆流，防止文化霸权、文化渗透和文化颠覆，在文化自信中推动中华文化走出去，在文化交流碰撞中做到美人之美、美美与共，以开放的胸怀对不同国家、不同民族和区域的文化实行兼容并包，真正做到文化发展不忘本来、吸收外来、面向未来，在时代发展中引领世界文化发展潮流，在交流互鉴中提升文化影响力和吸引力。

"人民有信仰，民族有希望，国家有力量。"● 在新时代文化自信理论体系中，社会主义核心价值观居于核心地位，通过社会主义核心价值观建设，来增强主流价值观的吸引力和凝聚力，在不同价值观的选择中，坚定对社会主义核心价值观的认同和信仰，丰富人们的精神世界，提升国家的文化软实力。只有大力培育和弘扬社会主义核心价值观，增强意识形态的主动权，有效应对不良价值观的渗透和破坏，坚定文化自信和价值观自信，坚持走社会主义道路，坚定我们的文化选择，才能为实现全面发展的伟大事业奠定文化基础和提供精神支撑。培育社会主义核心价值观要针对不同群体采取不同形式，杜绝空洞的宣教，要把核心价值观的内容以多种形式进行表达，在润物无声中把带有中国符号的价值观予以展现，融汇成人民的自觉和自信，成为中华民族牢不可破的共有精神家园，成为人民对美好生活的自觉追求和行动指南，成为新时代中华民族伟大复兴的中国梦的自觉和自信。坚定文化自信和价值观自信，是人民信仰和国家力量的象征，它不是一朝一夕就可以形成的，需要坚持不懈、久久为功，需要得到全社会的共同认可，方可逐渐把强化社会主义核心价值观作为重要历史使命去践行。社会主义核心价值观培育要更多地关注青少年群体，在其人生观、世界观、价值观的形成中确立正确的引领，以培养"四有新人"为目标，既要强化教育的重要引导作用，也要结合实际、因地制宜、因群体而采取不同的方式，在制度保障上下功夫。只要坚定文化自信，坚持价值引领和

● 习近平．决胜全面建成小康社会　夺取新时代中国特色社会主义伟大胜利：在中国共产党第十九次全国代表大会上的报告［M］．北京：人民出版社，2017：42．

发挥崇高精神力量的作用，中华民族伟大复兴的梦想就一定能够实现。

（二）文化自信是实现中华民族伟大复兴的精神支柱

中华民族的伟大复兴和文化的复兴紧密地联系在一起。文化的繁荣发展是民族复兴的重要标志之一，博大精深的优秀传统文化是中华民族优良的精神基因。在漫长的历史进程中，中华文明独领风骚，对中国乃至世界的文化发展做出了独特的贡献。历史在演进中向前发展，博大精深的优秀传统文化不会因时空的变化失去其精神价值，其独特的文化基因在新时代会实现成功转化和创新，成为中国特色社会主义文化的源泉，成为独特的民族精神标识。优秀传统文化是涵养社会主义先进文化的重要内容，也是发展中国特色社会主义、实现文化自信的文化根脉和灵魂。

实现中华民族伟大复兴是整个中华民族自近代以来孜孜追求的目标，在经历了中华民族由站起来到富起来再到强起来的进程中，今天我们越来越接近这一目标，此时船到中流浪更急，正如习近平总书记所指出的："实现中华民族伟大复兴，绝不是轻轻松松、敲锣打鼓就能完成的。"❶ 要实现中华民族伟大复兴，需要付出艰辛的努力，做好伟大斗争的准备。在此过程中，经济的复兴固然重要，文化的复兴在越接近这一目标之时则越发重要和必要，没有文化的复兴，就难以实现民族复兴的梦想，而实现文化自信是文化复兴的关键。文化自信就要坚持和弘扬优秀传统文化，在新时代对其进行符合现代化发展的创造性转化和创新性发展，使其成为凝聚中华民族精神力量的文化自觉和文化认同的基础。文化自信要坚持和继承革命文化，这是民族复兴的内在要求和文化发展的必然选择。革命文化是在特殊年代形成的以马克思主义为指导、以革命精神为内涵的

---

❶ 习近平. 中华民族伟大复兴，绝不是轻轻松松、敲锣打鼓就能实现的［EB/OL］. （2018－02－14）［2022－04－23］. http：//www.xinhuanet.com/politics/19cpcnc/2017－10/18/c_1121820091.htm.

具有鲜明中国特色的红色文化，中华民族伟大复兴需要革命文化提供重要精神动力。在新时代继续用革命文化激励我们干事创业，不怕困难，敢于和擅于斗争，敢于和擅于取得胜利，成为中华民族伟大复兴的重要精神力量。在复杂的国际、国内形势下，只有发展社会主义先进文化，才能抵御来自不同意识形态的别有用心者的文化霸权和袭扰，坚持中国道路，不走封闭僵化之路，不走改旗易帜的邪路，在时代发展中运用马克思主义基本原理解决中国之问，在关注民生发展中解决人民之问，在立足人类社会发展的前途命运中思考世界之问，既关注历史更立足现实，坚定文化自信，坚持在中国大地上奏响中国文化之壮丽凯歌，实现中国特色社会主义文化发展新境界。

（三） 文化自信是面对世界变局的稳定心理支撑

面对世界格局的深刻变化，特别是随着互联网技术的不断发展，不同地区、不同国家之间的文化互动日益频繁，强势的西方文化以其价值观和行为模式对我国进行不断渗透，使一些国人不自觉地以西方的文化为标准对中国特色社会主义文化进行剪裁，如果没有文化自信，这种文化渗透就会削弱中国特色社会主义文化的作用，进而越来越多地对我国社会生活产生深刻的影响。在近代中国，面对来势汹汹的外来文化，中华民族的自信心理受到了前所未有的冲击，一度陷入质疑乃至否定自身文化的旋涡之中。自马克思主义传入中国以后，在这一先进文化的指导下，中国知识分子找到了马克思主义与中国优秀传统文化的结合点，在实践中逐渐找回了文化自信。文化自信的确立能够使中华民族在瞬息万变的世界环境中不迷失方向，特别是在复杂的国际国内环境中，不同利益集团、不同阶级、不同阶层的异质文化之间的冲突与碰撞必定更加激烈，意识形态的渗透将严重影响社会主义核心价值观的主体地位，也考验着中国特色社会主义文化的吸引力和影响力，只有真正坚定文化自信，才能确保社会主义核心价值观的主体地位和人民群众的价值观念，才能避免思想上的多元化与民心的动荡。中国特色社会主义文化自信，是在世界多元文化激荡碰撞中的稳定心理支撑，只有坚定文化自信，才能以开放的心态面对当代西方文化和中国特色社会文化的交流互鉴，不仅不会在世界视野中削弱中国特色社会主义文化的魅力，而且能够在交流互鉴中扩大中国特色社会主义文化的影响，让中国文化更深入地影响世界，为世界和平和文化发展贡献中国力量。

1. 消除文化自卑，确立文化认同和自信

当今世界，文化日益成为衡量一国综合国力的重要因素，是人民美好生活不可缺少的精神家园。改革开放以来，跨国界、跨民族的文化交流日益频繁，源自西方的节日（如圣诞节、情人节等）在中国大地上逐渐流行，突破了民族文化的地域和模式的局限而被很多中国人所接受。不仅如此，从国外引进的电影容易获得高票房，连同电影里的生活用品、生活习惯都很容易成为国人模仿的对象，原美国总统里根说过：好莱坞电影就是向全世界推销美国商品和价值观的广告。此时，有人开始崇拜西方文化，认为外国的文化和商品都比中国的好，贬低中国文化的崇洋媚外行为严重打击了中国在世界上的文化形象，西方文化的输出使一些中国人不再理性，只是盲从。

面对世界一体化形势下国际文化交流的日益加深和西方文化的强势输入，具有极大包容性的中华文化只有保持其民族性、坚定文化自信，才能走向世界。把握新时代文化自信理论的内涵和实质，对于破除以西方资本主义文化为中心的误区，消除对西方资本主义文化的膜拜，坚定中华民族的文化自信，讲好中华文化的源与流、现实和未来，具有非比寻常的意义。只有坚定文化自信，才能做到既不厚古薄今也不厚今薄古，既不崇洋媚外也不盲目自大，而是坚持古为今用、洋为中用，以开放的胸怀融通各种资源，立足中国特色社会主义的伟大实践，不断进行知识创新、理论创新、方法创新，对优秀传统文化进行创造性转化和创新性发展。新时代文化自信理

论体现出了更加开放的心态、更加坚定的文化自信以及更加开阔的视野，展现了中国特色社会主义文化的精神气质和独特魅力，如何做到既可以吸收本土文化的丰厚资源又对世界优秀文明成果进行借鉴吸收，使我们的文化土壤更加适合开放中的中国和世界，是我们目前必须面对的课题。

如今，中国特色社会主义事业发展已经进入关键阶段，持续发展和高质量发展要求文化适应其发展，引领其创新和进步。文化自信是复兴之本，决定着文化能否复兴、民族能否复兴。特别是进入新时代以来，中国日益走近世界舞台中央，文化软实力的辐射力和影响力变得更加强大，文化自信在社会主义现代化建设中的支撑和引领作用变得更加重要，对新时代文化自信理论进行研究变得更加紧迫，因为其在整个社会发展中具有基础性地位，有时甚至具有决定性作用。只有科学地把握新时代文化自信理论，才能正确定位文化发展方向。新时代文化自信理论内涵丰富，具有很强的历史逻辑，既关注历史和现实，也照见未来，试图描绘出具有鲜明民族特色和时代特色的、既向内看又向外看的、积极关注和探索人类前途命运大格局的、富有生命力的一种文化进程，也是在信息化时代、世界文化多元化及我国全面实现中国式现代化的大背景下，积极主动向前探求这一重要理论的发展规律和如何实现其功能的路径，具有推动文化和经济、政治等各方面协调发展的作用。

伴随着中国特色社会主义取得了巨大历史成就，为了满足人民不断增长的物质文化需求，中国共产党挺立时代潮头，吸吮着中华民族5000多年的文化营养，不断发展和推进我国的文化建设，并对马克思主义进行了中国化的发展和创新，特别是经济快速发展奇迹和社会长期稳定奇迹极大地增强了中国共产党的文化自信，也推进了新时代文化自信理论的发展进程。改革开放以来，国际、国内环境复杂多变，一些人曾经有过对马克思主义的怀疑甚至否定，对于马克思主义的信仰危机引起了对社会主义道路的不自信，这种信仰、信念的缺失和对道路选择的质疑引发了较大危机，只有坚定文化自信，才能从根本上化解这一困境，特别是"四个自信"的提出，是中国社会主义实践的伟大发展和跨越，也标志着我国文化发展达到了一个新高度。站在新时代的国际舞台上，面对"逆全球化""新技术革命"等重大现实考验，中国共产党人尊重文化发展规律，在多元的文化背景下将文化自信的内涵展现出来，为中国实现从文化资源大国向文化资源强国的历史性转变，为"两个一百年"奋斗目标的实现提供了强大的思想武器和理论支撑。

2. 国际文化竞争和坚定中国共产党初心的应然

从国际社会来看，不同国家、不同民族的人们普遍认为，影响一个国家和社会发展的不仅包括硬实力，也包括文化软实力，国家和社会运行良好的一个重要标志是各方面协调发展，这说明文化在经济和社会发展中具有重要作用，在有些关键的历史阶段甚至发挥着决定性作用。正如习近平总书记强调文化是一个民族的灵魂●，新时代文化发展和文化自信密不可分，没有文化自信的文化繁荣不具有可持续性，文化自信在关键时刻具有重要的稳定作用，甚至决定着国家和民族的兴衰荣辱。面对复杂的国际、国内形势，十几亿中华儿女必须坚定文化自信，看清文化霸权主义的实质，避免失语、挨骂、有理说不出的尴尬境地。目前，西方国家仍然掌握着国际话语权，"美国文化""欧洲文化"和"日韩文化"对我国文化的挑战近年来在不断加剧。当今时代，国际文化竞争日益加剧，发达国家通过文学、影视等不同文化传播形式深层次地影响着价值选择和文化的民族独立性，控制其他国家人民的思想，"文明冲突论""历史终结论"等思想理论为西方国家文化输出和文化霸权建立提供了理论支撑。面对国际间文化交流的日趋加深，中华文化需要在国际舞台上展现其独特魅力和国际影响力。在民族复兴的道路上，如何破解制约文化发展的困境以保持社会的稳步发展和高质量发展？如何

● 习近平. 习近平谈治国理政：第二卷［M］. 北京：外文出版社，2017：349.

保证文化发展势必先行，并在保持其独立性、民族性的同时带来旺盛的生命力？新时代文化自信理论在此时显得尤为重要，对于坚定中国共产党人的初心，坚定马克思主义在意识形态上的领导权，不以西方建制体系来剪裁我们的实践具有重要现实意义。对新时代文化自信理论的研究有助于加强马克思主义的指导地位，提高人们的思想意识水平，更好地实现对传统文化的创新和发展。

中国特色社会主义文化自信本质上是中华民族对中国特色社会主义实践的自信，在实践的基础上升华为国家自信、民族自信和人民自信，使中华民族主体精神在新时代引领和推动中国特色社会主义伟大事业阔步前行。坚定文化自信，坚守牢固的核心价值观，是应对异质文化的挑战和渗透的关键所在，"是我们在世界文化激荡中站稳脚跟的根基"❶。面对世界百年未有之大变局，经济政治全球化程度不断加深，世界异质文化处于更加复杂的环境中，异质文化之间既有交流、交融，也不乏碰撞与冲突，坚定文化自信是不惧强势西方文化、确保文化安全的有效应对措施，只有坚定文化自信，才能在变局中从容坚定，进而掌握国际话语权，发出中国声音，让世界了解真正的中国。同时，应该是以客观的态度审视自身文化，在坚持文化自信的前提下积极学习和借鉴异质文化，在文化的交流与碰撞中促进文化发展繁荣，更好地促进文化交流，而文化自信则是应对这一切的有力心理支撑。

第三节　为新时代中国特色社会主义文化发展指明方向

（一）坚持和发展马克思主义

马克思主义的文化理论重点关注的是人，文化从本质上看是人

---

❶ 习近平. 习近平谈治国理政：第一卷［M］. 北京：外文出版社，2014：164.

本质力量的对象化，注重人的全面自由发展，是人性的对象化。文化一旦产生，作为意识形态的文化便具有相对独立性，在推动人成为全面发展的人、社会成为理想的社会方面具有重要作用。

1. 推进新时代文化自信理论的系统化研究

文化兴国运兴，文化强国运强。❶ 文化在国家和社会持续发展中的作用日益凸显。特别是党的十八大以来，面对世界百年未有之大变局，如何发挥文化的功能实现文化进而推动中国特色社会主义事业的全面发展？习近平总书记立足民族复兴的战略高度，多次强调文化发展在社会主义文化建设中的重要性，特别指出文化自信具有支撑作用，强调其为"四个自信"中更基础、更广乏、更深厚的自信。文化自信的地位不可替代，并且中华民族独特的文化基因一定能够在中国特色社会主义伟大实践中再创新辉煌。文化自信理论的提出为新形势下复杂的意识形态发展指明了方向，坚实了其他"三个自信"的根基，激发了中国共产党、中国人民乃至整个中华民族对本民族的历史和文化发展方向的更多关注与思考，振奋了民族精神，凝聚了中国力量，为中国特色社会主义文化的进一步发展提供了方向和保障。新时代文化自信理论不仅具有丰富的理论内涵，同时也在服务于中国特色社会主义的伟大实践中不断丰富和发展，既关注历史经验、发展成果、文化基因，也以开放的胸怀、平等的态度看待不同国家、不同地域的文化特色。

习近平总书记不仅在各种重要场合反复提出这一重要问题，而且把文化自信正式写入了《党章》，指出文化自信是"四个自信"的基础与核心，是"四个自信"的灵魂和出发点，从"三个自信"到"四个自信"，这既是中国特色社会主义文化的新内容、新思想和新发展，也是新时代马克思主义中国化的又一重要成果，具有重大

---

❶ 习近平. 决胜全面建成小康社会 夺取新时代中国特色社会义伟大胜利：在中国共产党第十九次全国代表大会上的报告［M］. 北京：人民出版社，2017：40－41.

价值和意义。文化自信理论蕴含着习近平新时代中国特色社会主义思想的文化观，这种文化观即"中国特色社会主义文化观"，也即关于"中国特色社会主义文化"的马克思主义观。从分析的角度来看，它有着切实、具体的内容。习近平总书记在党的十九大报告中明确提出，"中国特色社会主义文化"包括三个部分，其一是源自中华民族5000多年文明历史所孕育的中华优秀传统文化，其二是熔铸于党领导人民在革命、建设、改革中创造的革命文化，其三是植根于中国特色社会主义伟大实践的社会主义先进文化。习近平总书记指出："发展中国特色社会主义文化，就是以马克思主义为指导，坚守中华文化立场，立足当代中国现实，结合当今时代条件，发展面向现代化、面向世界、面向未来的，民族的科学的大众的社会主义文化。"❶ 其中包括对优秀民族文化的创造性转化和创新性发展，不断铸就中华文化新辉煌。习近平总书记在重要场合多次强调优秀文化的溯源和与时俱进发展创新的重要性，这些重要论述对发展中国特色社会主义文化，提升中国文化在国际舞台上的影响力具有非常重要的意义。在党的二十大报告中，他继续强调"推进文化自信自强，铸就社会主义文化新辉煌。"❷ 在全面建设社会主义现代化国家的重要历史时刻，推进文化自信自强，能够起到激发全民族在全面进行社会主义现代化建设中的文化创新和创造活力，向世界展现我们文化大国和文化强国的影响力，凝聚人心，增强我们在新的世界格局中的文化力量，增强中华民族伟大复兴的精神动力。

2. 推进马克思主义文化理论的发展

理论的生命力在于发展和创新，马克思主义理论是在具体的生产活动中经过检验和证明的真理，中国特色社会主义文化理论作为

---

❶ 习近平. 决胜全面建成小康社会　夺取新时代中国特色社会主义伟大胜利：在中国共产党第十九次代表大会上的报告［M］. 北京：人民出版社，2017：41.

❷ 习近平. 高举中国特色社会主义伟大旗帜　为全面建设社会主义现代化国家而团结奋斗：在中国共产党第二十次全国代表大会上的报告［M］. 北京：人民出版社，2022：42.

马克思主义文化理论的重要组成部分也随实践发展与时俱进。文化发展不是脱离实际地建造空中楼阁，而是在继承中发展，在发展中创新。自中国共产党诞生以来，不管是充满血与火的革命战争年代，还是现代化建设和改革开放时期，中国共产党人不断结合国情发展马克思主义，坚持用先进文化科学引领中国特色社会主义实践的发展，取得了令世人惊叹的成就。面对世界百年未有之大变局，既是难得的机遇也是严峻的挑战，越是困难越向前，中国共产党人善于运用先进文化在新的历史机遇中把握机会，用丰富的实践开创和发展文化自信理论，更好地引领和促进中国特色社会主义事业朝着中华民族伟大复兴的目标迈进。

在马克思主义的指引下，中国的革命和建设取得了巨大成功，这不仅是从无到有、从被欺凌到站起来的飞跃，更是从富起来到强起来的伟大飞跃，这些伟大实践有力地证明了马克思主义的真理性和科学性，同时使中国特色社会主义理论得到丰富和发展，让"中国道路、中国理论、中国精神"深入人心，促使不同意识形态、不同国家、不同民族的人们重新思考马克思主义的当代价值和中国模式的成功密码，很多人关注着中国特色社会主义道路能否在世界范围内产生广泛而深刻的影响，中国特色社会主义是否具有强大的辐射力和吸引力，中国的发展模式是否可以复制、是否具有可持续性，中国特色社会主义文化是否能够适应现代化道路的推进，中华民族伟大复兴的目标能否如期实现，如何看待世界社会主义事业低潮时期的中国崛起，等等。面对新时代新实践中出现的现实问题和困惑，习近平总书记站在中华民族伟大复兴的高度和关乎全球人类命运共同发展的视野，运用马克思主义理论进行科学的分析和判断，提出了一系列文化思想，逐步形成了新时代文化自信理论。新时代文化自信理论是新时代立足中国、统领全局的战略性纲领，科学而深刻地回答了"我们是谁？从哪里来？走向何方？"等一系列问题，对新时代文化自信理论进行深入、全面的研究和梳理，特别是对其历史逻辑、发展演变、地位作用、内涵原理等方面的理论进行全面、深刻、科学的聚焦，是保证中国特色社会主义持续健康发展和探索人类文明发展的必然要求，也是当前一个非常重大的时代问题。

3. 增强中华民族的文化理论根基和独特的精神辨识度

中华民族的伟大复兴离不开文化理论的坚强支撑，中华民族具有深厚的文化理论根基，在5000多年历史演进中创造积累的优秀传统文化不会在鸦片战争的炮声中沉沦。伴随西方坚船利炮而来的不只是战争带来的苦难，也有对中华民族精神世界的瓦解和摧残，一直具有文化优越感的中华民族受到了前所未有的文化挑战。西方殖民者侵略的本质不只是对土地和财富的掠夺，更是一种文化侵略，最终是想达到一种文化殖民和文化求同的不战而屈人之兵之效能。鸦片战争以后的深刻文化反思使中华民族的精神世界由华夏对"蛮夷"的不屑和高傲逐渐转变为以西学为师的境地，不管是器物选择、制度选择还是文化选择，其底层逻辑呈现出的无一不是对自身文化之不自信。最终促使中华民族走出文化困境的是马克思主义，马克思主义成为中国共产党的一面精神旗帜，带领中华民族在推翻"三座大山"的伟大实践中成功地实现了马克思主义中国化，揭开了中华民族伟大复兴的重要篇章。

党的十八大以后，中国特色社会主义进入了新时代，中华民族伟大复兴的光明前景展现在我们面前，实现中华民族伟大复兴是一个厚积薄发的过程，强大的经济实力和科技实力不可或缺，同时更需要强大精神力量的支撑。然而，我国的文化发展还有滞后的方面，在一定程度上有缺失文化自信的现象，历史虚无主义、文化虚无主义在一定范围内仍然存在，对于中国道路的质疑声从未停止，对西方道路、西方文化的崇拜意识还未消失。习近平总书记站在民族复兴全局的战略高度化解文化困境，在历史的关键节点提出了文化自信的重要命题，并在各种重要场合阐释文化自信的依据和内涵，指出文化自信的战略地位，强调在任何情况下都不可以忘记传统，失去自身民族文化的独特性。文化独特性是中华文明的标识和民族特征，是民族认同和文化凝聚力的根基，特别是在互联网技术高度发达、全球化、信息化和文化多元的时代，坚守文化独特性是文化自信的重要标志。新时代坚定文化自信可以增强中华儿女的民族文化理论根基和独特精神标识，凝聚中国力量，传播中国声音，讲好中国故事。我们要加强对文化自信理论的深入研究，推进实践发展，促进中华民族对自身文化的认可和认同，在接纳自身文化的过程中实现文化自信，在文化自信中推动文化发展繁荣，坚定对道路选择的决心和发展前景的信心，推动理论和实践的相互促进、共同前行，通过文化自信增强中华民族的凝聚力，使中国特色社会主义充满前进的动力。

习近平总书记对中国特色社会主义文化的生命力具有坚定的信念，这源自于他对马克思主义文化理论的深刻认识，马克思主义揭示了人类和社会发展的规律，是经过实践检验和证明的真理，因此也成为中国共产党带领中国人民实现中华民族伟大复兴的理论基础和重要思想武器。马克思主义中国化理论的成功开创是马克思主义理论在中国实践中成功经验的总结和升华，开辟了马克思主义不断发展的新境界，显示出马克思主义的强大生命力、影响力和时代价值。在实现中华民族伟大复兴的重要历史节点，需要坚定的文化力量，用中国特色社会主义文化指引和支撑中华民族实现伟大复兴，走出具有中国特色的现代化道路。中国特色社会主义道路是在马克思主义指导的中国特色实践中产生的，必将随着中国特色社会主义实践的发展而发展。在当今世界的复杂变局中，在国内外敌对势力的觊觎下，中国共产党、中国人民和中华民族必须坚定文化自信，不畏浮云遮望眼，对中华优秀传统文化的文化基因进行有效继承和发展，对革命文化的独特精神进行发扬光大，对中国特色社会主义文化的生命力和感召力充满信心，才能在百年未有之大变局下把握住机遇，迎接好挑战，实现中华民族伟大复兴的中国梦，满足人民对美好生活的向往。

在国内外复杂的文化交流与碰撞的背景下，习近平总书记对中国特色社会主义文化发展充满信心。2022 年 5 月 27 日，习近平总书记强调了文化自信与历史自信的重要功能，指出应从国家和社会发展的战略角度出发，发挥文化对持续推动中国特色社会主义事业不断前进的动力作用。新时代文化自信理论为中国特色社会主义文化发展指明了方向，推动中国特色社会主义文化不断向前发展；中国特色社会主义文化坚守马克思主义根本立场，密切关注人的全面发展，满足中国人民对精神文化建设的更多期待和要求。我们应不断从中华优秀传统文化和革命文化中汲取养分，立足伟大的社会主义实践土壤，发展"面向现代化、面向世界、面向未来的，民族的、科学的、大众的社会主义文化"❶，推动社会主义精神文明建设，真正坚持文化发展"为人民服务""为社会主义服务"的"二为"方针，使中国特色社会主义文化在继承优秀传统文化的同时得到创新；在创新中贴近人民群众的生产和生活，增强中国特色社会主义核心价值观对人民的影响力和感染力，以高度的文化自信推动社会主义核心价值观的弘扬；旗帜鲜明地反对资产阶级自由化思想以及各种错误文化思潮的侵蚀和渗透，自觉抵制各种低俗、媚俗的文化产品；以高度的文化自信推动文学艺术和哲学社会科学的发展，坚持其人民立场，在继承中发展，在发展中创新；坚持百花齐放和百家争鸣的指导方针，以人民群众喜闻乐见的方式呈现出大量精品力作，不断创造出中华文化的新辉煌，推动马克思主义文化理论的发展。

"理论的生命力在于创新"❷，习近平总书记在坚持继承中华优秀传统文化的基础上强调发展和创新，他一方面强调中华民族 5000多年文明传承的文化基因，这是文化自信之根脉和灵魂；另一方面则站在发展社会主义事业全局的角度，提出要以高度的文化自信创造文化的新辉煌，并在多个场合强调文化自信在于"不断铸就文化

---

❶ 习近平. 决胜全面建成小康社会 夺取新时代中国特色社会主义伟大胜利：在中国共产党第十九次全国代表大会上的报告［M］. 北京：人民出版社，2017：41.

❷ 习近平. 习近平治国理政：第二卷［M］. 北京：外文出版社，2017：342.

新辉煌"❶，文化自信的魅力在于文化的生命力和创造力。习近平总书记站在时代发展的前沿，坚守中华文化根本，坚持马克思主义的基本观点和方法，提出了一系列新观点和新理论。首先，第一次把文化自信的地位提高到与国家前途命运紧密联系、休戚相关的水平，将文化自信理论提升到一个新的高度，强调文化自信作为软实力的重要内容不仅和国家发展息息相关，也决定着民族文化是否安全，而文化安全问题是一个全局性问题，如果不能确保文化安全，可能会导致社会主义伟大事业毁于一旦，文化安全和文化自信密切关联。其次，为了提升国家软实力，强调社会主义核心价值观的重要性，注重价值观建设和输出，强化价值观自信。

习近平总书记身体力行地以高度的文化自信推动文化的创新发展，以宏大的历史视野和开放的胸襟提出了"人类命运共同体"的重要概念，这既是对传统文化中"尚和合""求大同""协和万邦""修身、齐家、治国、平天下""独乐乐不如众乐乐"等精神的传承和升华，也是立足百年未有之大变局的深刻思考，是基于复杂形势对人类未来发展的深刻揭示，既体现了其对中华优秀传统文化精髓的精准把握，也是其对世界发展逻辑和人类命运大趋势的深刻洞悉与预判；既体现和发展了马克思主义文化的内容，也具有鲜明的中华文化因素，是对中华文化优秀基因的传承和发展。推动建设"人类命运共同体"是对时代问题"世界怎么了""人类怎么办"的积极回应和成功破解，倡导建立合作共赢的"人类命运共同体"超越了"文明冲突论"和"历史终结论"的思维模式，打破了文化冲突与意识形态的局限性，为人类未来发展提供了全新的价值追求和可行方案，为世界和平发展、人类美好未来贡献了中国智慧和中国方案。

党的十八大以来，伴随着国内外形势的深刻变化和中华民族伟

---

❶ 习近平. 决胜全面建成小康社会 夺取新时代中国特色社会主义伟大胜利：在中国共产党第十九次全国代表大会上的报告［M］. 北京：人民出版社，2017：41.

大复兴光明前景的呈现，文化发展也进入了一个新阶段，中国特色社会主义不仅要有高度的物质文明，更要有高度的精神文明。在新时代重要的历史节点上，文化发展处于更加重要的位置，因此党和国家领导人多次强调文化的战略地位。新时代文化自信理论承上启下，既包含博大精深的中华优秀传统文化，也包括独具特色的革命文化和社会主义先进文化，这是中国特色的也是马克思主义的文化，是属于中国的也是贡献给世界的重要文化精品。优秀传统文化是我们民族的血脉和灵魂，是中华民族的民族基因所在，其中丰富的民族精神资源是我们立足于世界文化之林的重要精神支撑，也是我们区别于其他文化的鲜明民族特色。

习近平总书记高瞻远瞩，着眼于文化安全和中国特色社会主义的全面发展，十分重视传承和发展优秀传统文化，在多个重要场合强调传承和发展优秀传统文化的重要性和迫切性。他在纪念孔子诞辰 2565 周年国际学术研讨会暨国际儒学联合会第五届会员大会开幕会上的讲话中指出："如果不珍惜自己的思想文化，丢掉了思想文化这个灵魂，这个国家，这个民族是立不起来的。"❶ 习近平总书记正是基于中华优秀传统文化的博大精深和独具特色而提出了文化自信的自信之基因。尽管经历了鸦片战争以来对自身文化的质疑乃至否定，但是优秀传统文化的强大生命力不会因为曲折而熄灭，反而因为大浪淘沙而更加蓬勃，特别是经历了中国共产党带领中华民族实现了从站起来到富起来再到强起来的伟大奇迹，在此过程中成功激活了中华优秀传统文化的生命力和创造力。没有对优秀传统文化的坚持和发展就没有这些伟大奇迹的产生，而对优秀传统文化的创造性转化和创新性发展也是未来文化发展的必然要求，这既符合时代发展和社会主义现代化建设的要求，也符合中华文化自身的发展规律。

---

❶ 习近平. 在纪念孔子诞辰 2565 周年国际学术研讨会上的讲话［N］. 人民日报，2014－09－25（1）.

悠久灿烂、博大精深的中华优秀传统文化在漫长的历史长河中逐步形成了具有中国独特价值和独特标识的体系，这一体系中包含着儒、释、道等诸子百家的重要思想，在中国历史乃至世界历史上写下了浓墨重彩的篇章，在漫长的历史长河中深刻地影响了和中国和世界。文化的特殊性就在于其影响深远，它不会在短期内形成，也不会在一定时期内消融，不管过去、现在和未来都在塑造着中华民族的精神，影响着中华民族的未来发展。而其中具有独特标识性的文化符号——汉字，是我们民族文化的重要载体，这一文化符号带来的各种书法艺术已经成为重要的世界文化景观。中医药文化作为优秀传统文化的重要组成部分也在跨国际文化交流中产生了广泛影响，尽管目前在传播途径和文化交流中还存在一定的障碍与壁垒，但是博大精深的中医药文化在未来的国际文化交流中将起到越来越重要的作用，惠及世界各国人民。另外，独具中国特色、具有深厚积淀的文学、艺术和美食文化也是十分绚烂的世界文化标识。

优秀传统文化作为民族的精神标识已经熔铸成中华民族的灵魂和血脉，这种极具特色的文化正以更加开放的胸怀和友好的姿态与不同文化进行交流和融通，立足中国特色社会主义伟大实践推进中国特色社会主义文化的创新和发展，展现出其跨越年代、穿越时空的魅力，不仅带领中国人民实现了经济发展奇迹和社会发展奇迹，也在更为广泛的世界文化舞台上散发出中华文化的魅力。其丰富的民族精神和独特的价值是中华民族在世界文化激荡中保持自信的深厚文化根基。文化自信是一个民族的思想根基，它经历了文化的生生不息、不断发展变化的漫长演进积累过程。虽然在鸦片战争以后经历了阵痛和反思乃至否定，但是优秀传统文化的独特性和生命力不会泯灭，具有鲜明民族标识的文化会在新的实践中赋予其时代性内容，在中国特色社会主义道路的开辟和发展中都展现出重要价值，在新时代社会主义现代化建设中发挥更加重要的精神支撑作用。

（二）升华中国共产党的文化理念

习近平总书记作为中国共产党的领导核心，是中国特色社会主义事业的掌舵者和引路人，其站在中华民族伟大复兴的战略制高点上提出的文化自信理论，是在新的历史条件下对党内思想文化领域出现的新问题、新矛盾的有效应对和文化选择，在本质上与马克思的文化思想、毛泽东的文化思想以及中国特色社会主义理论体系的文化思想是一致的，是在中国共产党几代领导人文化理念的基础上的升华，既一脉相承又与时俱进。

习近平总书记立足新时代，以高度的文化自信推动中华文化理念的发展，在对待传统文化的态度、文艺的发展与繁荣、意识形态工作以及文化建设指导方针等问题上，在继承中国共产党几代领导人文化发展理念的基础上对其进行了升华。对待传统文化，习近平总书记是在毛泽东同志"取其精华、去其糟粕"思想的基础上，提出了对中华优秀传统文化的创造性转化和创新性发展，具有更强的时代性和实践性，体现了鲜明的继承性和民族性。对于在革命战争年代铸造的革命文化进行精神提炼，强化了文化自信的精神指引。在文艺的发展和繁荣问题上，中国共产党的几代领导人都强调了文艺的人民性问题，习近平总书记继承了文艺"为人民服务""为社会主义服务"的方针，继续加强文艺为人民服务的根本要求，坚定社会主义文艺原则，并结合新的时代特点深化了文艺工作人民性的丰富内涵，为实现民族复兴大任提供贴近群众、贴近生活的重要文化产品，以文艺振奋民族精神。在意识形态问题上，习近平总书记继承了毛泽东、邓小平等同志重视意识形态工作的思想，进一步强化了意识形态工作，指出坚持党要管党，要坚持马克思主义的领导地位，旗帜鲜明、毫不动摇地坚定马克思主义信仰和社会主义道路，坚定共产主义的远大理想和社会主义的共同理想，确保文化前进的正确方向，彰显了共产党人的道路自信和文化自信。在文化建设问题上，习近平总书记继承了毛泽东同志在文化建设中对待古今中外思想的方法，强调党对文化的领导，坚持"二为"方向和"双百"方针，对其内涵和外延都进行了时代内容的解读和拓展。

新时代文化自信理论中的价值观自信的核心内容是在邓小平精

神文明建设理论基础上起步，在胡锦涛和谐文化观的社会主义核心价值体系中加以提炼的，同时结合新时代、新形势、新任务、新发展、新变化、新特点，以高度的文化自信积极应对新矛盾和新问题，在全社会弘扬以爱国主义为核心的民族精神和以改革开放为核心的时代精神，推动中国特色社会主义核心价值观进入每一个中国人的生活，加强青少年群体的道德养成，使之成为日用而不自觉的行为，从而筑牢思想根基，构建中国特色社会主义共同理想，自觉抵制不良思想、腐朽价值观的侵袭，旗帜鲜明地反对资产阶级自由化和文化虚无主义，确立价值观自信和文化自信。在推动文艺发展繁荣过程中，应坚持以人民为中心的创作导向；在构建中国特色哲学社会科学体系的过程中，应坚持社会主义文化发展之路，坚持立足中国、借鉴国外、挖掘历史、把握当代、关怀人类、面向未来的基本思路，构建具有中国特色、中国气派、中国风格的哲学社会科学，增强中国文化的影响力和吸引力，提高国际文化交流互鉴水平和增强国际话语权。习近平总书记正是基于高度的文化自信，坚定走文艺和哲学社会科学的中国特色发展道路，推动文艺繁荣发展和中国特色哲学社会科学体系的发展成熟，提高了中国文化软实力，这是新时代文化自信的重要体现。

新时代文化自信理论是中国共产党文化理论的升华，是具有鲜明中国特色、中国风格、中国气派的文化自信理论体系，它立足中国、放眼世界、贯通古今，从文化基因、精神源泉、现实基础等方面揭示了中国奇迹密码，以"四个自信"的整体性思维全方位地揭示了中国特色社会主义的本质，明确了未来的发展方向，展现了中国共产党的成功密码和中华民族文化自信的底气。

（三）推进新时代中国特色社会主义理论体系的发展

新时代文化自信的形成不是一蹴而就的，其随着国家实力的发展变化而同步变化。鸦片战争展现出来的不仅是经济和科技水平的低下，也在很大程度上让国人对自身文化陷入持续怀疑阶段，虽然林则徐提出"师夷长技以制夷"的文化思想代表了初次打开国门的知识精英对西方世界的初步认识和自强方案，但此时我们还仅仅限于对西方器物的学习，对传统文化很是推崇，洋务运动时期的"中体西用"思想也没有跳出对器物选择的认识框架。洋务运动的"破产"促使中华民族的知识分子们进一步思考，才有了从器物选择到制度选择的巨大变化，辛亥革命的失败使中国的知识精英们再次进行深刻反思，陷入文化失落的漩涡里思考文化发展的新方向，从器物到制度再到文化的思考和选择，从文化高峰到文化失落直至抛弃传统文化思潮，甚至一度出现过"全盘西化"的思潮，都没能改变积贫积弱、被动挨打的落后局面，直至马克思主义的出现。马克思主义的横空出世给中华民族的知识精英带来了精神力量，指导中国人民实现了民族独立和人民解放，也实现了社会主义建设和改革开放的巨大成功。新民主主义革命的胜利和中国特色社会主义伟大实践的成功给予了中华民族文化自信的底气，马克思主义和优秀传统文化为一系列实践的成功提供了重要指引和保障。

伴随着中国人民富起来和强起来的过程，文化的地位日益彰显。特别是进入新时代以来，我们与中华民族伟大复兴的目标前所未有的靠近，越是向前，越需要文化自信的精神动力。文化自信在国家和社会发展中发挥着重要作用，硬实力和软实力的作用不可偏颇，随着我国综合国力的提升，文化自信的重要性被提高到"四个自信"中的基础性地位。没有文化自信的支撑，就难以实现文化安全和中华民族伟大复兴；没有文化自信的确立，就难以实现道路自信、理论自信和制度自信。新时代这一时代命题具有急迫性，中国特色社会主义事业的全面发展和中国式现代化的发展，不仅需要强大的物质基础，更需要强大的文化精神支撑，特别是在我国已经全面建成小康社会并向全面建成社会主义现代化强国努力的关键时刻，中国共产党、中国人民、中华民族都迫切需要文化自信来建构一种深沉的精神大厦、一种高品质的民族文化，因此迫切需要树立高度的文化自信来推动文化的发展。不管是从人民的角度，还是从国家和社会发展的战略角度出发，都呼唤以文化自信为基础推动文化的繁荣发展。随着全球化程度不断加深，国家、民族间不同文化在交流、碰撞中更需要彰显自身文化优势，方可不被融合和淹没；维护国家安全和保持精神独立性需要文化自信来扩大文化影响，以期形成更强大的传播力和吸引力。

新时代文化自信理论来源于中华文化，隶属于中华文化，是对中华优秀传统文化的创新发展，是对革命文化和社会主义先进文化的继承与升华，是对中国特色社会主义伟大实践的丰富文化内涵的高度凝练。这一理论为持续推动"五位一体"总体布局和"四个全面"战略布局的协调发展提供了理论指引和价值指引，这种自信的文化必将推动中国特色社会主义实践迈向新辉煌。

参考文献

一、著作类

［1］马克思，恩格斯. 马克思恩格斯选集：第一～第三卷［M］. 中共中央马克思恩格斯列宁斯大林著作编译局. 北京：人民出版社，1995.

［2］列宁. 列宁选集：第四卷［M］. 北京：人民出版社，1995.

［3］毛泽东. 毛泽东选集：第一～第四卷［M］. 北京：人民出版社，1991.

［4］邓小平. 邓小平文选：第一～第三卷［M］. 北京：人民出版社，1994.

［5］江泽民. 江泽民文选：第一～第三卷［M］. 北京：人民出版社，2006.

［6］习近平. 干在实处 走在前列：推进浙江新发展的思考与实践［M］. 北京：中共中央党校出版社，2006.

［7］习近平. 之江新语［M］. 杭州：浙江人民出版社，2017.

［8］习近平. 习近平谈治国理政［M］. 北京：外文出版社，2014.

［9］习近平. 习近平谈治国理政：第二卷［M］. 北京：外文出版社，2017.

［10］习近平. 习近平谈治国理政：第三卷［M］. 北京：外文出版社，2020.

［11］中共中央宣传部. 习近平新时代中国特色社会主义思想学习纲要［M］. 北京：学习出版社，人民出版社，2019.

［12］人民日报评论部. 习近平讲故事［M］. 北京：人民出版社，2017.

［13］中共中央宣传部. 习近平总书记系列重要讲话读本［M］. 北京：人民出版社，2014.

［14］中共中央文献研究室，中央档案馆. 建党以来重要文献选编（1921—1949）［M］. 北京：中央文献出版社，2011.

［15］中共中央文献研究室. 十八大以来重要文献选编：上册［M］. 北京：中央文献出版社，2014.

［16］中共中央文献研究室. 十八大以来重要文献选编：中册［M］. 北京：中央文献出版社，2014.

［17］中共中央文献研究室. 十八大以来重要文献选编：下册 ［M］. 北京：中央文献出版社，2014.

［18］中共中央党史和文献研究院. 十九大以来重要文献选编：上册 ［M］. 北京：中央文献出版社，2021.

［19］中国社会科学院院史研究室. 中国社会科学院编年简史（1977—2007）［M］. 北京：社会科学文献出版社，2010.

［20］陶水平. 文化研究的学术谱系与理论建构 ［M］. 北京：社会科学文献出版社，2019.

［21］李正华. 中国改革开放的酝酿与起步 ［M］. 北京：当代中国出版社，2002.

［22］郭建宁. 中国文化强国战略 ［M］. 北京：高等教育出版社，2012.

［23］王蒙. 王蒙谈文化自信 ［M］. 北京：人民出版社，2018.

［24］费宗惠，张荣华. 费孝通论文化自觉 ［M］. 呼和浩特：内蒙古人民出版社，2009.

［25］马凌诺斯基. 文化论 ［M］. 费孝通，译. 北京：华夏出版社，2002.

［26］李铮，章忠民. 弗洛伊德与现代文化 ［M］. 合肥：黄山书社，1988.

［27］周熙明. 中央党校学员关注的文化问题 ［M］. 北京：中共中央党校出版社，2010.

［28］邴正，邵汉明. 中国学术三十年 ［M］. 北京：人民出版社，2009.

［29］苏力，陈春声. 中国人文社会科学三十年 ［M］. 上海：生活·读书·新知三联书店，2009.

［30］胡广翔. 中国哲学社会科学发展历程回忆：综合卷 ［M］. 北京：中国社会科学出版社，2014.

［31］邓正来，郝雨凡. 中国人文社会科学三十年：回顾与前瞻 ［M］. 上海：复旦大学出版社，2008.

［32］欧阳雪梅. 中华人民共和国文化史（1949—2012）［M］. 北京：当代中国出版社，2016.

［33］蔡武. 新中国成立60年中国文化发展报告 ［M］. 北京：文化艺术出版社2010.

［34］孙成武. 中国共产党文化建设史论 ［M］. 北京：人民出版社，2014.

［35］李长春. 文化强国之路：文化体制改革的探索与实践 ［M］. 北京：人民出版社，2013.

［36］刘梦溪. 中国文化的张力：传统解放［M］. 北京：中信出版集团，2019.

［37］车文博. 西方心理学史［M］. 杭州：浙江教育出版社，1998.

［38］葛鲁嘉. 心理学本土化：中国本土心理学的选择与突破［M］. 上海：上海教育出版社，2014.

［39］钱穆. 文化学大义［M］. 北京：九州出版社，2011.

［40］陈先达. 文化自信与中华民族伟大复兴［M］. 北京：人民出版社，2017.

［41］梁漱溟. 中国文化要义［M］. 上海：上海人民出版社，2005.

［42］梁云彤，等. 美国和平演变战略［M］. 长春：吉林人民出版社，1992.

［43］南怀瑾. 南怀瑾讲演录［M］. 上海：上海人民出版社，2014.

［44］张冉. 文化自觉论［M］. 郑州：河南人民出版社，2015.

［45］奈. 软力量：世界政坛成功之道［M］. 吴晓辉，钱程，译. 北京：东方出版社，2005.

［46］亨廷顿. 文明的冲突与世界秩序的重建［M］. 周琪，刘绯，张立平，等译. 北京：新华出版社，2010.

［47］黑格尔. 精神现象学［M］. 贺麟，王玖兴，译. 北京：商务印书馆，1979.

［48］费尔夫. 西方文化的终结［M］. 丁万江，曾艳，译. 南京：江苏人民出版社，2004.

［49］奈. 硬权力与软权力［M］. 门洪华，译. 北京：北京大学出版社，2005.

［50］格尔茨. 文化的解释［M］. 韩莉，译. 上海：译林出版社，2014.

［51］森谷正规. 日本的技术力量：国际间比较［M］. 天津政协编译委员会，译. 哈尔滨：黑龙江人民出版社，1982.

二、学术论文类

［1］夏芸. 以"三个代表"思想为指针大力推动哲学社会科学事业的发展与繁荣：对江泽民关于哲学社会科学问题论述的探析［J］. 前沿，2003（4）：3-6.

［2］秦宣. 发展繁荣哲学社会科学的宏伟纲领：党的第三代中央领导集体关于发展繁荣哲学社会科学的思想［J］. 中共云南省委党校学报，2004（1）：13-17.

［3］仲呈祥. 文化自信的力量［J］. 求是，2011（7）：48－49.

［4］邓正来. 中国社会科学的当下使命［J］. 社会科学，2008（7）：4－11.

［5］曲青山. 关于文化自信的几个问题［J］. 中共党史研究，2016（9）：5－13.

［6］陈先达. 中国传统文化的创造性转化和发展［J］. 前线，2017（2）：33－38.

［7］张三元. 论文化自信与文化创新［J］. 思想理论教育，2019（1）：39－45.

［8］俞吾金. 走向自觉反思阶段的人文社会科学［J］. 浙江社会科学，2007（4）：14－16.

［9］刘大椿. 当下人文社会科学发展中的两个迫切问题［J］. 中国高等教育，2003，24（15）：14－16.

［10］宣炳善. "哲学社会科学"概念的中国语境［J］. 粤海风，2007（5）：29－37.

［11］黄宗智. 认识中国：走向从实践出发的社会科学［J］. 中国社会科学，2005（1）：83－93.

［12］王伟光. 学习贯彻落实习近平总书记关于哲学社会科学重要讲话精神，加快构建中国特色哲学社会科学［J］. 中国社会科学，2016（12）：4－23.

［13］吴根有. 文化的自信与自信的文化：读沈壮海教授《论文化自信》有感［J］. 思想理论教育，2019（3）：111.

［14］骆徽. 毛泽东与习近平文化自信思想比较研究［J］. 观察与思考，2017（11）：84－90.

［15］邵鹏. 中国共产党领导人文化自信思想论析：从毛泽东到习近平的传承与发展［J］. 理论研究，2017（1）：52－57.

［16］陆卫明，孙泽海. 论习近平的文化自信思想［J］. 北京工业大学学报（社会科学版），2017，17（5）：50－56.

［17］石文卓. 文化自信：基本内涵、依据来源与提升路径［J］. 思想教育研究，2017（5）：43－47.

［18］秦志龙，王岩. 论坚定文化自信的三个基本问题［J］. 科学社会主义，2017（1）：61－66.

［19］张远新. 文化自信：更基础、更广泛、更深厚的自信：学习习近平总书

记关于文化自信的有关论述［J］. 兰州学刊，2016（10）：27－36.

［20］田克勤，郑自立. 坚定文化自信的三个基本维度［J］. 思想理论教育，2016（10）：11－17.

［21］赵付科，孙道壮. 习近平文化自信观论析［J］. 社会主义研究，2016（5）：9－15.

［22］陈曙光，杨洁. 论文化自信［J］. 文化软实力研究，2016（3）：19－26.

［23］曲青山. 关于文化自信的几个问题［J］. 中共党史研究，2016（9）：5－13.

［24］陈一收. 论以马克思主义为指导的文化自信［J］. 思想理论教育导刊，2016（7）：51－54.

［25］刘林涛. 文化自信的概念、本质特征及其当代价值［J］. 思想教育研究，2016（4）：21－24.

［26］薛秀军，赵栋. 文化自信：全面深化改革的强大精神引擎［J］. 理论探讨，2015（6）：37－41.

［27］艾文礼. 深入把握和坚持文化自信［J］. 红旗文稿，2015（5）：13－14.

［28］沈壮海. 文化自信之核是价值观自信［J］. 求是，2014（18）：41－42.

［29］肖香龙. 文化自信视野中的马克思主义理论教育［J］. 马克思主义研究，2014（6）：130－136.

［30］周桂英. 西学东渐对中国文化自信的冲击及其重塑［J］. 湖南社会科学，2012（4）：9－12.

［31］黄晓波. 论文化自信的生成机制［J］. 科学社会主义，2012（3）：74－77.

［32］张杰. 以高度的文化自觉和文化自信推动大学文化建设［J］. 求是，2012（9）：47－49.

［33］廖小琴. 文化自信：精神生活质量的新向度［J］. 齐鲁学刊，2012（2）：79－82.

［34］启瑄. 提升文化自觉　增强文化自信　实现文化自强：学习党的十七届六中全会《决定》几点体会［J］. 红旗文稿，2012（5）：4－8.

［35］张雷声. 文化自觉、文化自信与社会主义核心价值体系［J］. 思想理论教育导刊，2012（1）：8－9.

［36］刘芳. 对文化自觉和文化自信的战略考量［J］. 思想理论教育 2012（1）：8－13.

［37］邱柏生. 论文化自觉、文化自信需要对待的若干问题［J］. 思想理论教育，2012（1）：14－19.

［38］刘芳. 文化自觉和文化自信的战略考量［J］. 理论学刊，2012（1）：7－10.

［39］邴正. 加强文化自觉提升文化自信［J］. 吉林大学社会科学学报，2011，51（6）：5－7.

［40］靳凤林. 文化自信：民族复兴的精神支柱［J］. 道德与文明，2011（5）：22－24.

［41］王南湜，侯振武. 文化自觉、文化自信、文化自强何以可能［J］. 毛泽东邓小平理论研究，2011（8）：13－17，75.

［42］杜振吉. 文化自卑、文化自负与文化自信［J］. 道德与文明，2011（4）：18－23.

［43］云杉. 文化自觉文化自信文化自强：对繁荣发展中国特色社会主义文化的思考（下）［J］. 红旗文稿，2010（17）：4－9.

［44］云杉. 文化自觉文化自信文化自强：对繁荣发展中国特色社会主义文化的思考（中）［J］. 红旗文稿，2010（16）：4－8.

［45］云杉. 文化自觉文化自信文化自强：对繁荣发展中国特色社会主义文化的思考（上）［J］. 红旗文稿，2010（15）：4－8.

［46］刘士林. 中华文化自信的主体考量与阐释［J］. 江海学刊，2009（1）：40－45.

［47］钟山，金辉，赵曙明. 中国传统文化视角下高校教师教育博客知识共享意愿研究［J］. 管理学报，2015，12（11）：1607－1613.

［48］王斌会，赵景仁. 浅析中国文化现状对统计发展的影响［J］. 统计方略，2006（6）：11－12.

［49］车丽萍. 自信的概念、心理机制与功能研究［J］. 西南师范大学学报（人文社会科学版），2002，28（2）：86－89.

［50］肖东波. 继承文化传统弘扬民族精神：江泽民对中国传统文化的认识［J］. 前沿，2001（11）：7－11.

［51］陈泽环. 文化的衰落和重建：施韦泽论现代文化［J］. 华中科技大学学报（社会科学版），2011，25（1）：9－15.

三、学位论文类

[1] 罗骏娟. 建国以来中国共产党关于文化发展战略及文化建设的研究 [D].
南昌：江西农业大学，2013.

[2] 金玉涵. 十六大以来中国共产党文化强国建设思想研究 [D]. 沈阳：东北师范大学，2013.

[3] 杨洁. 改革开放后中国共产党文化建设思想研究 [D]. 成都：西华大学，2013.

[4] 刘康. 在文化"三自"视角下对毛泽东文化思想的研究 [D]. 郑州：河南工业大学，2013.

[5] 江运东. 中国特色社会主义文化自信研究 [D]. 成都：电子科技大学，2017.

[6] 宋伟. 大学参与重建中国文化自信的路径选择 [D]. 大连：大连理工大学，2017.

[7] 范晓峰. 中国特色社会主义文化自信问题研究 [D]. 沈阳：东北师范大学，2018.

[8] 郑善文. 中国共产党廉洁文化建设研究 [D]. 苏州：苏州大学，2018.

[9] 王卫兵. 改革开放以来中国共产党廉洁文化研究 [D]. 北京：中共中央党校，2018.

[10] 李东. 中国共产党政党文化建设研究 [D]. 沈阳：辽宁大学，2017.

[11] 马瑞. 十八大以来党的文化自信思想研究 [D]. 青岛：青岛大学，2018.

[12] 遗月明. 新世纪以来中国共产党政党文化研究 [D]. 济南：山东大学，2018.

[13] 赵绍新. 新时代中国共产党廉政文化建设研究 [D]. 南昌：江西师范大学，2018.

[14] 仇冰. 十八大以来中国共产党党内政治文化建设研究 [D]. 武汉：华中师范大学，2018.

[15] 薛锐. 新时代中国共产党党内政治文化研究 [D]. 成都：四川省社会科学院，2018.

[16] 柴国娜. 中国共产党文化动力观研究 [D]. 南京：南京师范大学，2017.

[17] 秦宁波. 民主革命时期中国共产党儒家文化观研究 [D]. 济南：山东师

范大学，2016.

［18］史衍朋. 全面建设社会主义时期文化建设研究［D］. 济南：山东大学，2016.

［19］郑凌. 习近平传统文化观研究［D］. 郑州：郑州大学，2016.

［20］王时丹. 中国共产党文化建设的历史考察［D］. 北京：首都经济贸易大学，2016.

［21］刘昊. 中国传统文化与中国共产党的思想建设［D］. 荆州：长江大学，2015.

［22］王雅瑞. 习近平文化自觉思想研究［D］. 大连：大连海事大学，2015.

［23］张思斯. 新时期中国共产党文化建设理论发展历程的考察［D］. 长春：吉林大学，2011.

［24］张峰. 改革开放以来中国共产党领导文化建设的基本历程和基本经验［D］. 西安：陕西师范大学，2009.